Tor

Teatro

Introduzione e note di
Marziano Guglielminetti

Garzanti

I edizione: maggio 1983
III edizione: gennaio 1995

Torquato Tasso   la vita

profilo storico-critico
dell'autore e dell'opera

guida bibliografica

Torquato Tasso in un ritratto cinquecentesco.

A pochi scrittori è stato concesso, come lo fu al Tasso, di vivere e rappresentare le aspirazioni e le frustrazioni del proprio tempo in maniera che può ben dirsi emblematica. L'esistere e lo scrivere, pur intrattenendo in lui relazioni difficili e complesse, non tendono mai a dissociarsi ed a procedere separatamente; e non solo perché la poesia nasce con difficoltà dall'esperienza della vita concreta e quotidiana, ma perché spesso di tale esperienza è talora origine e sovente redenzione. Ciò nonostante biografi e critici di poesia si sono succeduti, fra Otto e Novecento, ad interrogare i giorni e le opere del Tasso, sforzandosi di evitare qualunque soluzione che potesse dirsi, se non soddisfacente, per lo meno non esclusiva e selezionatrice. Il motivo di tanta parzialità è da ravvisarsi nella fiducia accordata a categorie di giudizio in larga misura astratte (la psicologia, l'etica, la politica, la religione), facilmente (o meglio, troppo facilmente) ritenute applicabili sia nell'analisi della personalità, sia nell'esame della produzione letteraria dello scrittore. Il risultato di questa operazione non poteva rendere ragione a chi, fin dai suoi anni, era stato salutato come una reincarnazione della figura del «Poeta» di origine divina, e per ciò stesso sacro agli uomini. A tale sublimazione dettero poi il loro avallo i primi biografi (si ricordi almeno il Manso, 1621); ma ancora, nei secoli appresso, alcuni dei più illustri scrittori d'Italia e d'Europa: per tacere di molti altri, Goethe («Se tu modesto puoi serenamente / portare il dono dei Celesti, / impara anche a portare questi rami... / Cui toccarono il capo degnamente / una volta, essi adombrano invisibili / in eterno la fronte», *Torquato Tasso*, 1, 3), Leopardi («o quale, / se più de' carmi il computar s'ascolta, / ti appresterebbe il lauro un'altra volta?», *Ad Angelo Mai*, 148-150), Baudelaire («voilà bien ton emblème, Ame aux songes obscurs», *Sur «Le Tasse en prison» d'Eugène Delacroix*, 13). Venuta meno tale convinzione per l'intervento di quei biografi e di quei critici, non meraviglia che ad inizio del nostro secolo Gozzano finga di ritrovare nel solaio di Villa Amarena, fra molto altro «ciarpame / reietto», una stampa che raffigura il Tasso «incoronato delle frondi regie»; non solo, ma il commento della sua accompagnatrice ignorante, la Signorina Felicita: «Avvocato, perché su quelle

teste / buffe si vede un ramo di ciliegie?», segna davvero
l'inizio di un'età in cui il Tasso, in quanto poeta laureato
e riconosciuto come tale, rischia di non avere più cittadi-
nanza. Partire di qui, da questa dissacrazione, ma con
l'impegno di ricostruire i modi e la ragione della precedente trasfigurazione, dovrebbe aiutare chi vuole ricon-
durre la vita e l'opera del Tasso al loro nesso originario.
Si tratta tuttora, infatti, d'una vita per la poesia e di una
poesia che reca, se pur non sempre visibili, le stigmate
della vita.

La vita

Torquato Tasso nacque a Sorrento l'11 marzo 1544. Il
padre, Bernardo, poeta ed epistolografo, allora segretario di Ferrante Sanseverino, principe di Salerno, era nato nel 1493 a Bergamo, da un'antica ed illustre famiglia;
anche la madre, Porzia de' Rossi, di origine pistoiese, era
nobile. Torquato era il secondogenito, preceduto da una
sorella, Cornelia. Il padre, teneramente attaccato alla
moglie ed ai figli, dovette abbandonarli ben presto, anche per lunghi periodi, al seguito del suo signore. Fu
questa la ragione per cui egli trasferì successivamente il
domicilio della famiglia a Salerno prima ed a Napoli dopo, dove Torquato compì i primi studi, sotto la guida di
don Giovanni Angeluzzo e presso la scuola dei Gesuiti.
Da Salerno, racconterà egli stesso più tardi, soleva recarsi in gita al monastero dei Benedettini di Cava dei Tirre-
ni, dove tanti secoli prima si era ritirato come monaco
Urbano II, il papa che aveva promosso la prima Crociata. Nel frattempo, dichiarato il Sanseverino ribelle al vi-
cerè di Napoli e costretto a fuggire dal regno, Bernardo
decise di accompagnarlo, con la conseguenza che tutti i
suoi beni vennero confiscati. Si rifugiò a Roma, dove
nell'ottobre del '54 fu raggiunto dal solo Torquato; Porzia, improvvisamente, morì nel febbraio del '56, non senza il sospetto che i suoi parenti l'avessero avvelenata per
appropriarsi della dote; quanto a Cornelia, rimasta con
gli zii, si sposerà all'inizio del '58, contro la volontà del
padre. L'immatura perdita della madre lasciò profonde
ripercussioni nell'animo del figlio. Col passare degli anni, gli parve questo il primo attentato dell'«empia Fortuna» contro di lui. Da Roma, intanto, il padre, perseguitato dai congiunti della moglie, lo aveva mandato a Bergamo, presso i parenti paterni; di qui, nel '57, fu richiamato ad Urbino, dove Bernardo si era trasferito al servizio di Guidobaldo II della Rovere. In questa corte, im-
mortalata alcuni decenni prima nel *Cortegiano* del Casti-
glione, Torquato perfezionò la sua educazione, non solo
letteraria ma anche di gentiluomo (fu un ottimo spadac-
cino), potendo approfittare degli stessi maestri del principe ereditario Francesco Maria. Sono di questi anni i
primi componimenti poetici (versi d'occasione). Del '58

è la notizia che la sorella Cornelia col marito aveva dovuto abbandonare Sorrento, assalita improvvisamente da pirati turchi e saccheggiata: un'altra volta, dunque, alla meditazione del giovane Torquato si riproponevano il significato e l'attualità delle crociate. Trasferito nella primavera del '59 a Venezia, sempre al seguito del padre, v'iniziò la stesura d'un poema epico sulla prima crociata, intitolato *Del Gierusalemme* e dedicato a Guidobaldo della Rovere. Il poema, proseguito negli anni 1560-61, non venne, per il momento, condotto oltre l'ottava 116. Nel frattempo, stimolato dall'esempio di Bernardo, che era riuscito a portare a termine, dopo molti anni di lavoro, i cento canti dell'*Amadigi* (Venezia 1560), Torquato, detto d'ora in poi il Tassino per non confonderlo col padre, concepisce e realizza il progetto d'un suo poema cavalleresco, il *Rinaldo*, stampato a Venezia nel 1562. Non era solo un ennesimo poema carolingio, post-ariostesco; era, piuttosto, la verifica d'un'idea del poema che risentiva delle discussioni e dei propositi di famosi teorici e critici conosciuti in quel lasso di tempo a Padova, quali Sperone Speroni e Carlo Sigonio. A Padova Torquato si era recato sulla fine del '60, mandatovi dal padre a studiare leggi, ma l'anno dopo preferì seguirvi i corsi di filosofia e d'eloquenza. Nel '62 passò all'università di Bologna; da qui dovette allontanarsi nel '64, per avere scritto una satira contro professori e studenti ed essere stato processato. Rientrato a Padova, frequentò l'Accademia degli Eterei, per invito del giovane principe Scipione Gonzaga, che aveva abbracciato la carriera ecclesiastica. In quella sede lesse dialoghi ed orazioni, non pervenutici; compose pure, in questo periodo, versi d'amore per Lucrezia Bendidio e Laura Peperara: l'una, damigella della principessa Eleonora d'Este, conosciuta ad Abano; l'altra, figlia d'un mercante, conosciuta a Mantova, dove Bernardo s'era collocato presso il duca Gugliemo Gonzaga. Buona parte dei componimenti per la Bendidio usciranno nel '67 fra le *Rime degli Academici Eterei*, mentre in data assai più tarda (1587), e quasi certamente rielaborata, apparirà l'opera più importante di questo periodo: i *Discorsi dell'arte poetica e in particolare del poema eroico*. Essi non solo costituiscono una tappa fondamentale verso la ripresa del progetto di poema sulla crociata, ma illustrano bene la concezione tassiana della poesia, alla luce della *Poetica* di Aristotele.

Entrato nell'ottobre del '65 al servizio del cardinale Luigi d'Este, cui aveva già dedicato il *Rinaldo*, e successivamente (gennaio del '72) passato a quello del duca Alfonso II della medesima casata, senza obblighi specifici e con un buon stipendio, Torquato prese a soggiornare da quella data a Ferrara. Ivi intrattenne rapporti con Giovan Battista Pigna, letterato e storiografo di corte, con

Battista Guarini, poeta e commediografo, con Annibale Romei e con altri scrittori ed intellettuali. Fu per molto tempo un periodo sereno, turbato solo dalla notizia della morte del padre (settembre '69). Oltre a versi, a prose critiche e accademiche, scrisse e vide rappresentata nell'estate del '73, nell'isoletta sul Po di Belvedere, l'*Aminta*, favola pastorale che s'inseriva in un genere teatrale e cortigiano già attivato a Ferrara, ma di cui costituì l'esemplare più prestigioso; sempre nel '73 iniziò una tragedia d'argomento nordico, *Galealto re di Norvegia*, rivista e conclusa col titolo di *Re Torrismondo* nell'87. «Mi parve·che tutta la città fosse una maravigliosa e non più veduta scena dipinta e luminosa,» ricorderà anni dopo in un dialogo, *Il Gianluca*. L'esito più significativo di questo eccezionale periodo creativo, attribuito nell'*Aminta* ai favori di Alfonso II, è rappresentato dalla ripresa e dalla condotta a termine nella primavera del '75 del poema sulla prima crociata, letto già in quell'anno al duca Alfonso ed alla duchessa d'Urbino, col titolo non definitivo di *Goffredo*. Nel novembre del medesimo anno succede al Pigna quale storiografo di corte, suggellando così, ufficialmente, una carriera di poeta non frequente nell'Italia contemporanea, e che si prospetta come un esempio ben riuscito di rapporto armonico fra letteratura e politica.

Improvvisamente, però, questo rapporto si turba e prende una piega inattesa. Portatosi sul finire del '75 a Roma, in occasione del giubileo, il poeta già cerca di sistemarsi a Firenze presso i Medici. È il primo segno da parte sua d'una scontentezza nei confronti del mecenate, a cui ben presto si aggiungono due fatti capitati a Ferrara. Lì per lì sembrano quasi inspiegabili nella loro violenza, ma entrambi testimoniano di uno stato d'animo che può ben dirsi sintomatico d'una mania di persecuzione. Nel settembre del '76 il Tasso è aggredito da uno stipendiato di corte, Ercole Fucci, ma non reagisce ed attende l'intervento del duca, ritenendosi socialmente superiore; nel giugno del '77, credendosi spiato, accoltella un servo. Allora il duca lo fa rinchiudere nel convento di San Francesco. Ricondotto nel castello ducale, scappa e si reca a Sorrento dalla sorella. Si presenta travestito da pastore e reca la notizia della sua morte, per sondare la profondità dell'affetto di Cornelia verso di lui. Rassicurato di questo sentimento dalle accoglienze ricevute, non si ferma, però, presso di lei. Nell'aprile del '78 è di nuovo a Ferrara e di qui, attraverso Mantova, Padova e Venezia, raggiunge Urbino, nei cui pressi scrive i versi autobiografici della canzone *Al Metauro*, commosso ricordo della madre e del padre, ma nel contempo desolata presa di coscienza del proprio destino di perseguitato. Tra il '78 e il '79 trova breve ospitalità a Torino presso Carlo Emanuele I. Poi ritorna a Ferrara. È il febbraio del '79 e vi si stanno celebrando le nozze di Alfonso II con Margherita Gonzaga. Sentendosi trascurato, l'11 marzo del '79 dà in escandescenze in casa Bentivoglio e pronuncia violente parole contro il duca. Per ordine di Alfonso è rinchiuso come pazzo nell'Ospedale di Sant'Anna, dove rimarrà fino al luglio dell'86.

Sette anni di segregazione possono parere troppi; ma occorre avere presente che, dopo un anno, essa si allentò alquanto. Venne concesso al poeta l'uso di alcune stanze, il potersi allontanare (accompagnato) per brevi periodi, il ricevere amici e conoscenti. D'altro canto, fin dagli inizi della sua inquietudine e delle sue smanie egli aveva manifestato la preoccupazione di essere caduto nell'eresia, sino al punto di sottoporsi di propria volontà all'esame dell'inquisitore. E sebbene con tale esame, da cui uscì assolto, egli intendesse dimostrare la sua ortodossia a taluno dei censori del poema da lui stesso scelti (oltre al Gonzaga e allo Speroni, il letterato Pier Angelio da Barga ed i teologi Flaminio de' Nobili e Silvio Antoniano), si trattò d'una mossa molto avventata. Non tanto perché egli nel frattempo continuava ostinatamente la sua difesa degli «amori» e degli «incanti» raffigurati nel suo poema, ma perché avere a che fare con l'Inquisizione in una città ritenuta focolaio di eretici (Renata d'Este, madre del duca, vi aveva a suo tempo ospitato Calvino e ne era diventata seguace) dava comunque adito a sospetti. Alfonso II, per motivi dinastici molto evidenti (era senza figli), non poteva alimentare motivo alcuno di dissapore col vicino stato della Chiesa; e quindi neppure poteva garantire libertà assoluta d'iniziativa al suo poeta. Questa pare oggi la spiegazione più probabile del duro contegno, da lui mantenuto, nei confronti dello scrittore che più di ogni altro aveva dato lustro alla sua corte. Ma allora la vicenda parve spiegabile altrimenti. Si fece ricorso ad una serie di motivazioni assolute: l'umore malinconico del poeta, la stretta parentela fra poesia e pazzia (è la tesi di Montaigne, che fu a Sant'Anna), l'ostilità dell'ambiente cortigiano all'attività intellettuale ecc. Ben presto il Tasso fu trasformato nel personaggio d'un dramma abbastanza scontato. Che lo si avvertisse rappresentativo della condizione di servitù, in cui versava la letteratura contemporanea (quella sortita cioè, dal Concilio di Trento), non è facile da dimostrarsi. Certo è che si arrivò a pensare, entro breve volgere di tempo, essere stata, la sua, una pazzia simulata, per ottenere un margine di libertà superiore a quella praticabile e rivendicabile quotidianamente nelle corti. E non è, per di più, opinione del tutto estranea alle ambizioni del Tasso, ma anzi appoggiata su precisi paralleli, da lui avanzati per lettera, con la pazzia finta di Bruto; laddove quell'altra motivazione che fu suggerita dal Manso e dilagò specialmente in età romantica, l'avere il Tasso con la pazzia voluto tenere nascosto l'impossibile amore per Eleonora d'Este, sorella del duca, sembra ormai destituita di veri-

fiche. Con ciò non si vuole negare a questa opinione la sua giustificazione apologetica, fornendo essa la maniera per accomunare in parte il destino di Tasso a quello d'Ovidio, il solo illustre precedente di poeta vilipeso dal potere per motivi non politici. A dissipare l'aureola che sia la finta follia, sia l'amore impossibile attribuivano alla relegazione nell'Ospedale di Sant'Anna, intervennero già nel primo Ottocento, e poi giù giù fino ai tempi di Lombroso, medici e psichiatri, con una serie di diagnosi che rivelano, fin dalla loro successione, provvisorietà e rozzezza: pazzia cagionata da gastro-encefalite; lipemania volgare, errabonda ed attonita; monodelirio triste; melancolia semplice associata a delirio sensoriale circoscritto e presso che fisiologico; pazzia alternante; pazzia di natura epilettica e paranoica insieme, ovvero degenerativa, come vuole infine il Lombroso, sulla scorta di ulteriori indagini ed accomunando il Tasso a non pochi «genii» letterari parimenti ammalati, fra i quali Leopardi e Byron. Nelle molte lettere del periodo si sono trovati accusati i sintomi sufficienti per diagnosi siffatte. A Girolamo Mercuriale la vigilia di San Pietro dell'83, tanto per dire, il Tasso denuncia «rodimento d'intestino, con un poco di flusso di sangue», «tintinnii negli orecchi e ne la testa», «imaginazione continua di varie cose, e tutte spiacevoli» («mi pare assai spesso che parlino le cose inanimate», «la notte sono perturbato da vari sogni»). Altrove, come nella famosa lettera al Cataneo del 30 dicembre dell'85, i sintomi di pazzia sembrano accentuarsi, o meglio esplicitarsi definitivamente: il Tasso vi discorre dei «miracoli d'un folletto» che gli toglie invisibilmente molte cose da lui possedute, degli «spaventi notturni» durante i quali ha l'impressione di scorgere «fiammette ne l'aria» ed «ombre de' topi, che per ragioni naturali non potevano farsi in quel luogo», dell'avere udito «strepiti spaventosi», «fischi, tintinnii, campanelle e rumori quasi d'orologi da corda».
Sarebbe erroneo, tuttavia, ritenere che tutte le lettere del periodo s'intrattenessero su questi temi. Il commercio umano ed intellettuale, che esse promuovono, è di più ampio respiro, e deve definirsi apologetico nel senso migliore del termine. In discussione ed in crisi non erano solo la dignità e la missione del poeta. Era la sua opera ad essere seriamente compromessa durante gli anni di Sant'Anna, a partire proprio dal *Goffredo*, della cui pubblicazione rinviata ha approfittato nel frattempo un collega di pochi scrupoli, il narratore Celio Malespini, per stamparne quattordici canti, venuti nelle sue mani a Firenze (Venezia 1580). A questo brutto tiro ovvia parzialmente l'edizione completa, che appare quasi simultaneamente a Parma e Casalmaggiore nell'81 a cura di Angelo Ingegneri, col titolo di *Gerusalemme liberata*, ad imitazione del poema del Trissino *Italia liberata da' Goti*. A dire il vero, il Tasso avrebbe preferito intitolarla diversa-

mente, ma ormai non si poteva tornare indietro; e parimenti perciò si denominarono le due edizioni del poema
che godettero poi di maggiore credito: l'una a cura di
Febo Bonnà e con qualche intervento del Tasso medesimo (Ferrara 1581); l'altra a cura di Scipione Gonzaga, il
quale per la lunga dimestichezza con l'autore e con l'o-
pera si sentiva autorizzato anche ad interventi in proprio
(Mantova 1584). Il successo della *Gerusalemme* dovette
essere irresistibile, come testimoniano le ristampe pres-
soché immediate di queste edizioni e le traduzioni nelle
maggiori lingue europee. Per il momento, tuttavia, finì
per prevalere nella mente del Tasso la polemica che si
scatenò fra l'84 e l'86 sulla superiorità della *Gerusalemme liberata* nei confronti dell'*Orlando furioso* dell'Ariosto. La controversia prese lo spunto dal dialogo *Il Car-
rafa, ovvero della epica poesia* di un partigiano del Tasso,
Camillo Pellegrino, e vi giocarono un deciso ruolo di op-
positori, e quindi di sostenitori dell'Ariosto, i letterati
toscani e cruscanti capeggiati da Lionardo Salviati e Ba-
stiano de' Rossi. Repliche e controrepliche si susseguono
assai rapidamente ed investono anche altri, non essendo
sufficiente l'*Apologia* del Tasso medesimo, né altri suoi
scritti minori di analoga ispirazione. Basterebbe l'impegno profuso in questa polemica per dimostrare che le
condizioni mentali del soggetto erano, se non altro, mi-
gliorate. E se non fosse sufficiente, si aggiunga che agli
anni del carcere risalgono pure quasi tutti i *Dialoghi*, almeno nella prima redazione, condotti su argomenti morali, sociali e letterari di larga pratica nel tempo (la nobiltà, la cortesia, la gelosia, la pietà, il piacere, la dignità,
la precedenza, il gioco, il cavaliere amante e la gentil-
donna amata, la pace, la corte, il fuggir la moltitudine, la
poesia toscana, le maschere, gli idoli, l'epitafio, l'amore,
la clemenza, le conclusioni, l'amicizia, l'arte, la bellezza,
la virtù, le imprese). Due di questi dialoghi, *Il Messaggiero* e *Il Padre di famiglia*, trasferiscono su un piano di
alta letteratura aspetti dell'attuale condizione dell'autore. L'uno, in forma di colloquio con uno spirito, discorre
di angeli e di demoni (onde poi il *Dialogo di Torquato
Tasso e del suo genio familiare*, raccolto nelle *Operette
morali* di Leopardi); l'altro accenna al viaggio a Torino
per fuggire «sdegno di principe e di fortuna». Comincia-
no pure in questi anni a venire alla luce le varie parti
delle *Rime* e delle *Prose diverse*, attestati d'una produzione letteraria che in ogni campo sta lasciando un'impron-
ta costante e definitiva, quale nessuna disgrazia biografi-
ca può cancellare.

Nel luglio dell'86 Tasso ottiene finalmente la libertà, per *1586-1595*
intervento di Vincenzo Gonzaga. Ma non si ferma pres-
so cotesto principe, che desiderava trattenerlo nella corte di Mantova. Afferma per lettera al Licino che è disposto a soffrire la povertà e la sfortuna, e persino a darsi la

morte, piuttosto che rinunciare a «viver come nacqui», cioè libero (2 dicembre 1587). Sono proponimenti fin troppo eroici per una natura debole ed indebolita: a Mantova tornerà brevemente nel '91, in occasione della stampa definitiva delle *Rime*; l'anno prima, inoltre, aveva di nuovo cercato di sistemarsi a Firenze. Ma nel complesso si tratta di brevi ricadute in un tenore di vita che ormai ha deciso d'abbandonare, preferendo in ultimo correre l'alea della povertà e del ricorso agli aiuti ed alle sovvenzioni di amici e conoscenti (in non poche lettere elemosina doni anche minimi). Per lo più vive a Roma, ospite prima di S. Gonzaga, ormai cardinale, e dopo di Cinzio Aldobrandini, nipote di Clemente VIII; talora da Roma si allontana verso Napoli, dove era ancora in corso la contesa giudiziaria per la dote materna, che non poco lo rattristò. A Napoli risiede ora presso monasteri (degli olivetani e dei benedettini), ora presso mecenati ed estimatori (il principe Matteo di Capua ed il futuro biografo Giovan Battista Manso). È abbastanza frequente che egli lasciasse in queste peregrinazioni un segno tangibile della sua riconoscenza. Da questi soggiorni nascono le ottave della *Genealogia di Casa Gonzaga*, i poemetti *Il Monte Oliveto* e *Della vita di San Benedetto*, tutte opere uscite postume. Analoga sorte toccò a *Il mondo creato*, il poema sulla creazione cui è demandato forse l'estremo messaggio esistenziale dello scrittore (fu steso dal '92 al '94). È una richiesta di pace cosmica rivolta a Dio per stanchezza di vivere: «Abbia riposo alfin lo stanco e veglio / mondo, che pur s'attempa, e in te s'eterni...» (VII, 1124-1125). Pubblicati, invece, furono, oltre alle *Lagrime di Maria Vergine e di Gesù Cristo* (Roma 1593), i rifacimenti della *Liberata* (*Gerusalemme conquistata*, Roma 1593) e dei *Discorsi* (*Discorsi del poema eroico*, Napoli 1594), a conclusione di un processo di revisione contenutistico e formale che modifica profondamente la nozione e la realizzazione del poema. In quale direzione sia avvenuta la modifica è facilmente intuibile, soltanto che si pensi all'intenzione manifestata al poeta sul finire del '94 da Clemente VIII, quando, concedendogli una pensione annua, gli aveva promesso l'incoronazione poetica, elevandolo così allo stesso piano del Petrarca, coronato sul Campidoglio nel 1341. L'alloro, a dire il vero, circondava già la testa calva del Tasso nel ritratto del frontespizio della *Conquistata*. Ma la cerimonia della laurea non poté compiersi. Per un'estrema malignità della fortuna, il poeta si ammalò nel marzo del '95; preda di una febbre violenta, venne a morte il 25 aprile di quell'anno. Fu sepolto nella chiesa del monastero di Sant'Onofrio, sul Gianicolo, dove si era fatto trasportare «non solo perché l'aria è lodata da' medici più che d'alcun'altra parte di Roma, ma quasi per cominciare da questo luogo eminente, e con la conversazione di questi divoti padri, la *sua* conversazione in cielo» (così egli medesimo ad A. Costantini, in una lettera dei primi di aprile del '95). Testimonianze probabili informano che gli ultimi giorni della sua vita furono meno sereni di quanto le parole riportate parrebbero voler far credere (si parla nuovamente di accessi di follia); ed anche in questa lettera, del resto, egli non smetteva di protestare contro la sua «ostinata fortuna, per non dire de l'ingratitudine del mondo, la quale ha pur voluto aver la vittoria di condur*lo* a la ∞epoltura mendico».

Fu proprio la mancata pacificazione *in extremis* col mondo dei viventi che mantenne attorno alla figura di Tasso una parvenza di vitalità, almeno sino al nostro secolo. Una vitalità che nulla ha di corporeo, si badi bene, perché, a partire dal Manso, nessun biografo seppe tramandarci di lui altro che normali dati anagrafici: «Fu... di... alta statura... Le carni avea bianchissime... Il color de' capelli e della barba fu mezzo tra 'l bruno e 'l biondo... le pupille erano di mezzana grandezza e di color ceruleo e vivace... le labbra sottili e pallide... i denti bianchi larghi e spessi.» No, non nasce di qui il fascino che egli seppe spirare a tante generazioni. Qualcosa di più profondo e sublime ad un tempo dovette spingere molti anni dopo altri poeti a farsi seppellire accanto a lui, in Sant'Onofrio, dallo scozzese John Barclay (1582-1621) all'arcade nostrano Alessandro Guidi (1650-1712). A chiarirlo, in una lettera da Roma del 20 febbraio 1823, è il Leopardi. Visitatane la tomba, egli contrapporrà subito alla «grandezza» del poeta l'«umiltà della sua sepoltura», ma specialmente all'«infinita magnificenza e vastità de' monumenti romani» la «piccolezza e nudità di questo sepolcro». Aggiungerà che il pianto suscitatogli da tale vista era stato «l'unico piacere... provato in Roma»; e chissà mai che cosa avrebbe scritto qualche anno appresso, se fosse venuto a conoscenza che si era formata una società, o giù di lì, per erigere a Tasso un degno monumento funebre in Sant'Onofrio. Tra gl'interessati all'iniziativa c'era anche lo Chateaubriand. Il quale, malgrado il rammarico di avere trovato dei fondi senza poterli utilizzare (purtroppo l'erezione d'un monumento sepolcrale fu portata a termine nel 1857 col solito sperpero di marmi, allegorie ed iscrizioni!), era non meno del Leopardi convinto che la sepoltura di Sant'Onofrio contenesse, a due secoli e più di distanza, un monito tuttora valido per il poeta quando viene a contatto del mondo sociale. Chateaubriand, che della visita a questo sepolcro fece il soggetto di più d'una pagina dei *Mémoires d'outre-tombe*, confessa di avere ancora raccolto le rose che fiorivano lungo le mura del convento, parendogli che mostrassero «la tinta del dolore dei re» e fossero della specie di quelle «cresciute ai piedi del Calvario». Il rapporto istituito fra il Tasso ed il Cristo non è altro che la traduzione in figure emblematiche della concezione romantica del genio: «il genio è un Cristo: misconosciuto, perseguitato, battuto con le verghe, coronato di spine, crocifisso da e per gli uomini, egli muore lasciando loro la luce e resuscita per essere adorato» (XLI, 2). Come stupirsi, allora, che il personaggio del Tasso sia divenuto nel secolo scorso oggetto di romanzi, drammi e tele, dove la sua eccezionale «genialità» di poeta incompreso e sfortunato risulta in varia maniera interpretata? Fu persino interpretata in chiave politica, ravvisandosi nell'atteggiamento di Alfonso II nei suoi riguardi spiriti liberticidi e tirannici, per non dire poi quale agio facesse ai «neoghibellini» la resistenza del poeta all'Inquisizione, descritta senza troppe sfumature. Può stupire, forse, l'estensione del culto e l'eccellenza dei suoi adepti, dovendosi farlo risalire, se non proprio al Goldoni della commedia *Torquato Tasso* (1755), ancora suscettibile di evasioni pettegole e d'intrichi salottieri, almeno al dramma citato del Goethe (1790), dove si assiste alla trasformazione del protagonista in portavoce d'un destino emblematico di rottura col reale. È poi la volta del Rousseau, che non tralascia quasi opera per dichiarare la sua simpatia al poeta italiano; dopo subentra il Byron dei *Lamenti di Torquato Tasso* (1817), dove l'esperienza di Sant'Anna si risolve in un alto grido di protesta contro il mondo e la società. Ebbene, che questo culto sia finito, vuole dire che la nozione di poesia, personificata dal Tasso secondo i suoi biografi e devoti, è davvero tramontata. C'è solo una maniera possibile, oggi, di parlarne ancora: ricostruendo l'origine, la formulazione e gli sviluppi delle opere; ma di tutte le opere, alla cui realizzazione il personaggio del Tasso è rimasto indissolubilmente legato. Solo così ci si accorge che il Tasso del mito romantico non è l'unico a disposizione di un lettore contemporaneo.

«Aminta»

La «favola boschereccia» *Aminta* è introdotta dal dio Amore. Annuncia l'intenzione di mostrare che egli si manifesta, egualmente, tra pastori e signori. (*Prologo*). *Atto primo*: nella prima scena, Dafne esorta Silvia, una sua compagna, ad amare e ad abbandonare l'esercizio esclusivo della caccia. Ad argomenti personali aggiunge l'invito a prendere atto che tutti gli esseri viventi, dagli animali alle piante, amano. Silvia è di parere diverso, ma lascia trasparire qualche interesse alla vicenda di Licori, che ha acconsentito a farsi corteggiare da Elpino. Successivamente Aminta espone a Tirsi il suo amore per Silvia, amore non corrisposto e che lo condurrà, a sua detta, alla morte; racconta pure di averla conosciuta da bambina e di essere riuscito a baciarla con un artificio, fingendosi punto da un'ape. Poiché Aminta ha accennato a Mopso, un pastore che ha predetto un esito non felice al suo amore, Tirsi nella risposta lo invita a diffidare di lui. Per quanto lo riguarda, Mopso gli ha parlato male della corte, dov'egli invece ha conosciuto il duca, gentile e cortese, e le belle donne ed i valorosi poeti che gli fanno corona, fra cui Elpino. Tirsi, infine, promette ad Aminta d'interessarsi a lui. Conclude l'atto il Coro, che intona un elogio dell'età dell'oro: solo allora è stato possibile amare e godere l'amore secondo il desiderio. L'Onore, oggi, ha trasformato in furto il piacere spontaneo di quel tempo.

Atto secondo: entra in scena il Satiro, a sé. Progetta di rapire Silvia e violentarla, nascondendosi vicino ad un fonte dove la ragazza è solita venire a bere. Dafne racconta a Tirsi d'aver sorpreso Silvia in atto di vagheggiarsi, acconciarsi i capelli ed adornarsi di fiori in un'isoletta. Gli fa pure sapere che accompagnerà Silvia a bagnarsi al fonte. Ma non perde l'occasione per fargli capire, nel frattempo, che non disdegnerebbe il suo amore; Tirsi si schermisce ed afferma di essere impegnato a scrivere in onore del duca e dei suoi antenati. Successivamente Tirsi informa Aminta delle notizie ricevute da Dafne, e tenta di convincerlo ad approfittare dell'occasione del bagno; Aminta esita, ma si dispone infine a seguirlo. Chiude l'atto il Coro, intervenendo sulle manifestazioni di amore, che non s'imparano dai libri, ma dai gesti e dagli sguardi.

Atto terzo: Tirsi espone al Coro la sua preoccupazione che Aminta sia andato ad uccidersi. Ne spiega subito la ragione: arrivati al fonte, lui ed Aminta hanno visto Silvia nuda, prigioniera del Satiro. Aminta l'ha liberata, ma la fanciulla l'ha invitato a non toccarla, come devota a Diana. Dopo è fuggita, e lui ha perso le tracce di Aminta. Aminta, in realtà, è ancora in vita: riappare difatti in scena, e rimprovera Dafne di avergli impedito di uccidersi. Sopraggiunge intanto Nerina, una compagna di Silvia, che racconta la morte di Silvia, sbranata dai lupi durante una caccia; reca come testimonio il velo di Silvia, insanguinato. Aminta si dispera e si allontana, ribadendo di voler morire. Chiude l'atto il Coro, rapidamente accennando alla morte, che non stringe legami al pari dell'amore, né dà fama.

Atto quarto: riappare pure Silvia, che racconta a Dafne come si è salvata dai lupi; Dafne le dà per certa la morte di Aminta e ne attribuisce la responsabilità alle sue ripulse. Silvia muta l'abituale durezza e si duole dell'accaduto. Sopraggiunge Ergasto, che funziona da Nuncio; a Dafne, Silvia ed al Coro narra il suicidio di Aminta, buttatosi giù da un precipizio; a riprova, reca la cintura di Aminta, rimastagli fra le mani, mentre cercava di trattenerlo. Silvia si dispera ed annuncia il suo proposito di morte. Chiude l'atto il Coro, sulla superiorità di Amore sulla morte.

Atto quinto: Elpino annuncia al Coro che Aminta si è fortunosamente salvato (un fascio sporgente di erbe, spi-

ni e rami l'ha trattenuto durante la caduta). Racconta
che Silvia gli ha manifestato un affetto prima furioso, e
poi dolce e confortante. Anticipa, inoltre, le nozze dei
due. Il Coro conclude la «favola», augurandosi un amore meno tormentato.

I personaggi L'*Aminta* è la prima opera nella quale l'identificazione
fra il Tasso e la sua poesia appare scoperta. Tirsi, il personaggio che promuove l'amore fra Aminta e Silvia, è
facilmente identificabile col Tasso medesimo (cfr. i vv.
565-652; 994-1023), dopo che ha assunto servizio presso
il duca Alfonso II e mentre sta attendendo alla *Gerusalemme liberata*. Non solo, ma dalle parole di autopresen-
tazione di Tirsi traspaiono anche altri personaggi della
corte estense (Lucrezia Bendidio col nome di Licori), i
suoi letterati più famosi (Battista Guarini col nome di
Batto; e Giambattista Nicolucci detto il Pigna, col nome
di Elpino; Sperone Speroni, col nome di Mopso, fatto
oggetto di una rievocazione mordace, dietro la quale non
è difficile cogliere la disillusione per l'atteggiamento negativo nei confronti della nascente *Gerusalemme*). Tutta
questa somma di riferimenti personali ha creato la facile
conclusione che nell'*Aminta* il Tasso ha offerto di sé
l'immagine del poeta provvisoriamente in pace con la
società che di lì a poco l'avrebbe, invece, osteggiato e
perseguitato. Eccezion fatta per Speroni-Mopso, difatti,
il duca e i suoi cortigiani appaiono nella rievocazione di
Tirsi-Tasso in una luce serena ed amichevole, quasi di
presenze benefiche e protettrici. Ma la loro chiamata sul
palcoscenico, il loro travestimento in personaggi che addirittura collaborano con Tirsi alla vicenda di Aminta e
Silvia (tocca ad Elpino-Pigna raccontarne l'esito finale
nel quinto atto), non può non intendersi in termini strettamente teatrali; anzi, in un certo senso, rappresenta la
chiave di volta dell'interpretazione dell'*Aminta*.

Il teatro «Favola boschereccia», si è detto, reca come sottotitolo
pastorale l'*Aminta*; e spontaneo ed insistente è stato il controllare
la validità di questa chiave di lettura, confrontando l'*A-
minta* con la produzione di copioni d'argomento pastorale che, dal '45 in poi, aveva caratterizzato l'attività teatrale a Ferrara. In questa città e in questa corte nel frattempo si era pure affermata la tragedia, al termine della
fortunata parabola della commedia, apertasi fin dai primi decenni del secolo grazie all'Ariosto, autore e regista
ad un tempo. Nel 1545, alla presenza del duca Ercole II,
viene presentata in casa dell'autore l'*Egle* di Giovan Battista Giraldi Cinthio, a spese dell'università degli scolari
di legge. Come il «Prologo» si premura subito di chiarire
e come una successiva *Lettera ovvero discorso sovra il
comporre le satire atte alla scena* ribadirà nel 1554, l'*Egle*
è scritta per ridare voce e scena ai personaggi del dramma satiresco greco, unicamente testimoniato dal *Ciclope*
di Euripide. L'ambiente è la mitica regione greca del-
l'Arcadia. Satiri, Fauni, Ninfe sono i protagonisti dell'a-

zione: divinità pagane minori, cioè, la cui esistenza, tuttavia, manifesta, stando al «Prologo», l'«ampiezza natia» della Natura, la sua originale e non scemata capacità di produrre esseri siffatti. In particolare, Satiri, Fauni e Ninfe dimostrano con la loro vitalità ed irruenza che i maggiori «diletti» provengono da Venere e da Bacco, dall'amore e dal vino. Se il progetto di restaurazione del dramma satiresco ubbidisce inizialmente ad uno scrupolo classicistico, la lezione naturale, che il Giraldi vi vuole rappresentare, appare difficilmente contenibile nell'ambito di una letteratura dotta. Egle, a differenza delle altre ninfe, che oppongono resistenza alla pratica dell'amore e del vino, arriva a sostenere che «solo il piacere ... condisce / di dolcezza ogni amar di questa vita» e che «la vita stessa, che viviamo, / saria una morte espressa, se privata / fosse di quel piacer che la conserva» (II,I).
La divisione in cinque atti, l'introduzione del coro, la mescolanza di elementi comici e tragici (il finale è doloroso), l'impiego dell'endecasillabo (intrecciato al settenario solo in due occasioni), fanno dell'*Egle* del Giraldi un copione a sé, nella precedente letteratura pastorale: non solo nelle versioni non teatrali che s'ispiravano alla bucolica classica (Virgilio) o al moderno romanzo pastorale (l'*Arcadia* del Sannazaro), ma anche nelle riduzioni teatrali delle favole mitologiche (l'*Orfeo* del Poliziano) e dei drammi rusticani (si pensi a quelli della senese Congrega dei Rozzi).
Fra l'*Egle* e l'*Aminta* si sogliono collocare, inoltre, tre copioni pastorali rappresentati a Ferrara: *Il sacrificio* di Agostino Beccari, nel 1554, sempre al cospetto di Ercole II; l'*Aretusa* di Alberto Lollio, nel 1563, presente già Alfonso II; ed infine lo *Sfortunato* di Agostino Argenti, nel 1567, dinanzi al duca ed al Tasso medesimo. Permangono in tutti e tre alcuni tratti del dramma satiresco concepito dal Giraldi, ma, per dir così, esorcizzati e confinati in uno spazio minore rispetto al prevalente andamento bucolico e comico della vicenda: esemplare, in questo senso, l'autentico raggiro che subisce il personaggio «naturale» del Satiro, ad opera di una ninfa scaltra, nel *Sacrificio*. L'episodio piacque al Guarini, che lo riprese nel *Pastor fido*. E non a caso, perciò, ricostruendo in funzione del suo testo la storia della «favola pastorale», il Guarini insisterà nel *Verato secondo* (1593) sul valore del *Sacrificio*, primo esempio, «in quanto alla forma e all'ordine», di un «poema moderno» così inteso, «essendo che non si truovi appresso l'antichità di cotal favola alcun esempio greco o latino»: come a dire che col *Sacrificio* inizia quel terzo genere di componimento teatrale, che il Guarini chiamerà «tragicommedia» e che esemplificherà compiutamente nel *Pastor fido*. La conseguenza è implicita: la tragicommedia non può farsi discendere, tramite l'*Egle* del Giraldi, dal *Ciclope* di Euripide.
Poiché *Il sacrificio* reca come sottotitolo quello di «favo-

*Fra tragedia
e commedia*

la pastorale» e l'*Aminta* quello di «favola boschereccia»; poiché, ancora, nel *Sacrificio* ricorre incidentalmente il nome di Aminta (II,I), sembra agevole transitare dall'uno all'altro testo e stabilire già tra il Beccari ed il Tasso la linea di continuità implicitamente rivendicata per sé dal Guarini. Senonché proprio lo stesso Guarini, in una lettera allo Speroni del 10 luglio 1585, getta un sasso che mette non poco scompiglio in questa variante della linea sinora tracciata della pastorale ferrarese. Volendosi giustificare di un giudizio poco benevolo attribuitogli sulla *Canace*, tragedia dello Speroni (il Mopso!) che aveva come soggetto i mitici amori incestuosi della protagonista col fratello Macareo, il Guarini dichiara: «tanto di leggiadria è sempre paruto a me che abbia nell'*Aminta* suo conseguito Torquato Tasso, quant'egli fu imitatore della *Canace*». Il giudizio riguarda la «dicitura» dell'*Aminta*, dove, fra l'altro, si sono scoperti citati non tra virgolette due versi della tragedia dello Speroni ad opera del Tasso (cfr. vv. 161, 1394). In particolare, se ben capiamo l'accenno del Guarini, dalla *Canace* sarebbe derivata la tipica alternanza nel metro dell'*Aminta* fra l'endecasillabo narrativo ed il settenario lirico (appena toccata dal Giraldi nell'*Egle*), e soprattutto la tendenza ad impostare la confessione d'amore in forme madrigalistiche. Fuori della «dicitura» in senso stretto, poi, proviene quasi certamente dalla *Canace* il suggerimento a non mettere mai a confronto diretto i protagonisti, maschile e femminile, della vicenda, laddove l'affidare a voci recitanti il resoconto degli episodi della morte dei medesimi protagonisti (Canace e Macareo sono, entrambi, suicidi) rientra per entrambi i copioni nel rispetto d'una famosa consuetudine del teatro tragico antico. A questo punto la possibilità dell'*Aminta* di collocarsi sulla linea del *Sacrificio* e del *Pastor fido* si fa meno consistente di quanto poteva apparire lì per lì. Il rapporto, istituito a ragione con la *Canace*, lascia capire che l'*Aminta*, pur muovendosi, come tutta la produzione teatrale pastorale, fra commedia e tragedia, propende piuttosto verso quest'ultima e non conosce che poche situazioni comiche, diversamente da quanto accade nel *Sacrificio* e nel *Pastor fido*. Fondamentale, in questa direzione del comico, è la mancanza nello scioglimento dell'*Aminta*, ovvero nell'unione di Aminta e di Silvia dopo l'ostinata resistenza della donna e le loro credute morti, di quell'idealizzazione responsabile del matrimonio che corona, invece, nel *Pastor fido* il congiungimento di Mirtillo ad Amarilli: «O mio tesoro, / ancor non son sicuro, ancor i' tremo; / né sarò certo mai di possederti, / perfin che ne le case / non se' del padre mio fatta mia donna.» Qui il tipico esito comico delle nozze dei due amanti comporta la scoperta di un nuovo rapporto a due; nell'*Aminta* c'è il cenno al padre di Silvia, che desidera aver nipoti (vv. 1887-1891), a far pensare a qualcosa di simile al matrimonio. Altrimenti s'insiste sul lieto fine come correzione dei patimenti trascorsi (diciamo pure: delle tragedie, evitate per poco, della morte di Aminta e di Silvia): «Felice lui, che sì gran segno ha dato / d'amore, e de l'amor il dolce or gusta, / a cui gli affanni scorsi ed i perigli / fanno soave e dolce condimento» (vv. 1972-1975). Anzi, il Coro proclama ironicamente di non voler neppure condividere simile «beatitudine»: «me la mia ninfa accoglia / dopo brevi preghiere e servir breve». E non è, questa, una professione di edonismo superficiale, bensì la persuasione dell'esistenza, fuori della favola, d'un altro tipo di eros: «e siano i condimenti / de le nostre dolcezze / non sì gravi tormenti, / ma soavi disdegni / e soavi ripulse, / risse e guerre a cui segua, / reintegrando i cori, o pace o tregua» (vv. 1986-1996). Ma a questo punto l'incantesimo teatrale, che ha portato la corte in scena, è terminato. La propensione verso la tragedia non significa, ovviamente, rifiutare all'*Aminta* una sua autonomia. E la cosa si capisce meglio, insistendo ancora nel confronto.

Dei tre elementi costitutivi della tragedia, e nella *Poetica* di Aristotele e nella prassi cinquecentesca, cioè della peripezia, del riconoscimento e della catastrofe, il Tasso propone nella sua favola una riduzione sensibile, ma non la cancellazione. Il riscontro è facile. Se per peripezia s'intende, con Aristotele, l'improvviso mutamento di una condizione delle cose ad un'altra opposta, essa si verifica solo apparentemente quando Silvia apprende la presunta morte di Aminta (IV, I e II). È vero, il Nuncio in questa occasione, a differenza della notizia della creduta morte di Aminta, esordisce con una battuta («Io ho sì pieno il petto di pietate / e sì pieno d'orror», vv. 1634-1635) che sottolinea l'effetto tragico della sua notizia (suscitare «pietà» ed «orrore» è il fine della tragedia, ribadisce più volte Aristotele nella *Poetica*). Ma il mutamento ch'essa desta in Silvia, la quale si commuove per Aminta e decide di uccidersi a sua volta, sentendosi responsabile dell'accaduto, non può certo dirsi il contrario di quello che il Nuncio voleva ottenere; anzi, la conversione di Silvia era già preparata dall'informazione precedente di Dafne su Aminta, il quale, credendo a sua volta morta Silvia, s'era allontanato per farsi fuori. Insomma, la notizia tragica del Nuncio è solo la conferma ad un sospetto, per di più in seguito mostratosi non fondato. Quanto al riconoscimento, il Donadoni ha opportunamente rilevato che «il velo di Silvia, recato ai pastori da Nerina (III, 1411), e la fascia di Zendado di Aminta, rimasta in mano del Nuncio Ergasto (IV, 1738), devono dar fede della morte dei due giovani», e quindi andrebbero ritenuti segni di riconoscimento di quella specie «fuori del corpo», di cui discorre Aristotele nel XVI della *Poetica*. Per di più, essendo collegati alle due peripezie di cui sopra, potrebbero questi due segni ambire ad essere valutati positivamente. In realtà, nella misura in cui le peripezie non sono tali, i riconoscimenti perdono la loro valenza tragica, e meno che mai collaborano alla catastrofe finale. La quale, non avendo motivazione, è sostituita dal particolare lieto fine di cui si è detto. Un cenno ancora, parlando di tragedia aristotelica e cinquecentesca, merita l'eventuale effetto di catarsi che l'*Aminta* dovrebbe ottenere sugli spettatori, sollevando e purificando il loro animo dalle passioni della pietà e dell'orrore. Il lieto fine dell'*Aminta* rende pure superflua la catarsi, sopravvenendo, anzi, alla pietà ed all'orrore della creduta morte di Aminta la gioia dell'amore conquistato di Silvia. Ciò non toglie che il problema sia egualmente da porsi. Ha visto bene, al riguardo, lo Scrivano: «Se non prevede l'effetto finale della catarsi, la pastorale *Aminta* muove dal sottinteso della catarsi tragica, cioè la immedesimazione del pubblico con lo spettacolo e degli spettatori con gli attori.»

La specificità dell'«Aminta»   Si ritorna così, dopo un lungo cammino attraverso i generi teatrali limitrofi (pastorali e tragedie in particolare), al punto di partenza, già sfiorato toccando del Coro conclusivo: la specificità dell'*Aminta*. A quel che pare, essa è determinabile soltanto a partire dalla constatazione che nell'*Aminta* il rapporto tra pubblico e spettacolo, spettatori ed attori, è gestito fin dal copione. Fra Silvia ed Aminta, lo abbiamo detto, si collocano non solo personaggi funzionali all'azione (Dafne, «compagna di Silvia»; Satiro, «innamorato di Silvia»; Nerina, «messaggera»; Ergasto, «nunzio»), ma Tirsi-Tasso ed Elpino-Pigna, «compagno d'Aminta» ed autore il primo, «pastore» e collega dell'autore il secondo, per non dire del richiamo ad altri personaggi della corte estense operato dalle loro parole. La letteratura bucolica ammetteva simili inserzioni e travestimenti; e basterebbe rammentare le *Bucoliche* virgiliane, sulla cui falsariga Tirsi-Tasso rievoca il suo rapporto con Alfonso II (vv. 994 sgg.). C'è, però, una differenza sostanziale, data dal fatto che, laddove il paesaggio di quella letteratura era l'Arcadia, la mitica regione anche dell'*Egle*, nell'*Aminta* i protagonisti pastorali sono trasportati nella dimora abituale per Tirsi-Tasso ed Elpino-Pigna: in un «luogo di passo» (v. 1211), che non dista troppo da Ferrara («la gran cittade in ripa al fiume», v. 570), dove ha sede il «felice albergo» del duca (v. 611), e che è pure abbastanza vicino a «quei gran prati» dove «fra stagni giace un'isoletta» (vv. 855-856), la quale altro non è se non l'isola di Belvedere, il luogo della rappresentazione della favola medesima. Ha pur ragione il Venturi nel sostenere che la residenza di Belvedere, coi suoi boschi ed i suoi giardini, fu concepita e sentita come un Eden terreno, garantita dagli Este ai loro sudditi, dai tempi dell'Ariosto in poi (*Orlando furioso*, XLIII, LVIII-LIX). Ma questa graziosa concessione non trasforma il paesaggio ferrarese dell'*Aminta* (la città, il fiume, l'isola), nell'Arcadia della tradizione bucolica. Se, inoltre, differentemente dall'Ariosto, in questo paesaggio si muovono, travestiti, alcuni di quelli che ne sono gli abitanti reali, e se in lontananza s'intravedono il duca ed i suoi cortigiani, dame ed intellettuali, il confronto tra mondo bucolico e mondo storico rischia di perdere il suo carattere alternativo. Al limite, persino il confronto tra città e campagna, ovvero tra natura e civiltà, perde quasi di probabilità. Il rischio, contro cui si batterà pochi anni appresso Giasone de Nores (un cipriota professore a Padova, morto nel 1590), che «la favola pastoral col principio turbulento e col fine prospero» comportasse «un tacito invitar gli uomini a lasciar la città e ad inamorarsi della vita contadinesca», ha più senso, se si guarda all'*Egle* del Giraldi o al *Pastor fido* del Guarini, che, difatti, risponderà al de Nores col primo *Verrato*). L'*Aminta* non propugna l'abbandono delle città e non converte allo stato di natura, per il semplice fatto che i suoi protagonisti pastorali intrattengono solide e benefiche relazioni con una corte cittadina. Tirsi-Tasso aiuta Aminta ad avere Silvia (secondo il Bàrberi Squarotti «Tirsi cerca di affidare ad Aminta quella violenza su Silvia che egli desidererebbe attuare»); Elpino-Pigna racconta ed interpreta la conclusione felice del loro rapporto di amore. Alla fin fine rimane solo il Satiro estraneo a queste relazioni, ed è il tipico personaggio del dramma satiresco giraldiano; ma la violenza ch'egli intende esercitare su Silvia, e che Aminta gl'impedirà di condurre a termine, nasce dalla dichiarata ed amara consapevolezza che ormai anche le «ville» sono come le «gran cittadi», dominate dall'«oro» cioè (vv. 778-781). Per conquistare Silvia, a lui non rimane che l'uso delle sue «armi» naturali: la pratica della «violenza» e della «rapina» (vv. 796 sgg.). «La violenza del Satiro ha il segno della ribellione al potere», vuole il Fenzi, che istituisce pure un rapporto con la violenza intellettuale di Tirsi-Tasso, definita «un'arma in più dentro il gioco ipocrita dei rapporti tra le persone, dentro le scommesse crudeli del potere». In realtà, senza voler tirare in ballo l'ovvio argomento del carattere funzionale che la violenza del Satiro ha ai fini dello sviluppo della vicenda (rimarrebbe sempre da spiegare perché il Tasso non concepisce altro mezzo, per avvicinare Silvia ad Aminta, che la cattura della donna), la protesta del Satiro contro l'oro ed il ricorso alla forza bruta sono compatibili all'interno della fruizione cortigiana della favola. Dopo che le «ville» sono divenute eguali alle «cittadi», il Satiro più che un ribelle appare un emarginato, un sopravvissuto. Egli non può che preparare la sua sconfitta ed assistervi; a sancirla, inoltre, è proprio Aminta, il pastore che ha accettato l'aiuto di Tirsi-Tasso. Anche il famoso coro che aveva anticipato il monologo del Satiro, «O bella età de l'oro» (oro non in senso venale, ma di «aetas aurea»), deve leggersi in questa prospettiva cittadina e cortigiana. Al Tasso non interessa, e lo dice subito, rievocare la mitica età di Saturno, ovidianamente intesa come epoca in cui la terra produceva spontaneamente «latte» e «mele» e «frutti», gli animali non erano nocivi, le stagioni si mantenevano buone, le guerre ed i commerci non dividevano gli uomini. Se l'età dell'oro ha in epoca cortigiana ancora un significato, questo risiede nell'essere priva del concetto e del culto dell'«Onore». Allora l'«Onore» non impediva di cogliere spontaneamente il «don d'Amore», come accade di oggi insegnando alle donne il riserbo e la ritrosia. «Legge aurea e felice / che natura scolpì» è definita quella che vigeva nelle relazioni amorose di quell'età leggendaria, la legge dantesca di Semiramide (*Inferno*, v): «S'ei piace, ei lice» (vv. 656-681). Ha osservato il Panofski che questo coro «non è tanto un elogio dell'Arcadia quanto un'invettiva contro lo spirito costretto e tormentato della stessa epoca» dell'*Aminta*, «che è poi l'epoca della Controriforma». Pastori sono i componenti del coro, ma «evidentemente» il loro «è lo sfogo di un attore alla ribalta, un attore che ha presente tutto il contrasto che c'è tra la sua reale esistenza e lo splendore della parte che sta recitando». Le stesse parole conclusive del coro, che invitano l'Onore a non travagliare la «negletta e bassa / turba» dei pastori, si arrestano su di un'esortazione ad amare intensamente minacciata dall'ombra della morte: «Amiam, che non ha tregua / con gli anni umana vita, e si dilegua» (vv. 719-720). È dimostrato a sufficienza, così, che i pastori non sono portavoce di un messaggio erotico alternativo praticabile. «Amore» e «Natura» sono ormai domati dall'Onore nel mondo dei «Regi» (vv. 710-711), ed è a questo mondo che il Tasso si è rivolto con l'*Aminta*.

*Il « masque »
ovvero
un'«elegante
mascherata»* A questo punto la definizione del genere teatrale, in cui iscrivere l'*Aminta*, si fa sempre più pressante, ma nel contempo sempre più difficile. Se cade anche la possibilità di assegnarla alla letteratura bucolica, per quanto evidente sia l'impegno stilistico e verbale del Tasso d'inserirsi nel filone maestro di questa letteratura (con Virgilio e Teocrito, i maestri antichi, adopera di frequente Poliziano, Sannazaro, Giraldi, ecc.), c'è da chiedersi dove mai si può ancorare il lettore, perplesso di fronte alle proposte mantenute in vita sino a qualche tempo fa. Si è mirato a fargli credere, o che l'Aminta è opera più o meno riuscita di poesia (Croce ed i crociani), oppure che è leggibile solo entro il processo formale interno alla produzione lirica del Tasso (dai madrigali delle *Rime* giovanili d'amore nasce l'*Aminta*, ha sostenuto sobriamente il De Robertis). Un cenno critico non infrequente in altri saggi sull'*Aminta*, quello che il Getto ha sintetizzato nella formula dell'«elegante mascherata», merita a questo punto di essere ripensato, magari nella versione inglese del «masque»: l'*Aminta* «funge da *masque*», ci autorizza a traslare D. Radcliffe-Umstead. Discorrendone come di

un genere non riducibile alla tragedia o alla commedia, il Frye ha sottolineato come «tratto essenziale» del «masque ideale» l'«esaltazione del pubblico»: «di solito è un omaggio agli spettatori o a uno spettatore particolarmente importante», e di conseguenza «porta all'idealizzazione della società rappresentata da tale pubblico». Ecco perché «gli attori di un ‹masque› sono di solito membri del pubblico travestiti»; quanto agli scenari, «sono quasi sempre paesi incantati con elementi magici, luoghi arcadici e visioni di Paradiso terrestre». Non tutto coincide con gli elementi dell'*Aminta* messi prima in risalto, ma si tenga presente che il Frye guarda soprattutto allo Shakespeare del *Sogno di una notte di mezza estate* e della *Tempesta* (e proprio con lo Shakespeare del *Sogno*, delle *Pene d'amor perdute* e dei *Due gentiluomini di Verona* un altro critico di lingua inglese, il Cody, ha cercato di stabilire collegamenti, muovendo da un'interpretazione dell'*Aminta* in chiave platonico-ficiniana). Quel che convince a catalogare l'*Aminta* come un «masque ideale» (l'altro, quello «archetipico», è ambientato di solito «in un sinistro limbo» e coinvolge «l'interno della mente umana») è «la posizione di superiorità» goduta dal pubblico in questo spettacolo. Non solo ne è in parte attore, come si è mostrato; non solo impone la sua visione del mondo, come è risultato dal monologo del Satiro e dal coro sull'età dell'oro. A ben vedere, è il pubblico cortigiano che determina la qualità drammatica dell'*Aminta*. Si è già accennato all'abitudine, di origine tragica, di far esporre a personaggi a ciò deputati le principali azioni dell'amore fra Aminta e Silvia; ma non si è insistito a sufficienza sulla progressiva, ed infine totale, mancanza di spazio per la rappresentazione diretta dell'azione drammatica che simile procedimento comporta. Ebbene, se fino all'atto secondo l'azione è sempre e solo progettata, a partire dal terzo azione non c'è più. Tirsi narra dapprima che Aminta ha liberato Silvia dal Satiro; Nerina a sua volta narra che Silvia è stata sbranata dai lupi; Silvia, ancora, narra che in realtà è riuscita a sottrarsi ad uno dei lupi; Dafne narra, dopo, del tentato suicidio di Aminta; il Nuncio narra, in seguito, dell'avvenuto suicidio del medesimo; Elpino, infine, narra del mancato suicidio e del ricongiungimento con Silvia. L'endecasillabo, si è detto, è il metro narrativo, cui si alterna il settenario per lo sfogo lirico: di Silvia in specie, ma anche di Aminta. Ebbene, ora è chiaro che in questo modo fra narrativa e lirica viene spartito tutto lo spazio espressivo a disposizione. L'azione drammatica non tanto è soffocata, quanto piuttosto perde di necessità: altrimenti nella misura in cui il pubblico è chiamato a salire sul palcoscenico, o per lo meno a riconoscersi nei personaggi che sono saliti sul palcoscenico provenendo dalla sua stessa estrazione sociale, l'azione drammatica non può ulteriormente spostarsi in avanti, ricacciando quei personaggi di nuovo tra il pubblico. Anzi, deve perdere il suo eventuale carattere drammatico, e farsi, come accade, narrazione e lirica, episodio di cronaca e madrigale di accompagnamento (non è un caso che i due segni di riconoscimento, il «velo» di Silvia e la cintura di Aminta, si prestino a variazioni madrigalistiche che possono sembrare concettose ed immotivate, ma che in realtà rispondono bene alla qualità non drammatica del testo). Non meraviglia, neppure, stando così le cose, che, oltre i riferimenti agli autori canonici del genere bucolico, trovino modo di emergere citazioni e luoghi di Catullo, di Ovidio, di Achille Tazio, di Dante, di Petrarca (onnipresente), di Bembo, di Ariosto, del Tasso medesimo, in quanto conformi al registro narrativo e lirico che risulta, alla fine, dominante nell'*Aminta*. In fondo in fondo aveva colto nel segno Augusto Guglielmo Schlegel quando, nelle lezioni del famoso *Corso di letteratura drammatica* (1809), aveva scritto dell'*Aminta* (e del *Pastor fido*, ma meno propriamente) che i loro autori si rivolgevano a spettatori «ancora contenti alla placida pompa d'una bella poesia», insensibile a «quell'agitazione e quella impazienza che la rapidità del movimento drammatico può sola calmare». «Infanzia dell'arte», sentenziava lo Schlegel, tutto impegnato a ricostruire la genesi e lo sviluppo del teatro romantico, e quindi necessariamente portato ad assegnare allo Shakespeare un ruolo egemone. Per quel che ci riguarda, è sufficiente avere capito il perché l'*Aminta* risulti tutt'oggi poco teatrabile. Quel pubblico, per il quale era stata scritta, si è allontanato da tempo dal teatro del mondo.

«Il Re Torrismondo»

«La rapidità del movimento drammatico» non è neppure il pregio della tragedia cui il Tasso si accinge subito dopo l'*Aminta*, fra il '73 ed il '74. Della prima stesura, intitolata *Galealto re di Norvegia*, possediamo un ampio frammento, equivalente all'intero atto primo (escluso il Coro) ed alle prime quattro scene dell'atto secondo. Col titolo definitivo di *Il Re Torrismondo*, mutati i nomi dei protagonisti, la tragedia fu completata subito dopo l'uscita da Sant'Anna e stampata nel 1587. La dedica è al principe Vincenzo Gonzaga.

Atto primo: Alvida, principessa di Norvegia, confida alla Nutrice di avere perso la sua tranquillità. Torrismondo, re dei Goti, dopo averla chiesta in sposa al padre Araldo, l'ha posseduta prima di celebrare il matrimonio, durante il viaggio alla volta del suo paese; venuto il momento delle nozze, le ritarda e si comporta con imbarazzo, quasi senza amore. La Nutrice cerca di consolarla; rimasta sola, esprime il suo timore sull'esistenza di qualche ragione precedente, nascosta, che motivi il contegno del re. Torrismondo, a propria volta, confida al Consigliero di avere mancato alla parola data a Germondo, re degli Svedesi, suo grande amico, il quale gli aveva richiesto di ottenere per sé la mano di Alvida. Araldo, infatti, non voleva concedergliela, avendo Germondo ucciso in battaglia il fratello di Alvida. Il Consigliero cerca di diminuire il suo senso di colpa e lo invita ad offrire a Germondo, in cambio di Alvida, la di lui sorella Rosmonda. Chiude l'atto il Coro, che invoca la Sapienza a scendere in Settentrione ed a porre pace fra le sue genti.

Atto secondo: il Messaggero di Germondo annuncia l'arrivo del suo re a Torrismondo, in occasione della cerimonia nuziale finalmente mandata avanti. Torrismondo si dispera, sempre pensando di avere ingannato Germondo, e ripone ogni sua speranza nella capacità della Regina madre, Rusilla, a persuadere Rosmonda al matrimonio con l'amico. Rosmonda, a sé, lascia quasi intendere di non essere sorella del re; più che per la vita di corte si sente chiamata per la vita monacale; ma nel contempo lascia pure intendere di amare Torrismondo. La Regina madre invita Rosmonda ad adornarsi, per accogliere degnamente Germondo, le ricorda che la bellezza è l'unica dote muliebre e le presenta il matrimonio come il solo mezzo per rendere tollerabile il peso della vita. Rosmonda ribatte sottolineando la condizione comunque inferiore della donna nel matrimonio, abbia o non abbia figli; riafferma nel contempo la sua vocazione monastica, non potendo farsi cacciatrice e guerriera, come un tempo era concesso alle donne del suo paese. Finisce, tuttavia, per accondiscendere al desiderio della madre che si sposi. La Regina si felicita per avere due figli così fortunati. Poi comunica a Torrismondo che Rosmonda acconsente a sposare Germondo, e Torrismondo dà disposizioni per le doppie nozze, elencando i giochi sportivi e le danze che devono fare da contorno. Chiude l'atto il Coro, elogiando Rosmonda e sottolineando l'importanza anche politica della sua decisione.

Atto terzo: il Consigliero, a sé, medita sulla difficoltà dell'incarico ricevuto da Torrismondo: persuadere Germondo a sposare Rosmonda. Rosmonda, a sé ritorna sulla sua decisione, sostiene esplicitamente di non essere la sorella di Torrismondo, e riconferma la sua scelta monacale. Torrismondo incontra Germondo, ribadisce l'intenzione di cedergli Alvida, ma gli fa capire che la donna, sdegnata, si attende da lui una vendetta per un «oltraggio» e una «onta» non meglio specificati. Germondo si dice disposto ad assumere la vendetta su di sé, e si dichiara amico di Torrismondo per l'eternità. Torrismondo chiede ad Alvida di diventare amica di Germondo, dimenticando le offese ricevute da lui e dagli Svedesi; Alvida acconsente, perché non intende far nulla contro il suo volere. La cameriera di Germondo presenta ad Alvida i doni di Germondo: la corona, il manto ed un'immagine di lei scolpita su una pietra preziosa. Alvida in-

terpreta l'immagine come contenente una dichiarazione
d'amore nei suoi riguardi, i disegni del manto in maniera
analoga, e riconosce nella corona il premio riportato da
un cavaliere durante una giostra bandita da suo padre e
allontanatosi senza farsi conoscere, subito dopo avere
informato Alvida di essersi innamorato di lei; ricorda,
pure, alla Nutrice che prima di questa giostra Germondo
le aveva ucciso il fratello. Si chiede, allora, che cosa si-
gnifichino questi doni, e teme soprattutto le reazioni di
Germondo. Alvida fa sapere alla Regina dei doni di
Germondo, e proclama la sua devozione a Torrismondo.
Chiude l'atto il Coro, augurandosi che l'Amore, vincitore dell'odio in cielo, non entri in contrasto con l'amicizia.
Atto quarto: il Consigliero cerca di persuadere Germondo, con ragioni di stabilità politica, a sposare Rosmonda; Germondo resiste e si appella all'amicizia di Torrismondo. A sé, riflette sull'accoglienza finora ricevuta in
Gozia ed osserva che, se è questione di unione politica,
egli può dare in matrimonio a Torrismondo una sua sorella. Rosmonda rivela a Torrismondo di non essere sua
sorella: figlia di nobili stranieri, accolti a corte, è stata
sostituita alla vera sorella del re (che si chiamava pure
Rosmonda), quand'era ancora fanciullina. La decisione
era stata presa dal padre di Torrismondo, dopo avere saputo da maghe di montagna che la nascita della sorella di
Torrismondo avrebbe significato la perdita del regno.
Rosmonda aggiunge che, prima di nascere, era stata votata a Dio dalla madre ed a lei, in morte, aveva promesso di adempiere il voto. Torrismondo chiede notizie a
Rosmonda dell'altra Rosmonda, la sua vera sorella, e
viene a sapere che è stata allontanata per timore di altre
sventure; il servo che l'ha accompagnata si chiama
Frontone. Torrismondo manda a chiamare il Saggio, o
Indovino, con Frontone. A sé, nel frattempo, si ramma-
rica di quanto ha saputo, non volendo di nuovo ingan-
nare Germondo, dandogli in moglie una fanciulla che
non gli è sorella; si dispone ad andare a ricercare la sorella perduta. L'Indovino gli fa oscuramente capire che
la sorella ricercata non è lontana; consultando gli astri e
le costellazioni, gli annuncia inoltre tempi calamitosi.
Frontone conferma a Torrismondo che Rosmonda non
gli è sorella e che quella vera, trasferita per ordine del
padre in Dacia, è stata fatta prigioniera da predoni norvegesi durante il viaggio; uno dei loro capi, Aldano, è
caduto in mano dei Goti, e vive fra di loro, mentre il fratello (un secondo Araldo) è riuscito a fuggire. Sopraggiunge un Messaggero dalla Norvegia, che annuncia a
Torrismondo la morte del padre di Alvida; in lui Frontone riconosce l'Araldo corsaro, riuscito a fuggire, e da
lui viene a sapere che la vera sorella di Torrismondo,
consegnata al re di Norvegia, era stata da questi allevata
come figlia, dopo la morte di una bambina propria: in
Norvegia ha preso il nome di Alvida. Torrismondo sco-

pre così di avere amato e posseduto la propria sorella. A Germondo, che sa solo della morte del padre di Alvida, e che vuole condividere il suo dolore, Torrismondo riconferma l'intenzione di cedergli Alvida e il regno di Norvegia. Chiude l'atto il Coro, esaltando la virtù dell'uomo che non teme le influenze maligne degli astri, e domina la natura e gl'inferi.

Atto quinto: Alvida si lamenta con la Nutrice, perché Torrismondo non le ha dato notizia della morte del padre e non mostra più di amarla, avendole proposto di sposare Germondo. Ritiene un pretesto il racconto che la vuole sorella di Torrismondo. Conclude dichiarandosi pronta a morire. La Regina madre, che nulla sa di quanto è accaduto, si compiace per le doppie nozze imminenti. Rosmonda, che non sa se ha fatto bene a parlare, si dispone a visitare la chiesa, dove si celebreranno le nozze, e prega Dio di gradire la sua preghiera. Un Cameriero annuncia al Coro che Alvida si è uccisa; aggiunge che pure Torrismondo si è ucciso, dopo esserle rimasto accanto negli ultimi momenti; prima di morire ha consegnato al Cameriero stesso una lettera per Germondo. Germondo riceve e legge la lettera, nella quale Torrismondo si professa vero amico suo, gli affida il regno di Gozia e lo prega di provvedere a sua madre. Germondo accetta, pur disperandosi. La Regina madre è informata dal Cameriero della morte di Alvida e Torrismondo; Germondo le promette di restarle accanto, e così pure s'impegna a fare Rosmonda. Lamento della Regina. Chiude l'atto il Coro, che commenta la caduta di ogni costruzione umana: «Che più giova amicizia o giova amore?».

La complessità della vicenda del *Torrismondo*, per altro già delineata nel *Galealto*, risponde ad alcuni dei problemi dibattuti nella critica poetica contemporanea e dei quali il Tasso era non solo al corrente, ma autorevole espositore. Diversamente dall'*Aminta*, che nasce all'insegna della novità e della sperimentazione nel settore non aristotelico della poesia pastorale, il *Torrismondo* si colloca entro un genere letterario, la tragedia, sul quale Aristotele e gli aristotelici cinquecenteschi avevano formulato pareri, per dir così, vincolanti. Nei giovanili *Discorsi dell'arte poetica* la dichiarata attenzione al «poema eroico» non esclude affatto la formulazione d'una serie d'interventi, oltremodo pertinenti, sulla struttura e sul linguaggio della tragedia; e non c'è da meravigliarsene, se soltanto si rammenta la predilezione per la tragedia sull'epica dichiarata da Aristotele nella *Poetica*, XXVI. Nei successivi *Discorsi del poema eroico*, mantenuta ferma la centralità dell'epica, gli interventi accennati sulla tragedia sono tutti ripresi ed estesi sulla base, proprio, dell'esperienza del *Torrismondo*, non ancora attivo durante l'elaborazione dei precedenti *Discorsi*. Per ben due volte

Il genere della tragedia

il *Torrismondo* è citato in questa definitiva formulazione della poetica tassiana: nel libro II, per segnalare, circa l'«agnizione» che è «ottima e bellissima oltre tutte l'altre... quella che nasce dalla composizione della favola stessa ed è congiunta col mutamento della fortuna, com'è quella d'Edipo — nell'omonima tragedia di Sofocle — e quella d'Alvida nel *Torrismondo*»; nel libro quinto, per segnalare l'impiego della figura retorica dell'«antipallage», ovvero «mutazione de' casi», ai vv. 2485-2486. Si aggiunga che, mentre motiva le ragioni per cui conviene scegliere come soggetto epico avvenimenti accaduti «fra· popoli lontani e ne' paesi incogniti», in quanto «possiamo finger molte cose di leggieri senza toglier autorità alla favola», il Tasso reca ad esempio proprio la materia storica del *Torrismondo*. Poeticamente essa ha lo stesso fascino di quella proposta dalla scoperta dell'America: «Però di Gozia e di Norveggia e di Suevia e d'Islanda o dell'Indie Orientali o di paesi di nuovo ritrovati nel vastissimo Oceano oltre le Colonne d'Ercole si dee prender la materia di siffatti poemi» (libro II). Sebbene alla fine dei *Discorsi del poema eroico* il Tasso concluda per la superiorità dell'epica sulla tragedia, contro Aristotele e con Platone, è chiaro che una distinzione radicale fra i due generi non è sempre praticabile. Sono possibili scambi fra di essi e, soprattutto, il comporre una tragedia comporta, esattamente come accade col poema epico, tenere conto che esiste una trattatistica, se non una precettistica, con la quale non ci si può non misurare, mano a mano che si procede.

Le fonti | Per sfruttare a nostra volta i suggerimenti impliciti nelle *nordiche* allusioni al *Torrismondo* estratte dai *Discorsi*, fin dal *Galealto* risulta che il Tasso ha deciso di scegliersi un soggetto esotico, andandolo a pescare nelle recenti cronache dei paesi nordici diffuso in Occidente: la *Historia de gentibus septentrionalibus* (Roma, 1554) del vescovo di Uppsala Olof Mänsson, latinizzato in Olao Magno (1490-1557), ben presto tradotta in italiano, e la *Gothorum Suenonumque historia* (Roma, 1554) del fratello di Olao, Giovanni (Ions), arcivescovo di Upsala, 1488-1544. Ebbe anche sottomano i *Gesta Danorum* dello storico danese Saxo Grammaticus (1150-1210), ma, stando ad una preziosa nota del Goudet, l'«intrigo» della tragedia ha qualche punto di contatto con un'analoga vicenda raccontata da Giovanni Magno (IV, 24). Protagonista è una principessa norvegese, di nome Alvida, richiesta al padre, Getero, per conto del re di Danimarca, Frotone, dal di lui cognato, Erico. La vicenda, poi, si complica ulteriormente nella storia di Giovanni Magno, perché Getero vuole in cambio la moglie di Erico, Gunuara; né c'è traccia d'incesto fra Alvida ed Erico, diversamente da quanto accade ad Alvida e Torrismondo. Quel che conta è l'avere suggerito la possibilità di uno sfruttamento, da parte del Tasso, delle sue fonti esotiche in chiave non solo descrittiva, come parrebbe leggendo, ad esempio, la descrizione attinta da Olao Magno dei giochi e dei balli preparati per la festa di nozze (III, vv. 1399-1457). Il libro di Olao Magno, una sorta di enciclopedia degli usi e dei costumi dei popoli nordici, si prestava largamente ad una sorta di evasione nel mirabile e persino nel favoloso. A testimoniarlo è una «pagina curiosissima» del decalogo *Il Messaggiero* nella stampa dell'86 (l'anno precedente alla comparsa del *Torrismondo*), pagina abilmente estratta dal Carducci, perché «in quel sonante ondeggiamento di prosa meridionale — gli parve che — cavalcasse una vera scorribanda di magie e malìe boreali». E chi, poi, volesse qualcosa di più ampio, potrebbe rifarsi ai saggi del poema epico *Alfeo* d'un discendente dell'Ariosto assai caro al Tasso, Orazio (1555-1593), saggi da poco resi noti dal Venturini: a prima vista appaiono un autentico condensato di magia e di pirateria, su allucinati sfondi nordici. In confronto all'*Alfeo* bisogna convenire che nel *Torrismondo* il Tasso non ha abusato delle suggestioni irrazionali presenti nel suo materiale (scarni accenni a pratiche magiche ai vv. 2350-2357, 2508-2509).

Ogni qual volta ha ambientato episodi della vicenda in paesaggi tipicamente settentrionali, mostra alle sue spalle, ben evidente, qualche autorizzazione classica: come ad esempio nel resoconto del rapporto furtivo e prematrimoniale fra Torrismondo ed Alvida, (I, vv. 103-114, 498-567), lo spunto del quale è offerto dall'invenzione virgiliana, che aveva congiunto Didone ed Enea durante una tempesta (*Eneide*, IV, 160-168).

Ma c'è di più. Se fino ad un certo momento lo sviluppo della trama consente di stabilire qualche rapporto fra le vicende di Alvida, Erico e Frotone, narrate da Giovanni Magno, a partire dal momento in cui inizia l'«agnizione» di Alvida, ovvero la scoperta della sua vera identità di sorella di Torrismondo, la tragedia assume il suo inconfondibile aspetto sofocleo, non senza orgoglio rilevato nei *Discorsi del poema eroico*. A determinare questo innesto di un esito greco su una pianta nordica, scoprendo l'incesto là dove non c'era, non è stato il gusto cosiddetto «manieristico» della mescolanza di caratteri opposti. Di simili scarichi di responsabilità ad una generica, totalizzante sensibilità tardo-cinquecentesca, etichettata «Manierismo», non c'è bisogno nel caso di uno scrittore dotato di una lucidità acuta di teorico della letteratura in genere, e della poesia in specie. Come appare dal *Galealto*, in uno dei pochi momenti dove il frammento ha rilevanza autonoma e non esce schiacciato dal confronto con la stesura definitiva, tra gli incubi notturni che affliggono Alvida prima del matrimonio (e dopo il rapporto con Torrismondo), c'è quello tutto letterario di dover patire il destino di tre celebri eroine dell'incesto in tragedia: «... Fedra e Iocasta / gl'interrotti riposi a me pertur-

I modelli classici

ba, / agita me Canace; e spesso parmi / ferro nudo veder, e con la penna / sparger sangue ed inchiostro...» (I, vv. 41-45). Dei tre modelli, di Seneca (*Fedra*), di Sofocle (*Edipo re*) e dello Speroni (*Canace*), il Tasso opta strutturalmente per il secondo. Gli permette di risolvere l'«intrigo» della sua trama nordica, ricorrendo all'espediente classico dell'«agnizione»; ed è tanta la fiducia in questo modello che le scene dell'atto quarto, dedicate all'agnizione, sono concepite e volute parallele ai momenti dell'inchiesta attraverso i quali Edipo scopre di avere ucciso il padre Laio e sposato la madre Giocasta. Ma ha certamente ragione il Getto quando, dopo avere constatato l'atto di omaggio al modello sofocleo dell'«incesto inconsapevole», aggiunge che il Tasso «si apriva — pure — segretamente e inconsapevolmente alle suggestioni offerte dall'altra situazione tipica, quella dell'incesto peccaminoso, del tipo di Fedra,... con gli sviluppi di cui era carica, di molle e prepotente sensualità, di torbida seduzione, di corruzione sottile». La cosa riesce tanto più persuasiva, se si tira di nuovo in ballo la *Canace*, come non si può non fare col *Torrismondo*, trattandosi d'un incesto fra fratello e sorella (della *Canace* si è pure accennato per l'*Aminta*). Malgrado tutti i buoni propositi di fare dell'incesto cosa inconsapevole, il Tasso condivide con lo Speroni l'attribuire ad «uno impeto fatal», che «spinse allor le *sue* membra» (II, III), l'atto del possesso esercitato dal fratello sulla sorella (cfr. *Galealto*, vv. 516-518; *Torrismondo*, 565-567). Stabilito questo punto di contatto, che non consente di schiacciare il *Torrismondo* sull'*Edipo*, occorre, però, affermare con pari chiarezza che il Tasso non si schiera fra quanti approvano incondizionatamente il modo tenuto dallo Speroni nel rappresentare l'incesto tra fratelli.

Quel modo era dispiaciuto al Giraldi, la cui *Orbecche* (1541), a detta del Praz, avrebbe orientato tutto il teatro tragico europeo del secondo Cinquecento dai Greci a Seneca, e quindi verso l'irrazionale e l'orrido. Mi riferisco all'adespoto *Giudicio sopra la tragedia di Canace e Macareo* (1543), ma sicuramente del Giraldi, sul quale ha giustamente attirato l'attenzione l'Ariani. L'argomento fondamentale, per dimostrare che la *Canace* non è una tragedia conforme alla *Poetica* di Aristotele, è dato in questo *Giudicio* dal non potere essa muovere «l'orrore e la commiserazione», avendo come protagonisti «persone scelerate». Tali, infatti, appaiono al Giraldi Canace e Macareo, quando discorrono di sé e del loro figlio. Essi non sono affatto, come Aristotele vuole, «uomini né in tutto buoni, né in tutto rei» (il riferimento è al cap. XIII della *Poetica*). I sofoclei Edìpo e Giocasta, invece, rispondono a questi requisiti, spiega il Giraldi: «perché quello che potria essere di scelerato nella tragedia non viene per scienza e voluntade, e consentimento o di Iocasta o di Edipo, ma per errore: perché Iocasta non cognosceva Edipo per figliuolo, né Edipo Iocasta per madre». È un principio saldo anche per il Tasso, questo. Alle critiche mossegli subito dopo la pubblicazione della tragedia, risponde, sottolineando che «Torrismondo non è persona scelerata né malvagia, ma colpevole di qualch'errore, per lo quale è caduto in infelicità; laonde per questa cagione è più atto a muover misericordia, che non sono i buoni in tutto, come insegna Aristotele medesimo» (lettera del 1587 a G.B. Licino, n. 904, ed. Guasti). E si legga anche l'argomento della tragedia, premesso ad una delle prime ristampe e firmato da G. Guastavini, per trovare conferma a questa convinzione: di avere riproposto in Torrismondo la condizione di Edipo, con tutto quel che comporta strutturalmente la scelta del modello greco (oltre all'agnizione, o riconoscimento, la «peripezia» e la «catastrofe» delle quali si è detto a proposito dell'*Aminta*).

Definito il tipo d'incesto drammatizzato operante nel *Torrismondo*, sostanzialmente ma non esclusivamente sofocleo, rimane ancora tutto da dimostrare che sia l'incesto il soggetto principale della tragedia. A guardare più addentro, l'incesto, comunque raffigurato, non è tanto fine a se stesso, quanto l'occasione di saggiare la validità del rapporto di amicizia che intercorre fra Torrismondo e Germondo, il quale ha chiesto al compagno di conquistargli la figlia (presunta) del re di Norvegia. Questa situazione, ovviamente non sofoclea, discende dalla vicenda rintracciata presso Giovanni Magno: Torrismondo è un nuovo Erico, Germondo un nuovo Frotone (Alvida rimane l'oggetto della contesa). Fin dal racconto della seduzione, Torrismondo ha insistito sul vincolo di perfetta amicizia che lo lega a Germondo; e quando è l'ora, Germondo fa altrettanto da parte sua, a più riprese (cfr. almeno III, III). Il contrasto fra amicizia ed amore, che si determina quando Germondo arriva alla corte dei Goti per prendersi Alvida, è il vero argomento tragico del *Torrismondo*, come aiuta ad intendere tuttora un lontano saggio del Renda. Alcuni riscontri di luoghi filosofici (in specie del Platone del *Liside*, del *Fedro*, del *Simposio*), operanti visibilmente nel dialogo tassesco dedicato all'amicizia, *Il Manso*, terminato nel '92, consentirono al Renda di documentare l'impegno posto dal Tasso nel meditare l'idea e i limiti dell'amicizia. Fondamentale, soprattutto, è la certezza che il Tasso dovette ricavare della «tragediabilità d'un soggetto ispirato all'amicizia», e proprio nel senso illustrato seguendo la falsariga della *Poetica* di Aristotele: dell'essere gli amici potenziali eroi tragici, in quanto «né buoni... né rei, ma tra buoni e rei» (*Il Manso*, 94). Anche come amico, dunque, e non solo come amante, Torrismondo ha le prerogative volute da Aristotele di non essere «né interamente buono né interamente cattivo». E non stupisce, allora, se fin dai tempi del *Galealto* il Tasso abbia ritenuto che l'azio-

I temi dell'incesto e dell'amicizia

ne di un'importante commedia dei suoi tempi, l'*Erofilo-machia* del perugino Sforza Oddi (1540-1611), ovvero il combattimento tra amore ed amicizia, non poteva trattarsi in chiave comica: era argomento tragico, o tutt'al più epico (lo apprendiamo da una lettera di T. Almerici del febbraio del 1574, riportata dal Solerti nella *Vita* del poeta, II, 104).

Se le cose stanno così (e non c'è discorso di Torrismondo, fra sé e sé o con gli altri, che non riproponga con urgenza la sua preoccupazione angosciosa di avere tradito Germondo, restituendogli Alvida disonorata), l'incesto, scoperto dopo l'agnizione, ma intuibile già prima dalla memoria che ne hanno i due protagonisti, non dovrebbe diventare il motore della catastrofe conclusiva. Alvida, si è detto da tanti, non si uccide perché sa di essere sorella di Torrismondo, ma perché l'averle egli nascosto la notizia della morte del padre e proposto, inoltre, di sposare Germondo, la convince di non disporre più del suo amore; a propria volta Torrismondo si uccide dopo la morte di Alvida (V, I e IV), e non dopo la scoperta che è sua sorella. Ma basterebbe soffermarsi, nel resoconto della morte dei due protagonisti messo in bocca al Cameriero, sulle parole ultime scambiate fra loro, per rendersi conto che l'agnizione non ha fatto scoppiare, ma piuttosto reso maggiormente ambiguo il rapporto che li lega. Alvida, dichiarandosi di Torrismondo finché sarà in vita, lo colloca in una posizione nella quale è ancora possibile non ripudiarlo: «O mio più che fratello e più ch'amato» (v. 3054); Torrismondo, pur distinguendosi «come fratello», e non più «come amante», si dispone ad affrontare con lei un rito di morte che è anche di nuove nozze: «e questo vostro sangue è sangue mio»; oppure: «prendo gli ultimi baci» (vv. 3034, 3049). Evidentemente, senza il bisogno «di scagliarsi duramente contro ogni etica conservatrice», come accadrà fra pochi decenni, secondo l'Ariani, nel celebre dramma elisabettiano *Peccato che sia una prostituta* di John Ford (protagonisti incestuosi un fratello ed una sorella, italiani naturalmente, e cattolici), il Tasso ha avvertito altrimenti che l'amore contro natura non ha espiazione: al limite, per dirla in termini aristotelici, se pur desta pietà ed orrore, non determina la catarsi. Di qui, per converso, l'insistenza sull'amicizia tradita come congruo tema tragico. Seguendo l'evolversi degli eventi nella prospettiva di Germondo, dovrebbe bastare la lettera che Torrismondo gli spedisce in punto di morte, affidandogli il regno e la madre sopravvissuta, ad aprire la strada alla purificazione degli spettatori. E Germondo, poi, s'impegna al massimo, con parole di generosità e promesse di acconce cerimonie funebri, a suggellare persino qualcosa di più della purificazione: addirittura prospetta una sorta di redenzione per Alvida e Torrismondo, facendone due eroi da mausoleo dell'amore.

La conclusione sembra, a questo punto, abbastanza scontata: lo scrupolo di comporre una tragedia aristotelicamente ortodossa non ha impedito al Tasso di sottrarsi alle consuetudini schematiche del genere, sino al punto di affacciare una problematica, la cui tragicità non è redimibile in termini di spettacolo (di una sostanziale antitragicità della tragedia post-giraldiana ha parlato in altro modo il Vazzoler). Il famoso coro dell'atto v, *Ahi lacrime, ahi dolore*, generalmente interpretato in chiave autobiografica (una sorta di canto del cigno del Tasso dopo la prigionia ed alle soglie della morte, dalla quale lo separano alcuni anni), sembra ribadire nell'interrogazione centrale: «Che più giova amicizia o giova amore?» (v. 3339) lo smarrimento di fronte a questo sovrapporsi di condizioni tragiche. Se amicizia e amore non solo entrano in conflitto fra loro, ma non provocano che una parziale catarsi, c'è da credere veramente, come il coro recita, che la vita è sconfitta e dolore; ed allora sì, non solo la vita degli eroi tragici, destinati per nascita alla gloria. Perché almeno un verso di quel coro ha un'eco profonda e personale: «Che più si spera o che s'attende omai?» (v. 3335).

Definendo l'ultimo coro «sentenzioso, ma liricamente sentenzioso, dal periodare spezzato, paratattico, interrogativo (retoricamente) ed esclamativo», il Di Benedetto ha rilevato la distinzione con gli altri quattro cori, che gli sono parsi «eroici, caratterizzati da rilevanti ‹enjambements› e inversioni, da complicazioni sintattiche». In effetti la loro tematica solenne (la Sapienza, la Verginità, Amore ed Amicizia, la Virtù umana) si colloca su un piano più alto di quello della vicenda, conformemente ad un luogo dei *Problemi* di Aristotele (XIX, 48), segnalato nei *Discorsi del poema eroico* (IV): «'l coro per aventura dee parlar più altamente, perch'egli... è quasi un curatore ozioso o separato». Il paragone di maggioranza («più altamente») è da farsi con lo «stile» delle restanti parti dialogate della tragedia, che, sempre nei *Discorsi*, il Tasso correttamente pone un gradino sotto lo «stile» dell'epica: «lo stile della tragedia, quantunque descriva avenimenti illustri e persone reali, ... dee esser meno sublime e più semplice dell'eroico». Le motivazioni addotte per questa tesi toccano da vicino la coesistenza, nel linguaggio tragico, di zone liriche e comiche, nel senso non proprio, ma mediato di questi attributi: poiché la tragedia «suol trattar materie più affettuose» dell'epica, ne consegue che «l'affetto richiede purità e semplicità»; poiché, ancora, «nella tragedia non parla mai il poeta, ma sempre coloro che sono introdotti agenti e operanti», bisogna a questi «attribuire una maniera di parlare men disusata e men dissimile dall'ordinaria». Fatte le debite proporzioni, senza sacrificare la prassi alla teoria, esistono indubbiamente zone tendenzialmente liricizzanti nel *Torrismondo*, in specie nell'atto ultimo, non a caso cul-

Il linguaggio

minante nel coro «liricamente sentenzioso». Quanto poi abbia contato il linguaggio amoroso e morale del Petrarca in più di una scena della tragedia, è difficile negare, in specie dopo che il Bigazzi l'ha esaurientemente documentato nel suo commento. Parallelamente, sia pure meno emergenti, esistono zone dove il linguaggio del dialogo fra personaggi impegnati in un'azione potenzialmente comica (sino alla fine la Regina madre pensa addirittura a due cerimonie nuziali: II, VI; III, VII; V, II) scende ad un livello prosastico. E se non è mai un livello umile (un errore, del genere avrebbe commesso, per il Tasso, il Trissino nella *Sofonisba*, la prima tragedia moderna cinquecentesca, da lui probabilmente postillata), conosce per altro il dibattito ed il confronto di opinioni. Esemplare, in questo senso, è il lungo scambio d'idee sul matrimonio fra la Regina madre e Rosmonda (II, IV), un pezzo d'antologia della questione femminile, per altro non inatteso nella letteratura rinascimentale. Naturalmente, al confronto, risultano più cospicue le zone in cui il dialogo assorbe nel suo interno larghe sezioni di linguaggio descrittivo più propriamente epico. Così accade nell'atto primo, quando Alvida prima e Torrismondo dopo raccontano dai loro punti di vista l'antefatto della loro unione; oppure nell'atto secondo, quando Torrismondo progetta i giochi per le nozze. Di vero e proprio linguaggio tragico si può cominciare a discorrere per i monologhi, assai frequenti e sempre esattamente intonati alla drammaticità del momento (era stato il Giraldi nella *Lettera sulla tragedia* del 1543 a consigliare d'impiegarli secondo l'uso di Seneca, e non dei Greci, parendogli inverosimile che «le grandi e signorili persone vogliano trattare le azioni di molta importanza... nella moltitudine delle genti»). Quanto alle parti dialogate secondo l'*Edipo re* e la *Fedra*, oppure alla maniera ormai instaurata dai tragediografi moderni alla Giraldi (tipici i pareri richiesti e ricevuti del Consigliero, o gli annunci drammatici del Cameriero, o anche solo le esibizioni cortigiane del Messaggero e della Cameriera di Germondo), rispettano le convenzioni del linguaggio tragico per eccellenza. In queste parti il distacco del *Torrismondo* dal *Galealto* si avverte in tutta la sua radicalità, nuovamente suggerendo l'impossibilità di un confronto, e tanto più se a favore del frammento: il quale rimane nella condizione di un esperimento incompiuto di linguaggio tragico. L'esperimento è stato condotto a termine nel *Torrismondo*, con tutti i rischi dell'operazione, ma anche nella sola ottica praticabile dall'autore, che è quella del genere letterario manifestato nella sua completezza contenutistica e formale.

Altri scritti teatrali

Il minore interesse del Tasso nei confronti della commedia, che si manifesta nei *Discorsi e dell'arte poetica e del poema eroico*, conformemente alla riduzione della poesia alla tragedia ed all'epica operata nella *Poetica* di Aristotele, non ha, tuttavia, da ritenersi assoluto. Se pure ha privilegiato i testi teatrali in voga nella corte estense dopo il 1540, l'attribuzione al Tasso nel 1587 di un *Prologo ai Suppositi* dell'Ariosto, commedia, spigolata nell'*Aminta* (cfr. vv. 597-600), dimostra che non ignora la maggiore tradizione comica ferrarese. Sono anni in cui ancora permane l'eco della polemica *Orlando-Gerusalemme*: il *Prologo* testimonia che il Tasso è rimasto fedele a quella tradizione, fino al punto di paventare la comparsa di spettacoli non ligi a quel modello ariostesco, e in genere alla commedia rinascimentale teorizzata secondo gli esempi di Plauto e Terenzio («tra noi oggidì le lodevoli sono di una sola maniera, e sono quelle che imitano quelle dell'Ariosto,» aveva sentenziato, del resto, il solito Giraldi nel '43, discorrendo unitariamente di tragedia e commedia in un *Discorso over lettera* a Giulio Ponzio Ponzoni). Sappiamo, inoltre, che ai primi del '77 il Tasso compose una commedia da recitarsi per il carnevale, e che venne rappresentata a Comacchio. Ci resta solo l'elenco dei personaggi, e sono quelli consueti nei copioni comici del tempo: innamorati, servi, un pedante e le maschere veneziane di Pantalone e dello Zanni. La presenza di queste ultime rende ragione del perché il Solerti abbia supposto trattarsi sì d'una commedia, ma «tessuta sopra il canovaccio di qualche commedia dell'arte»; se così fosse, altri dubbi circonderebbero l'autenticità del *Prologo ai «Suppositi»*. Come l'Ariosto, poi, il Tasso prese parte alla messa in scena di altri spettacoli di corte, fin dal '68, quando allestì una commedia del padre, Bernardo, e ne redasse gl'intermezzi, in occasione del battesimo del figlio di un feudatario degli Este (nel dialogo *Il Gianluca overo de le maschere* Bernardo è citato da Torquato come autore comico accanto all'Ariosto e al Bibbiena). Questi intermedi non ci sono pervenuti, a differenza di altri, stesi più tardi; e con loro ci sono altri prologhi, dettati sempre in occasione di feste cortigiane.

Una fruizione simile è lecito ipotizzare per i *Dialoghi* pervenutici tra Amore e innamorati.

Non è molto (tutto quel che rimane è riunito, in questa sede, nell'*Appendice*), ma è abbastanza per rendersi conto d'una vocazione e d'un'attività teatrali che appaiono, in definitiva, meno esclusive, ma più estese, di quelle dell'Ariosto medesimo. In siffatto contesto l'attribuzione al Tasso d'un intero copione comico, bisogna ammetterlo, è tutt'altro che da ricacciare fra le ipotesi assurde. Può contraddire al «cliché» del Tasso poeta del tramonto del Rinascimento, precursore lontano e affascinante dei Romantici, ma non discorda dalla sua reale condi-

«Prologhi»

«Dialoghi»

zione di scrittore di corte: e della corte estense in specie, particolarmente attenta all'organizzazione ed al consumo dello spettacolo teatrale.

«*Intrichi d'amore*» Che poi questo copione sia gli *Intrichi d'amore*, la commedia rappresentata dagli Accademici di Caprarola il 1º settembre 1598, in Caprarola stessa, presente il cardinale Odoardo Farnese, ed edita come tassiana a Viterbo il 1603, presso Girolamo Discepolo (fu poi ristampata a Venezia, Napoli e Viterbo ancora, sino al 1630), è altro discorso. Dedicando la prima edizione al cardinale predetto, uno degli accademici, attore a sua volta, Scipione Perini, ammette di avere intitolato lui la commedia attribuita al Tasso e, sia pure confusamente, non esclude di avere avuto sottomano un testo non ultimato. Anni dopo, nella *Vita* del Tasso (1621) che tanta importanza ha per la creazione del mito biografico del nostro poeta, il Manso ricorda che la commedia, «che sotto suo nome va falsamente intorno», non gli appartiene per evidenti ragioni di «stile», oltreché per essere stata ricusata in vita dall'autore medesimo («più si doleva di questa bugiarda imputazione che di molti furti che gli erano dei suoi componimenti già fatti»). Restituendone finalmente ai lettori moderni un'edizione critica e commentata, il Malato ha sottolineato alcune consonanze di linguaggio fra battute del copione degli *Intrichi d'amore* da un lato, dell'*Aminta* e della *Gerusalemme liberata* dall'altro. Si può subito convenire che questa commedia deve collocarsi in un ambito letterario ormai suggestionato dal gusto tassiano. Ma proprio la più vistosa di queste consonanze, che si registra nella scena in cui la ruffiana Bianchetta esorta Lavinia ad amare Flavio, utilizzando argomenti di Dafne su Silvia nella scena introduttiva dell'*Aminta*, deve mettere sull'avviso. Si tratta, infatti, di un'utilizzazione in chiave parodica di quegli argomenti; e la cosa non meraviglia, se si tiene a mente tutta la commedia, la quale è, complessivamente, una parodia grandiosa degli espedienti e del linguaggio della commedia rinascimentale. La cosa è stata pure notata dal Malato, e spiega perché altri (lo Stoppelli) abbia potuto rivendicare ad un commediografo romano del tempo, Cristoforo Castelletti (morto un anno dopo il Tasso), gli *Intrichi d'amore*. Anche in questo caso saremmo di fronte ad un'autoparodia: esistono, difatti, altre consonanze di contenuto e di linguaggio fra questa commedia e le tre del Castelletti (*I torti amorosi*, 1581; *Il furbo*, 1584; *Le stravaganze d'amore*, 1585). Inoltre il dramma pastorale del Castelletti, *Amarilli* (1580), riconduce all'*Aminta*, inoltre, ulteriormente arricchendo il gioco degli specchi di tutta questa «intricata» vicenda.

A risolvere la quale, non risultano dirimenti le prove esterne al testo addotte dal Malato in favore della sua attribuzione: oltre alla dichiarazione del Perini, la garanzia offerta dalla presenza del cardinale Farnese, «uomo di troppo grande autorità perché si possa credere che venisse coinvolto in un falso»; una dichiarazione epistolare del Tasso al Licino del 16 giugno 1586 circa una sua commedia da finire, o non finire, in Ferrara; e infine la presenza di un neologismo «provacciare» attestato solo nel dialogo *Il Gonzaga*. Non resta per ora che prendere atto della esistenza di un copione siffatto sul finire del Cinquecento, copione che denuncia in forme abnormi la paralisi dell'invenzione comica, e non solo comica, rinascimentale. Perché la parodia degli *Intrichi d'amore* coinvolge anche il teatro tassiano: l'*Aminta*, si è detto subito; ma un tipico espediente tragico, quale quello dell'agnizione, conosce in questa commedia applicazioni stravolte e sorprendenti. La misura del coinvolgimento è tale da far pensare che solo l'autore abbia potuto praticarla? La risposta a questa domanda, in mancanza di testimonianze extratestuali capaci, come si suol dire, o di tagliare la testa al toro o di recidere il nodo gordiano, non può prescindere dall'approfondimento della personalità e delle abitudini dei fantomatici «accademici di Caprarola», né dall'attenzione alle altre maniere del teatro italiano contemporaneo parodiate negli *Intrichi d'amore*, e pur visibili. Nell'attesa di questi contributi la commedia attribuita al Tasso rimane un documento della fortuna del suo ruolo di autore teatrale: un ruolo, se non andiamo errati, che lo accomuna all'Ariosto, nel segno di una continuità aperta all'aggiornamento. Se «l'artificio scenografico della Ferrara ariostesca» era caratterizzato dalla «fedeltà urbana dell'autore» (L. Zorzi), quello della Ferrara tassesca, è facile dedurlo, si è sviluppato all'insegna della progressiva distanza da questa fedeltà, nell'arco spaziale che va, emblematicamente, dall'isola di Belvedere al regno di Gozia (gli stessi *Intrichi* avvengono fuori Ferrara, a Roma). L'identificazione del poeta di teatro con la sua corte non passa più attraverso la sua città. Le conseguenze sono molte, ma facili da trarsi.

MARZIANO GUGLIELMINETTI

Guida bibliografica

EDIZIONI
Per le poesie del Tasso si attende l'edizione critica completa delle *Opere* diretta da L. Caretti, della quale è finora uscito solo il volume dedicato alla *Gerusalemme liberata* (1957), Milano 1979². Cfr. intanto, per le *Rime*, l'edizione a cura di A. Solerti, Bologna 1898-1902, 4 voll., e, per i problemi del testo e la valutazione critica, L. Caretti, *Studi sulle «Rime» del Tasso* (1950), Roma 1973², e A. Di Benedetto, *Lettura del Tasso lirico*, in Id., *Tasso, minori e minimi a Ferrara*, Pisa 1970, pp. 17-73 (dello stesso anche i saggi raccolti in Id., *Stile e linguaggio*, Roma 1974).

Per tutta la produzione letteraria e filosofica l'unica edizione completa, ancorché filologicamente inattendibile, è quella delle *Opere di Torquato Tasso*, Pisa 1821-32, 33 voll., a cura di G. Rosini. Ma, per le prose, si vedano: *Dialoghi*, Firenze 1958, 4 voll., a cura di E. Raimondi; *Discorsi dell'arte poetica e del poema eroico*, Bari 1964, a cura di L. Poma.

Per l'opera poetica (a parte la *Liberata*): *Rinaldo* e *Gerusalemme conquistata*, Bari 1934-36, 2 voll., a cura di L. Bonfigli; *Gierusalemme*, Milano 1951, a cura di A. Di Pietro; *Il mondo creato*, Firenze 1951, a cura di G. Petrocchi.

Per la produzione teatrale si vedano le edizioni dell'*Aminta*, Padova 1957, a cura di B.T. Sozzi, e del *Torrismondo*, in *Opere*, II, Torino 1956, a cura dello stesso. La commedia *Intrichi d'amore*, di attribuzione contestata, è stata pubblicata in edizione critica da E. Malato, Roma 1976.

BIBLIOGRAFIE

Una *Bibliografia essenziale tassiana* fino al 1955 ha offerto A. Tortoreto nel volume miscellaneo *Torquato Tasso*, Milano 1957; per gli anni successivi si vedano la rivista «Studi tassiani», edita a Bergamo dal 1951, e B. Basile, *Un decennio di studi tassiani (1970-1980). Poesia, retorica e filologia*, in «Lettere italiane», XXIII (1981), 3, pp. 400-37.

BIOGRAFIE

Fondamentale è la *Vita di Torquato Tasso* di A. Solerti, Torino-Roma 1895, 2 voll. in 3 tomi. Tra le opere più recenti si veda F. Pittorru, *Torquato Tasso. L'uomo, il poeta, il cortigiano*, Milano 1982, che dà rilievo ai conflitti con la corte estense e riduce la malattia del poeta a «normalità esasperata». Quasi un'autobiografia intellettuale e sentimentale contiene il foltissimo epistolario: *Lettere*, Firenze 1852-55, 5 voll., a cura di C. Guasti.

STUDI GENERALI

E. Donadoni, *Torquato Tasso*, Firenze 1920-21 (ivi 1967[6]); B. Croce, *Storia dell'età barocca in Italia*, Bari 1929 (1967[5]); Id., *Poesia antica e moderna*, Bari 1950[3]; T. Spoerri, *Renaissance und Barock bei Ariost und Tasso*, Bern 1932; F. Flora, *Introduzione* alle *Poesie*, Milano 1934; R. Battaglia, *Dalla lingua dell'«Amadigi» a quella della «Gerusalemme»*, in «Cultura neolatina», I (1941), pp. 94-115; Id., *Note sul dissolversi della forma rinascimentale: dall'Ariosto al Tasso*, in «Cultura neolatina», II (1942), pp. 174-90; A. Momigliano, *Introduzione ai poeti*, Roma 1946; M. Fubini, *Studi sulla letteratura del Rinascimento*, Firenze 1947 (ivi 1971[2]); M. Vailati, *Il tormento artistico del Tasso dalla «Liberata» alla «Conquistata»*, Milano 1950; U. Leo, *Torquato Tasso. Studien zur Vorges-*

chichte des Secentismo, Bern 1951; Id., *Ritterepos-Gotte-sepos: Torquato Tasso Weg als Dichter*, Köln-Graz 1958; G. Getto, *Interpretazione del Tasso*, Napoli 1951 (1967[2]; ristampa col titolo *Malinconia di Torquato Tasso*, ivi 1980); Id., *Nel mondo della «Gerusalemme»*, Firenze 1968; A. Di Pietro, *Il noviziato di Torquato Tasso*, Milano 1953; B.T. Sozzi, *Studi sul Tasso*, Pisa 1954; Id., *Nuovi studi sul Tasso*, Bergamo 1963; L. Caretti, *Filologia e critica*, Milano-Napoli 1955; Id., *Ariosto e Tasso*, Torino 1961 (1967[2]); AA.VV., *Torquato Tasso*, Milano 1957; F. Chiappelli, *Studi sul linguaggio del Tasso epico*, Firenze 1957; B. Weinberg, *A history of literary criticism in the Italian Renaissance*, Chicago, Ill., 1961; E. Raimondi, *Rinascimento inquieto*, Palermo 1965; G. Ragonese, *Dal «Gierusa-lemme» al «Mondo creato»*, ivi 1963[2]; F. Ulivi, *Il manierismo del Tasso e altri studi*, Firenze 1966; H. Haydn, *Il Controrinascimento*, Bologna 1967; U. Bosco, *Saggi sul Rinascimento italiano*, Firenze 1970; A.M. Patterson, *Tasso and Neoplatonism. The growth of his epic theory*, in «Studies in the Renaissance», 18 (1971), pp. 105-33; G. Petrocchi, *I fantasmi di Tancredi*, Caltanissetta-Roma 1972; D. Bonini, *«Gerusalemme conquistata» e «Gerusalemme liberata»*, Agno 1973; H. Haupt, *Bild-und An-schauungswelt T. Tassos*, München 1974; A. Oldcorn, *The textual problems of Tasso's «Gerusalemme conquistata»*, Ravenna 1976; C. Varese, *Torquato Tasso. Epos-Parola-Scena*, Messina-Firenze 1976; G. Baldassarri, *«Inferno» e «Cielo». Tipologia e funzioni del meraviglioso nella «Libe-rata»*, Roma 1977; S. Campailla, *La «follia» del Tasso*, in «Atti e memorie della Deputazione ferrarese di storia patria», III, XXIV (1977), pp. 137-78; L. Capra, *Alternative della «Liberata» accolte nella «Conquistata»*, in «Giornale storico della letteratura italiana», CLV (1978), pp. 567-76; *Atti del Convegno di Nimega sul Tasso (25-27 ottobre 1977)*, a cura di C. Ballerini, Bologna 1978; P. Braghieri, *Specchio ed enigma. Rinaldo e la traversata del «Limen»*, in AA.VV., *Dal «Novellino» a Moravia*, a cura di E. Raimondi e B. Basile, Bologna 1979, pp. 79-113; E. Raimondi, *Poesia come retorica*, Firenze 1979; C. Ballerini, *Il blocco della guerra e il suo dissolversi nella «Gerusalemme liberata»*, Bologna 1979; F. Chiappelli, *Il conoscitore del Caos. Una «vis abdita» nel linguaggio tassesco*, Roma 1981; G. Macchia, *Tasso e la prigione romantica* (1982), in Id., *Saggi italiani*, Milano 1983, pp. 236-56; R. Brusca-gli, *Il campo cristiano nella «Liberata»*, in Id., *Stagioni della civiltà estense*, Pisa 1983; B. Basile, *Poëta melancho-licus. Traduzione classica e follia nell'ultimo Tasso*, Pisa 1984; A. Rochon, *Les pièges de l'érotisme dans la «Jérusalem délivrée»*, in AA.VV., *Au pays d'Eros. Littérature et érotisme en Italie de la Renaissance à l'âge baroque*, Paris 1986, pp. 71 sgg.

I. Il testo dell'*Aminta*, stabilito criticamente da B.T. Sozzi (Padova 1957), è quello da lui stesso fornito nel secondo volume delle *Opere* del Tasso, Torino 1974[3]. L'impiego delle maiuscole e l'interpunzione sono stati ritoccati secondo l'uso corrente; e l'avvertenza vale anche per gli altri testi. Nel saggio *Per l'edizione critica dell'Aminta*, raccolto negli *Studi sul Tasso* (Pisa 1954) il Sozzi fa presente che l'episodio di Mopso (vv. 552-652), «a ragione da Solerti dichiarato assente dalla prima rappresentazione», quella del '73 nell'isoletta di Belvedere, «compare, scompare e riappare nei testi, a seconda del vario volgere degli umori del Tasso nei confronti dello Speroni» (pp. 46-47). Nell'ed. Viotti (Parma 1581) al v. 551 seguono questi tre: «e si rammenta ciò ch'è già passato, / ed osserva il presente, e del futuro / sa dar vera ed infallibile sentenza»; al v. 563 la battuta di Tirsi è così prolungata: «Però vo dirti cosa / per cui conoscerai ben chiaramente / ch'io dico il ver.»

Ampio ragguaglio della fortuna editoriale dell'*Aminta*, in Italia ed Europa, offre il Solerti nel III vol. delle *Opere minori in versi* del Tasso, *Teatro*, Bologna 1895.

Molti i commenti, a partire da quello fondamentale del francese «italianisant» Gilles Ménages (Egidio Menagio), Parigi 1655; e si veda anche: L.F. Benedetto, *Le osservazioni inedite di Gilles Ménages sopra l'Aminta del Tasso*, in «Bulletin italien», XXXII (1910). In seguito: G. Fontanini (Roma 1700); P.A. Serassi (Parma 1789); A. Solerti (Torino 1901); G. Petronio (Napoli 1933); L. Fassò (Firenze 1928); P. Renucci-R. Milani (Parigi 1952); B. Maier (Milano 1963 e 1976); G. Bàrberi Squarotti (Padova 1968); C.E.J. Griffiths (Londra 1972); G. Cerboni Baiardi (Urbino 1976). A quest'ultimo commento mi sono particolarmente attenuto.

Un'efficace introduzione alla critica dell'*Aminta* ha tracciato C. Varese, *Torquato Tasso. Epos-Parola-Scena*, Firenze 1976. Dal 1896 al 1955 una *Bibliografia essenziale tassiana* ha steso A. Tortoreto, nel cit. vol. *Torquato Tasso* (Milano 1957) da integrarsi per gli anni seguenti con le segnalazioni offerte dal medesimo nella rivista «Studi tassiani». Del 1895 è il saggio fondamentale del Carducci, *Su l'Aminta di Torquato Tasso*, premesso all'ed. Solerti del *Teatro*, poi raccolto nel vol. XIV dell'ed. naz. delle *Opere*, Bologna 1905. In seguito: E. Carrara, *La poesia pastorale*, Milano 1909; G. De Robertis, *La fortuna dell'Aminta*, in *Studi*, Firenze 1944; R. Ramat, *L'Aminta*, in *Per la storia dello stile rinascimentale*, Firenze 1953; B.T. Sozzi, *Saggio sull'Aminta*, in *Studi sul Tasso*, cit.; M. Fittoni, *Intorno all'ordito classico dell'Aminta*, in «Convivium», XXIX (1961); E. Panofsky, *Il significato delle arti visive*, Torino 1962 (il cenno all'*Aminta* è in un saggio del '36); F. Ulivi,

Il manierismo del Tasso e altri studi, Firenze 1966; C. Molinari, *Le nozze degli dei*, Roma 1968; R. Cody, *The Landscape of the Mind*, Oxford 1969; A. Balduino, *Uno sconosciuto manoscritto dell'Aminta e altri codici tassiani nella Comunale di Treviso*, in *Studi in onore di M. Puppo*, Padova 1969; U. Bosco, *Medietà dell'«Aminta»*, in *Saggi sul Rinascimento italiano*, Firenze 1970; M. Fubini, *L'Aminta: intermezzo tragico della Liberata*, in *Studi sulla letteratura del Rinascimento*, Firenze 1971²; E. Bigi, *Il dramma pastorale del Cinquecento*, in *Il teatro classico italiano nel '500*, in «Atti del Convegno dell'Accademia Nazionale dei Lincei», Roma 1971; A. Cavicchi, *La scenografia dell'«Aminta» nella tradizione scenografica pastorale ferrarese*, in *Studi sul teatro veneto fra Rinascimento ed età barocca*, a cura di M.T. Muraro, Firenze 1971; D. Radcliff-Umstead, *Structures of conflict in Tasso's pastoral of love*, in «Studi tassiani», 22 (1972), ed ivi tradotto, 24 (1974), da C. Siani; C. Fahy, *Di un'edizione cinquecentesca dell'«Aminta»*, in «Lettere italiane», XXIV (1972); V. Mora, *L'Aminta di Torquato Tasso e la traduzione in dialetto bergamasco di Giuseppe Cavagnari*, in «Studi tassiani», 23 (1973); J. Arce, *El «Aminta»*, in *Tasso y la poesia española*, Barcellona 1973; L.G. Clubb, *The Marking of the Pastoral Play; Italian Experiments between 1573 and 1590*, in *Petrarch to Pirandello: Studies in Italian Literature (in honour B. Corrigan)*, Toronto, 1973; A. Godard, *La première répresentation de l'«Aminta»: la cour de Ferrare et son double*, in *Ville et campagne dans la littérature italienne de la Renaissance* (études réunies par A. Rochon), Paris 1977; G. Bàrberi Squarotti, *Fine dell'idillio. Da Dante al Marino*, Genova 1978; E. Fenzi, *Il potere, la morte, l'amore*, in «L'immagine riflessa», III (1979); G. Venturi, *Le scene dell'Eden*, Ferrara 1979; G. Ferroni, *Percorsi della scena cortigiana*, in *Il testo e la scena*, Roma 1980; R. Scrivano, *Tasso e il teatro*, in *La norma e lo scarto*, Roma 1980; D. Della Terza, *La corte e il teatro: il mondo del Tasso*, in AA.VV., *Il teatro italiano del Rinascimento*, a cura di M. De Panizza Lorch, Milano 1980.

Rappresentazioni dell'*Aminta*, dopo la prima ferrarese ad opera della compagnia dei Gelosi, sono ricordate a Pesaro (1574), Verona (1581), Mantova (1586), Firenze (1590, con la sceneggiatura di B. Buontalenti); ma le ultime due non sono certissime. Nel nostro secolo è stata portata sulle scene a Fiesole nel 1914 (compagnia Dalla Porta-Capodaglio), a Roma nel 1924 (compagnia A. Ninchi), a Sorrento nel 1933 (sempre dal Ninchi), a Firenze nel 1939 (regia di R. Simoni), a Milano nel 1949 (compagnia La Giostra), a Caserta nel 1951 (regia di O. Costa), a Ferrara nel 1954 (regia di V. Pandolfi), a Roma ancora nel 1957 (regia di A. Pierfederici), a Firenze infine nel 1974 (regia di G. Cobelli). Il 23 dicembre 1972 è stata presentata nel programma nazionale della Rai (regia di G. De Martino). Notizia di una rappresentazione televisiva in Francia si legge negli «Studi tassiani», 25 (1975), p. 192, autore il Tortoreto.

II. Il testo del *Re Torrismondo* è quello fornito dal Sòzzi nel vol. cit. delle *Opere* del Tasso da lui curate. Rispetto alle soluzioni adottate, discusse nei saggi *Per l'edizione critica del Torrismondo* e *Le correzioni autografe del Torrismondo* (cfr. i citt. *Studi sul Tasso*), ho apportato i seguenti emendamenti, secondo il Solerti (*Teatro* cit.): al v. 295 *che* in luogo di *né*; al v. 672 *e* in luogo di *o*; al v. 1265 *penosa* in luogo di *pensosa*. Al v. 2163 accetto la correzione proposta dal Bigazzi nell'ed. cit. più avanti: *buon il* in luogo di *il buon*. Ometto le parentesi quadre ai vv. 1359-1363, che il Sozzi aveva impiegato per indicare cassature effettuate o da effettuarsi, a suo giudizio, nell'autografo. Leggo sempre *Gozia* in luogo di *Gotia*.
Sulla fortuna editoriale del *Torrismondo* informa ancora il Solerti, nel vol. più volte cit. del *Teatro*.
Pochi i commenti: oltre a quello del Sozzi, ed. cit., mi sono valso di quelli di Maier (Milano 1964) e, soprattutto, di R. Bigazzi (Torino 1977, *Teatro italiano, Tragedia del Cinquecento*, a cura di M. Ariani, t. II).
Manca una storia della critica del *Torrismondo*. Dalla cit. *Bibliografia essenziale* del Tortoreto e dalle sue segnalazioni sugli «Studi tassiani» ci si rende conto della minore attenzione destata dal *Torrismondo* rispetto all'*Aminta*. Fondamentale è di nuovo il saggio di G. Carducci, leggibile sempre nel vol. del *Teatro* curato dal Solerti, poi confluito nel vol. XIV delle *Opere*, cit. In seguito: U. Renda, *Il Torrismondo di T. Tasso e la tecnica tragica nel Cinquecento*, Teramo, 1906; F. D'Ovidio, *Due tragedie del Cinquecento*, in *Opere*, XV, Napoli 1926 (il saggio è del 1868); J. Goudet, *La nature du tragique dans «Il Re Torrismondo» du Tasse*, in «Revue des études italiennes», VII (1961); Id., *Johannes et Olaus Magnus et l'intrigue de «Il Re Torrismondo»*, in «Revue des études italiennes», XII (1966); B.T. Sozzi, *Il Torrismondo*, in *Nuovi studi sul Tasso*, Bergamo 1963; R. Ramat, *Il Re Torrismondo*, in *Saggi sul Rinascimento*, Firenze 1969; G. Venturini, *La genesi dell'«Alfeo» di Orazio Ariosti e il «Torrismondo» del Tasso*, in «Studi urbinati», XLIII (1969); Id., *Saggi critici. Cinquecento minore: O. Ariosti, G.M. Verdizzotti e il loro influsso nella vita e nell'opera del Tasso*, Ravenna 1970; A. Di Benedetto, *Sul Re Torrismondo*, in *Tasso, minori e minimi a Ferrara*, Pisa 1970 (e poi in *Stile e linguaggio*, Roma 1974); A. Daniele, *Sul linguaggio tragico del Cinquecento e il «Torrismondo» del Tasso*, in «Atti dell'Istituto Veneto di Scienze, Lettere ed Arti», CXXXII (1973-74); M. Ariani,

Fra Manierismo e Barocco: il Torrismondo di Torquato Tasso, in *Tra Classicismo e Manierismo. Il teatro tragico del Cinquecento*, Firenze 1974; Id., *Introduzione* a *La tragedia del Cinquecento*, cit. (rec. di F. Vazzoler, in «L'immagine riflessa», II [1978]); Id., *Il «puro artifitio». Scrittura tragica e dissoluzione melica nella «Canace» di Sperone Speroni*, in «Il contesto», 3, 1977; S. Verdino, *Il racconto della tempesta nel «Torrismondo» di T. Tasso*, in «Rivista italiana di drammaturgia», IV (1980); G. Da Pozzo, *Esempi di oltranza nel linguaggio tassiano (un sonetto d'occasione e il coro del «Torrismondo»)*, in «Studi tassiani», 28 (1980); E. Minesi, *Osservazioni sul linguaggio del «Torrismondo»*, ivi; O. Basile, *Spazio geografico e spazio fantastico. «L'universale fabrica del mondo» di Giovanni Lorenzo di Anania postillata da Torquato Tasso*, in AA.VV., *La corte e lo spazio: Ferrara estense*, Roma 1982, vol. I. Si ha notizia di due rappresentazioni del *Torrismondo*: nel 1618 a Vicenza, nel Teatro Olimpico; agli inizi del Settecento a Venezia, per opera della compagnia di Luigi Riccoboni.

III. Il testo del *Galealto re di Norvegia*, stabilito dal Sozzi negli «Studi tassiani», 2 (1952), è ripreso dall'ed. da lui curata delle *Opere*, vol. cit. La *Nota all'edizione del Galealto* si legge anche nei suoi *Studi tassiani*, cit. Oltre ai saggi generali cit., cfr. C. Incanti, *Dal «Galealto» al «Torrismondo»*, in «Misure critiche», VII, (1978).

Il testo dei *Prologhi*, degli *Intermedi* e dei *Dialoghi* è quello fissato dal Solerti nel vol. cit. delle *Opere minori in versi*. Per l'epilogo dell'*Aminta*, *Amor fuggitivo*, ho adottato il testo procurato dal Sozzi, nel vol. cit. delle *Opere*. L'epilogo e gli intermedi dell'*Aminta* appaiono in «Appendice», non essendo dimostrato, come vuole il Sozzi, che facessero parte integrante della favola.

IV. Gli *Intrichi d'amore*, non accolti in questo volume, sono stati editi criticamente da E. Malato, Roma 1976. Si cfr. sempre la *Bibliografia essenziale* del Tortoreto, e la rassegna stampa del medesimo che informa delle prime accoglienze giornalistiche, in «Studi tassiani», 27 (1977). Il Malato ha ribadito la sua tesi in due riprese: *Noterella tassiana (Una lettera e una commedia di Torquato Tasso)*, in «Filologia e critica», II (1977); *Seconda noterella tassiana (Ancora sulla commedia di Torquato Tasso)*, ivi, IV (1979); Id., *Sulla paternità degli «Intrichi d'amore» (Una lettera di Giorgio Petrocchi e una postilla di E.M.)*, ivi, VI (1980). L'attribuzione della commedia a C. Castelletti, respinta dal Malato nella *Seconda noterella*, è stata avanzata da P. Stoppelli, *Gli «Intrichi d'amore» da Torquato Tasso a Cristoforo Castelletti*, in «Belfagor», XXXIII (1978). E si veda ancora: R. De Baggis, *Sulla paternità degli «Intrichi d'amore»*, in «Rivista italiana di drammaturgia», 7 (1978).

Nell'*Introduzione* ho fatto riferimento, inoltre, ai seguenti contributi non specifici: M. Praz (a cura di), *Tre drammi elisabettiani*, Napoli 1958; N. Frye, *Anatomia della critica*, Torino 1969; L. Zorzi, *Ferrara: il sipario ducale*, in *Il Teatro e la città. Saggi sulla scena italiana*, Torino 1977.

M.G.

TEATRO

AMINTA
FAVOLA BOSCHERECCIA

INTERLOCUTORI

AMORE, *in abito pastorale*
DAFNE, *compagna di Silvia*
SILVIA, *amata da Aminta*
AMINTA, *innamorato di Silvia*
TIRSI, *compagno d'Aminta*
SATIRO, *innamorato di Silvia*
NERINA, *messaggera*
ERGASTO, *nunzio*
ELPINO, *pastore*
CORO DE' PASTORI

AMORE, *in abito pastorale*
Chi crederia che sotto umane forme
e sotto queste pastorali spoglie[1]
fosse nascosto un dio? non mica un dio
selvaggio, o de la plebe degli dei,[2]
5   ma tra' grandi e celesti il più potente,
che fa spesso cader di mano a Marte
la sanguinosa spada, ed a Nettuno
scotitor de la terra[3] il gran tridente,
ed i folgori eterni al sommo Giove.
10   In questo aspetto, certo, e in questi panni
non riconoscerà sì di leggiero[4]
Venere madre me suo figlio, Amore.
Io da lei son constretto di fuggire
e celarmi da lei, perch'ella vuole
15   ch'io di me stesso e de le mie saette
faccia a suo senno;[5] e, qual femina, e quale
vana ed ambiziosa, mi rispinge
pur tra le corti e tra corone e scettri,
e quivi vuol che impieghi ogni mia prova,[6]
20   e solo al volgo de' ministri miei,
miei minori fratelli,[7] ella consente

---

1 *spoglie*: vesti.
2 *un Dio... degli Dei*: una divinità delle selve, o tra le meno note. È distinzione di Ovidio (*Ibis*, 67-86).
3 *scotitor de la terra*: traduce l'epiteto omerico «enosigeo»; Nettuno scuoteva la terra e il mare col tridente.
4 *sì di leggiero*: così facilmente.
5 *di me stesso... a suo senno*: impieghi secondo il suo volere la mia persona e la mia influenza. Tradizionale era nella poesia classica e petrarchesca la rappresentazione di Amore come un fanciullo alato, armato di arco, faretra e frecce (saette).
6 *prova*: capacità.
7 *ministri... fratelli*: gli Amorini.

l'albergar tra le selve ed oprar l'armi
ne' rozzi petti.[8] Io, che non son fanciullo,
se ben ho volto fanciullesco ed atti,
25 voglio dispor di me come a me piace;
ch'a me fu, non a lei, concessa in sorte
la face onnipotente, e l'arco d'oro.[9]
Però spesso celandomi, e fuggendo
l'imperio no, che in me non ha, ma i preghi,
30 c'han forza porti da importuna madre,[10]
ricovero ne' boschi e ne le case
de le genti minute;[11] ella mi segue,
dar promettendo, a chi m'insegna a lei,
o dolci baci, o cosa altra più cara:
35 quasi io di dare in cambio non sia buono,
a chi mi tace, o mi nasconde a lei,
o dolci baci, o cosa altra più cara.
Questo io so certo almen: che i baci miei
saran sempre più cari a le fanciulle,
40 se io, che son l'Amor, d'amor m'intendo;
onde sovente ella mi cerca in vano,
che rivelarmi altri non vuole, e tace.
Ma per istarne anco più occulto,[12] ond'ella
ritrovar non mi possa ai contrasegni,[13]
45 deposto ho l'ali, la faretra e l'arco.
Non però disarmato io qui ne vengo,
che questa, che par verga,[14] è la mia face
(così l'ho trasformata), e tutta spira
d'invisibili fiamme; e questo dardo,
50 se bene egli non ha la punta d'oro,

---

8 *oprar... petti*: far valere la sua influenza tra i pastori. È sentenza di Claudiano (*Epitalamio per le nozze d'Onorio Augusto*, 75-77).
9 *la face... d'oro*: la fiaccola è un altro segno della onnipotenza d'amore; cfr. n. 5.
10 *fuggendo... madre*: evitando non i comandi di Venere, che non hanno potere su di me, ma le sue preghiere di madre che invece lo hanno, perché esposte con insistenza.
11 *genti minute*: i meno abbienti.
12 *istarne anco più occulto*: restarmene ancora più nascosto.
13 *contrasegni*: cfr. n. 5 e 9.
14 *verga*: bastone da pastore, conformemente al travestimento di Amore. Lo scambio «verga» — «face» deriva da un epigramma di Mosco (*Antologia greca*, XVI, 200).

è di tempre[15] divine, e imprime amore
dovunque fiede.[16] Io voglio oggi con questo
far cupa[17] e immedicabile ferita
nel duro sen de la più cruda ninfa
55 che mai seguisse il coro di Diana.[18]
Né la piaga di Silvia fia minore
(che questo è 'l nome de l'alpestre[19] ninfa)
che fosse quella che pur feci io stesso
nel molle sen d'Aminta, or son molt'anni,
60 quando lei tenerella ei tenerello[20]
seguiva ne le caccie e nei diporti.[21]
E, perché il colpo mio più in lei s'interni,
aspetterò che la pietà mollisca
quel duro gelo che d'intorno al core
65 l'ha ristretto il rigor de l'onestate
e del virginal fasto;[22] ed in quel punto
ch'ei fia più molle, lancerogli il dardo.
E, per far sì bell'opra a mio grand'agio,[23]
io ne vo a mescolarmi infra la turba
70 de' pastori festanti e coronati,
che già qui s'è inviata, ove a diporto
si sta ne' dì solenni,[24] esser fingendo
uno di loro schiera: e in questo luogo,
in questo luogo a punto io farò il colpo,
75 che veder non potrallo occhio mortale.
Queste selve oggi ragionar d'Amore

---

15 *tempre*: fabbricazione, fattura.
16 *fiede*: colpisce.
17 *cupa*: profonda.
18 *la più cruda... Diana*: è Silvia, la protagonista femminile, la più crudele delle fanciulle devote a Diana, e come lei vergini e cacciatrici.
19 *alpestre*: rigida (in coppia con «cruda» in un madrigale del Petrarca, *Rerum vulgarium fragmenta*, LII, 4).
20 *lei... tenerello*: entrambi ancora fanciulli, quindi.
21 *diporti*: divertimenti, giochi.
22 *quel duro gelo... virginal fasto*: una concezione troppo stretta dell'onestà e la superbia dell'essere stata sinora casta hanno indurito i sentimenti e gli affetti di Silvia; Amore si propone di renderla più docile all'amore di Aminta.
23 *a mio grand'agio*: con mia grande comodità.
24 *solenni*: festivi.

s'udranno in nuova guisa;[25] e ben parrassi[26]
che la mia deità sia qui presente
in se medesma, e non ne' suoi ministri.[27]

80 Spirerò nobil sensi[28] a' rozzi petti,
raddolcirò de le lor lingue il suono;
perché, ovunque i' mi sia, io sono Amore,
ne' pastori non men che negli eroi,
e la disagguaglianza de' soggetti
85 come a me piace agguaglio;[29] e questa è pure
suprema gloria e gran miracol mio:
render simili a le più dotte cetre
le rustiche sampogne;[30] e, se mia madre,
che si sdegna vedermi errar fra' boschi,
90 ciò non conosce, è cieca ella, e non io,
cui cieco a torto il cieco volgo appella.[31]

---

25 *in nuova guisa*: in nuovo modo, perché sinora le selve ed i pastori hanno solo conosciuto gli Amorini, avendo Venere impedito ad Amore di agire oltre le corti (cfr. vv.
16-23, e relative note).
26 *ben parrassi*: apparirà bene.
27 *ministri*: cfr. n. 7.
28 *nobil... petti*: nobili sentimenti nei cuori dei pastori, degni di quelli che si esprimono
nelle corti.
29 *la disagguaglianza... agguaglio*: Amore rende i «pastori» simili agli «eroi». È questa la
novità dell'*Aminta* (cfr. n. 25).
30 *render simili... sampogne*: elevare la poesia pastorale, simboleggiata dalla zampogna, al
livello di quella lirica ed epica, simboleggiata dalla cetra, è la conseguenza linguistica del
programma di cui alla nota precedente.
31 *cui... appella*: che erroneamente gli ignoranti ritengono cieco. Anche la rappresentazione di Amore come un fanciullo bendato era tradizionale nella poesia antica e moderna.

SCENA PRIMA
DAFNE, SILVIA.

[DAFNE]
Vorrai dunque pur, Silvia,
dai piaceri di Venere lontana
menarne tu questa tua giovinezza?
95 Né 'l dolce nome di madre udirai,
né intorno ti vedrai vezzosamente
scherzar i figli pargoletti?[1] Ah, cangia,
cangia, prego, consiglio,[2]
pazzarella che sei.

SILVIA
100 Altri segua i diletti de l'amore,
se pur v'è ne l'amor alcun diletto:
ma questa vita giova,[3] e 'l mio trastullo
è la cura de l'arco e degli strali;[4]
seguir le fere fugaci,[5] e le forti
105 atterrar combattendo; e, se non mancano
saette a la faretra, o fere al bosco,
non tem'io che a me manchino diporti.

DAFNE
Insipidi[6] diporti veramente,
ed insipida vita; e, s'a te piace,

---

1 *Vorrai dunque... pargoletti?*: così Anna alla sorella Didone (*Eneide*, IV, 32-33).
2 *cangia ... consiglio*: cambia idea.
3 *me questa vita giova*: a me piace questa vita (costrutto latino).
4 *la cura de l'arco e degli strali*: la pratica della caccia (ma gli strumenti sono quelli impiegati metaforicamente nel *Prologo*, per indicare l'azione di Amore).
5 *seguir le fere fugaci*: «seguir le fere fuggitive in caccia» (Poliziano, *Stanze*, I, 17); *fere*: fiere.
6 *Insipidi*: senza senso, perché non conditi da amore.

110 è sol perché non hai provata l'altra.
Così la gente prima, che già visse
nel mondo ancora semplice ed infante,[7]
stimò dolce bevanda e dolce cibo
l'acqua e le ghiande, ed or l'acqua e le ghiande
115 sono cibo e bevanda d'animali,
poi che s'è posto in uso il grano e l'uva.
Forse, se tu gustassi anco una volta
la millesima parte de le gioie
che gusta un cor amato riamando,
120 diresti, ripentita, sospirando:
— Perduto è tutto il tempo,
che in amar non si spende.
O mia fuggita etate,
quante vedove notti,[8]
125 quanti dì solitari
ho consumati indarno,
che si poteano impiegar in quest'uso,
il qual più replicato è più soave!
Cangia, cangia consiglio,
130 pazzarella che sei,
che 'l pentirsi da sezzo nulla giova.[9]

SILVIA

Quando io dirò, pentita, sospirando,
queste parole che tu fingi ed orni[10]
come a te piace, torneranno i fiumi,
135 a le lor fonti, e i lupi fuggiranno
dagli agni, e 'l veltro le timide lepri,
amerà l'orso il mare, e 'l delfin l'alpi.[11]

7 *semplice ed infante*: ingenuo, perché alle origini dello sviluppo della civiltà. Anticipa
qui, ed in seguito, alcuni tratti distintivi della cosiddetta «età dell'oro», raffigurata distesamente nel coro alla fine di quest'atto; per adesso la «gente prima» non ha nulla d'invidia-
bile, e sembra piuttosto appartenere ad una fase primordiale della storia dell'uomo.
8 *vedove notti*: è attributo di Catullo (6, 6) e di Ovidio (*Eroidi*, 19, 69); ritorna nella
Gerusalemme liberata (XVIII, 31).
9 *che... giova*: fa proprio un intero verso del Bembo (*Stanze*, 49, 8); *da sezzo*: da ultimo.
10 *fingi ed orni*: inventi ed abbellisci, quasi con abilità retorica.
11 *torneranno... 'l delfin l'alpi*: catalogo di «impossibilia», o «adunata», figure retoriche
non infrequenti nella poesia antica e moderna. Per i «fiumi» cfr. Properzio, *Elegie*, II, XV,

DAFNE

Conosco la ritrosa fanciullezza:
qual tu sei, tal io fui; così portava
140   la vita e 'l volto,[12] e così biondo il crine,
e così vermigliuzza avea la bocca,
e così mista col candor la rosa
ne le guancie pienotte e delicate.

Era il mio sommo gusto (or me n'avveggio,
145   gusto di sciocca) sol tender le reti,
ed invescar le panie,[13] ed aguzzare
il dardo ad una cote,[14] e spiar l'orme
e 'l covil de le fere; e, se talora
vedea guatarmi da cupido amante,[15]
150   chinava gli occhi rustica e selvaggia,
piena di sdegno e di vergogna, e m'era
mal grata la mia grazia, e dispiacente
quanto di me piaceva altrui:[16] pur come[17]
fosse mia colpa e mia onta e mio scorno
155   l'esser guardata, amata e desiata.

Ma che non puote il tempo? e che non puote,
servendo, meritando, supplicando,
fare un fedele ed importuno amante?
Fui vinta, io te 'l confesso, e furon l'armi
160   del vincitore umiltà, sofferenza,
pianti, sospiri, e dimandar mercede.[18]

---

33 e III, XIX, 6; Dante, *Rime*, CI, 31; Boccaccio, *Fiammetta*, p. 142 (ed. Pernicone). Per l'«orso» e il «delfin» cfr. Boiardo, *Amorum libri*, 114, 10, dietro suggestione di Petrarca (LVII, 5-9). *Agni*: agnelli; *veltro*: cane da caccia.

12 *portava/la vita e il volto*: così Andromaca ad Ascanio, in cui ravvisa qualcosa del figlio Astianatte (Virgilio, *Eneide*, III, 490).

13 *invescar le panie*: era un altro metodo per catturare gli uccelli, spalmando di vischio le panie.

14 *il dardo ad una cote*: la freccia ad una pietra dura, buona per affilare armi da taglio. Cfr. Poliziano, *Stanze*, I, 73.

15 *guatarmi da cupido amante*: guardarmi con intensità e desiderio da un innamorato.

16 *dispiacente... altrui*: mi dispiaceva quanto di me piaceva a quell'innamorato (bisticcio suggerito dal Petrarca, CLXXI, 8).

17 *pur come*: quasi che.

18 *pianti... mercede*: fa proprio un verso intero dello Speroni (*Canace*, IV, II, 244). Cfr. Introduzione, p. XX.

11

Mostrommi l'ombra d'una breve notte
allora quel che 'l lungo corso e 'l lume
di mille giorni non m'avea mostrato;
165 ripresi allor me stessa e la mia cieca
simplicitate,[19] e dissi sospirando:
— Eccoti, Cinzia, il corno, eccoti l'arco,
ch'io rinunzio i tuoi strali e la tua vita.[20]
Così spero veder ch'anco il tuo Aminta
170 pur un giorno domestichi la tua
rozza salvatichezza, ed ammollisca
questo tuo cor di ferro e di macigno.[21]
Forse ch'ei non è bello? o ch'ei non t'ama?
o ch'altri lui non ama? o ch'ei si cambia
175 per l'amor d'altri? over per l'odio tuo?
forse ch'in gentilezza[22] egli ti cede?
Se tu sei figlia di Cidippe, a cui
fu padre il dio di questo nobil fiume,[23]
ed egli è figlio di Silvano, a cui
180 Pane fu padre, il gran dio de' pastori.[24]
Non è men di te bella, se ti guardi
dentro lo specchio mai d'alcuna fonte,
la candida[25] Amarilli; e pur ei sprezza
le sue dolci lusinghe, e segue i tuoi
185 dispettosi fastidi.[26] Or fingi (e voglia
pur Dio che questo fingere sia vano)
ch'egli, teco sdegnato, al fin procuri
ch'a lui piaccia colei cui tanto ei piace:
qual animo fia il tuo? o con quali occhi

19 *simplicitate*: ingenuità.
20 *Eccoti... la tua vita*: Dafne lascia Diana (*Cinzia*, dal nome del monte dell'isola di Delo, dove la dea era nata) e la sua vita di vergine cacciatrice (cfr. vv. 54-55, n. 18).
21 *domestichi... macigno*: ad Aminta, dunque, tocca il compito di mettere in atto il progetto di Amore su Silvia (vv. 62-67).
22 *gentilezza*: non è rozzo come gli altri pastori.
23 *questo nobil fiume*: il Po, che forma l'isola di Belvedere, dove venne rappresentata per la prima volta l'*Aminta* (cfr. Introduzione, p. x); l'isola è menzionata ai vv. 855-857.
24 *Pane... pastori*: figlio di Ermes e Penelope, dio dei pastori d'Arcadia.
25 *candida*: è epiteto di non poche protagoniste della poesia bucolica antica (Teocrito, *Idilli*, xi, 19; Virgilio, *Bucoliche*, ii, 46), ripreso dal Poliziano (*Stanze*, i, 43).
26 *dispettosi fastidi*: fastidiosi dispetti.

190   il vedrai fatto altrui?[27] fatto felice
ne l'altrui braccia, e te schernir ridendo?

SILVIA

Faccia Aminta di sé e de' suoi amori
quel ch'a lui piace: a me nulla ne cale;[28]
e, pur che non sia mio, sia di chi vuole;
195   ma esser non può mio, s'io lui non voglio;
né, s'anco egli mio fosse, io sarei sua.

DAFNE

Onde nasce il tuo odio?

SILVIA

                Dal suo amore.

DAFNE

Piacevol padre di figlio crudele.
Ma quando mai dai mansueti agnelli
200   nacquer le tigri? o dai bei cigni i corvi?
O me inganni, o te stessa.

SILVIA

              Odio il suo amore,
ch'odia la mia onestate, ed amai lui,
mentr'ei volse di me quel ch'io voleva.

DAFNE

Tu volevi il tuo peggio: egli a te brama
205   quel ch'a sé brama.

SILVIA

            Dafne, o taci, o parla
d'altro, se vuoi risposta.

---

27 *fatto altrui?*: divenuto di un'altra, cioè di Amarilli.
28 *cale*: importa (latinismo).

DAFNE

Or guata modi!²⁹
guata che dispettosa giovinetta!
Or rispondimi almen: s'altri t'amasse,
gradiresti il suo amore in questa guisa?³⁰

SILVIA

210 In questa guisa gradirei ciascuno
insidiator di mia virginitate,
che tu dimandi³¹ amante, ed io nimico.

DAFNE

Stimi dunque nemico
il monton de l'agnella?
215 de la giovenca il toro?
Stimi dunque nemico
il tortore a la fida tortorella?
Stimi dunque stagione
di nimicizia e d'ira
220 la dolce primavera,
ch'or allegra e ridente
riconsiglia ad amare
il mondo e gli animali
e gli uomini e le donne?³² e non t'accorgi
225 come tutte le cose
or sono innamorate
d'un amor pien di gioia e di salute?
Mira là quel colombo
con che dolce susurro lusingando
230 bacia la sua compagna.³³
Odi quell'usignuolo

29 *guata modi!*: guarda che maniere!
30 *in questa guisa?*: cioè, rifiutandolo.
31 *dimandi*: chiami.
32 *Stimi dunque stagione... e gli uomini e le donne?*: declina rapidamente un celebre sonetto primaverile del Petrarca (CCCX), che avrà pure presente nella *Gerusalemme liberata*, XVI, 4 (la spia è il verbo «riconsiglia»).
33 *Mira là... compagna*: cfr. Poliziano, *Stanze*, I, 91; da questa e dalle ottave precedenti prende spunto per descrivere l'amore degli animali e delle piante.

che va di ramo in ramo
cantando: *Io amo, io amo*; e, se no 'l sai,
la biscia lascia il suo veleno e corre
235   cupida al suo amatore;
van le tigri in amore;
ama il leon superbo; e tu sol, fiera
più che tutte le fere,
albergo gli dineghi[34] nel tuo petto.
240   Ma che dico leoni e tigri e serpi,
che pur han sentimento? amano ancora
gli alberi. Veder puoi con quanto affetto
e con quanti iterati[35] abbracciamenti
la vite s'avviticchia al suo marito;[36]
245   l'abete ama l'abete, il pino il pino,
l'orno per l'orno e per la salce il salce
e l'un per l'altro faggio arde e sospira.
Quella quercia, che pare
sì ruvida e selvaggia,
250   sent'anch'ella il potere
de l'amoroso foco; e, se tu avessi
spirto e senso d'amore, intenderesti
i suoi muti sospiri.[37] Or tu da meno
esser vuoi de le piante,
255   per non esser amante?
Cangia, cangia consiglio,
pazzarella che sei.

SILVIA

Or su, quando i sospiri
udirò de le piante,
260   io son contenta allor d'esser amante.

---

34 *albergo gli dineghi*: gli rifiuti accoglienza, ad Amore ed all'innamorato.
35 *iterati*: ripetuti (latinismo).
36 *marito*: l'olmo. Cfr. Catullo, *Carmi*, LXII, 49-54.
37 *se tu avessi... muti sospiri*: cfr. Claudiano, *Epitalamio per le nozze d'Onorio Augusto*, vv. 65-68, altro luogo da accostare a quello della n. 33.

DAFNE

Tu prendi a gabbo[38] i miei fidi consigli
e burli mie ragioni? O in amore
sorda non men che sciocca! Ma va pure,
che verrà tempo che ti pentirai
265   non averli seguiti.[39] E già non dico
allor che fuggirai le fonti, ov'ora
spesso ti specchi e forse ti vagheggi,
allor che fuggirai le fonti, solo
per tema di vederti crespa[40] e brutta;
270   questo averratti ben;[41] ma non t'annuncio
già questo solo, che, bench'è gran male,
è però mal commune. Or non rammenti
ciò che l'altr'ieri Elpino[42] raccontava,
il saggio Elpino a la bella Licori,[43]
275   Licori ch'in Elpin puote con gli occhi
quel ch'ei potere in lei dovria col canto,[44]
se 'l dovere in amor si ritrovasse?[45]
E 'l raccontava udendo Batto e Tirsi
gran maestri d'amore,[46] e 'l raccontava
280   ne l'antro de l'Aurora, ove su l'uscio

---

38 *prendi a gabbo*: prendi alla leggera (cfr. Dante, *Inferno*, XXXII, 7).

39 *verrà tempo... seguiti*: per questo ammonimento cfr. Teocrito, *Idilli*, XXIII, 33-34, e la recente *Egle* del Giraldi Cinzio, IV, 124-125, per cui si rinvia all'Introduzione, p. XVIII.

40 *crespa*: piena di rughe.

41 *averratti ben*: ti accadrà di sicuro.

42 *Elpino*: dietro questo nome pastorale (ricorre nell'*Arcadia* del Sannazaro) si cela Giambattista Nicolucci, detto il Pigna (Ferrara, 1530-75), segretario e storiografo di Alfonso II d'Este, autore del canzoniere *Il Ben divino*, in onore di Lucrezia Bendidio, curato e parzialmente commentato dal Tasso e dal Guarini. Per questo riferimento cortigiano e gli altri successivi si rinvia all'Introduzione, p. IX.

43 *Licori*: la predetta Bendidio, amata dal Tasso fra il '61 ed il '62, e cantata da lui anche dopo il matrimonio, come appare dalle *Rime*.

44 *in Elpin... canto*: esercita su Elpino, grazie ai suoi occhi, lo stesso potere che Elpino dovrebbe esercitare su lei con la poesia.

45 *se 'l dovere... ritrovasse*: se nell'amore esistesse, come un dovere, la reciprocità delle influenze.

46 *Batto e Tirsi/... d'amore*: altri nomi pastorali ricavati da Teocrito, che nascondono Giovan Battista Guarini (Ferrara, 1538-1612) e il Tasso medesimo, allora noti a Ferrara per i loro versi lirici (entrambi collaborarono alle *Rime degl'... Eterei*, Padova 1567). Fra l'80 e l'85 il Guarini comporrà il dramma pastorale *Il pastor fido*.

è scritto: *Lungi, ah lungi ite, profani.*[47]
Diceva egli, e diceva che glie 'l disse
quel grande che cantò l'armi e gli amori,[48]
ch'a lui lasciò la fistola[49] morendo,
285 che là giù ne lo 'nferno è un nero speco,[50]
là dove essala un fumo pien di puzza
da le triste fornaci d'Acheronte;
e che quivi punite eternamente
in tormenti di tenebre e di pianto
290 son le femine ingrate e sconoscenti.
Quivi aspetta ch'albergo s'apparecchi
a la tua feritate;[51]
e dritto è ben[52] ch'il fumo
tragga mai sempre[53] il pianto da quegli occhi,
295 onde trarlo giamai
non poté la pietate.
Segui, segui tuo stile,[54]
ostinata che sei.

SILVIA

Ma che fe' allor Licori? e com' rispose
300 a queste cose?

DAFNE

Tu de' fatti propri
nulla ti curi, e vuoi saper gli altrui.
Con gli occhi gli rispose.

---

47 *nell'antro de l'Aurora... profani*: allude alla sala del Castello Estense di Ferrara, affrescata col soggetto dell'Aurora dal Bastianino (1532-1602); sulla porta c'era il motto virgiliano (*Eneide*, VI, 258), qui volgarizzato.
48 *quel grande... amori*: l'Ariosto, identificato citando parzialmente il primo verso dell'*Orlando furioso*.
49 *a lui lasciò la fistola*: lasciò la sua zampogna, cioè la sua eredità di poeta, al Pigna (così Dameta a Coridone, nelle *Bucoliche* di Virgilio, II, 36-38). Forse si riferisce all'avere il Pigna pubblicato i suoi versi latini con una scelta di quelli dell'Ariosto; oppure ai di lui interessi critici per la poesia cavalleresca, testimoniati dal trattato *I romanzi*.
50 *un nero speco*: un'oscura spelonca. Riepiloga in seguito l'episodio ariostesco di Lidia, punita per avere rifiutato il suo amore ad un giovane (*Orlando furioso*, XXXIV, 9-43).
51 *Quivi... feritate*: attenditi che qui si prepari una sede degna della tua crudeltà.
52 *dritto è ben*: è ben giusto.
53 *mai*: rafforza «sempre».
54 *stile*: costume, comportamento.

SILVIA

Come risponder sol poté con gli occhi?

DAFNE

Risposer questi con dolce sorriso,
305　volti ad Elpino: — Il core e noi siam tuoi;
tu bramar più non déi: costei non puote
più darti. — E tanto solo basterebbe
per intiera mercede al casto amante,
se stimasse veraci come belli
310　quegli occhi, e lor prestasse intera fede.

SILVIA

E perché lor non crede?

DAFNE

　　　　　　Or tu non sai
ciò che Tirsi ne scrisse, allor ch'ardendo
forsennato egli errò per le foreste,
sì ch'insieme movea pietate e riso
315　ne le vezzose ninfe e ne' pastori?[55]
Né già cose scrivea degne di riso,
se ben cose facea degne di riso.
Lo scrisse in mille piante, e con le piante
crebbero i versi; e così lessi in una:
320　*Specchi del cor, fallaci infidi lumi,*
ben riconosco in voi gli inganni vostri:
ma che pro', se schivarli Amor mi toglie?[56]

SILVIA

Io qui trapasso[57] il tempo ragionando,
né mi sovviene ch'oggi è 'l dì prescritto

---

55 *Tirsi... pastori*: scrivere messaggi d'amore sugli alberi è motivo virgiliano (*Bucoliche*, v,
13-15), costante nella poesia pastorale; Ovidio nelle *Eroidi* trascrive, come accade qui, il
testo del carme (v, 21-30).
56 *Specchi del cor... Amor mi toglie?*: è la seconda terzina del sonetto del Tasso *M'apre*
talor Madonna il suo celeste, uscito nelle *Rime degl'... Eterei* (cfr. n. 46).
57 *trapasso*: passo, trascorro.

325   ch'andar si deve a la caccia ordinata
ne l'Eliceto.[58] Or, se ti pare, aspetta
ch'io pria deponga[59] nel solito fonte
il sudore e la polve, ond'ier mi sparsi
seguendo in caccia una damma[60] veloce,
330   ch'al fin giunsi ed ancisi.[61]

DAFNE

               Aspetterotti,
e forse anch'io mi bagnerò nel fonte.
Ma sino a le mie case ir prima voglio,
che l'ora non è tarda, come pare.
Tu ne le tue m'aspetta ch'a te venga,
335   e pensa in tanto pur quel che più importa
de la caccia e del fonte; e, se non sai,
credi di non saper, e credi a' savi.[62]

SCENA SECONDA
AMINTA, TIRSI

[AMINTA]
Ho visto al pianto mio
risponder per pietate i sassi e l'onde,
340   e sospirar le fronde
ho visto al pianto mio;
ma non ho visto mai,
né spero di vedere,
compassion ne la crudele e bella,
345   che non so s'io mi chiami o donna o fera;
ma niega d'esser donna,

58 *ordinata/ne l'Eliceto*: organizzata nel bosco degli elci.
59 *deponga*: mi tolga di dosso.
60 *damma*: daina.
61 *ancisi*: uccisi.
62 *savi*: chi ha esperienza della vita e dell'amore.

poiché nega pietate
a chi non la negaro
le cose inanimate.[1]

TIRSI

350   Pasce[2] l'agna l'erbette, il lupo l'agne,
ma il crudo Amor di lagrime si pasce,
né se ne mostra mai satollo.[3]

AMINTA

              Ahi, lasso,
ch'Amor satollo è del mio pianto omai,
e solo ha sete del mio sangue; e tosto
355   voglio ch'egli e quest'empia il sangue mio
bevan con gli occhi.

TIRSI

            Ahi, Aminta, ahi, Aminta,
che parli? o che vaneggi? Or ti conforta,
ch'un'altra troverai, se ti disprezza
questa crudele.[4]

AMINTA

          Ohimè, come poss'io
360   altri trovar, se me trovar non posso?
Se perduto ho me stesso, quale acquisto[5]
farò mai che mi piaccia?

TIRSI

         O miserello,
non disperar, ch'acquisterai costei.

---

1 *le cose inanimate*: i «sassi», le «onde», le «fronde». La comprensione, testimoniata all'amante dagli esseri inanimati, è un tema costante nella poesia bucolica, antica e moderna.
2 *Pasce*: si pasce di.
3 *satollo*: sazio. Cfr. Virgilio, *Bucoliche*, X, 29-30, mediato da Sannazaro, *Arcadia*, VIII, 4.
4 *un'altra... crudele*: cfr. Teocrito, *Idilli*, XI, 72-76; Virgilio, *Bucoliche*, II, 73; Giraldi Cinzio, *Egle*, IV, 1, 87-90.
5 *acquisto*: conquista.

La lunga etate insegna a l'uom di porre
365   freno ai leoni ed a le tigri ircane.[6]

AMINTA

Ma il misero non puote a la sua morte
indugio sostener[7] di lungo tempo.

TIRSI

Sarà corto l'indugio: in breve spazio
s'adira e in breve spazio anco si placa
370   femina, cosa mobil per natura
più che fraschetta al vento e più che cima
di pieghevole spica.[8] Ma, ti prego,
fa ch'io sappia più a dentro de la tua
dura condizione e de l'amore;
375   che, se ben confessato m'hai più volte
d'amare, mi tacesti però dove
fosse posto l'amore. Ed è ben degna
la fedele amicizia ed il commune
studio de le Muse[9] ch'a me scuopra
380   ciò ch'agli altri si cela.

AMINTA

               Io son contento,
Tirsi, a te dir ciò che le selve e i monti
e i fiumi sanno, e gli uomini non sanno.[10]
Ch'io sono ormai sì prossimo a la morte,
ch'è ben ragion[11] ch'io lasci chi ridica
385   la cagion del morire, e che l'incida

---

6 *La lunga etate... leoni*: cfr. Tibullo, *Elegie*, I, IV, 17; frequente, pure, nei poeti classici la menzione delle «tigri ircane», dal nome di una regione della Persia, particolarmente feroci.
7 *indugio sostener*: sopportare un intervallo.
8 *cosa mobil... spica*: sentenza virgiliana (*Eneide*, IV, 569-570) e petrarchesca (CLXXXIII, 12), adattata al mondo pastorale dal Poliziano (*Stanze*, I, 14) e dal Giraldi Cinzio (*Egle*, IV, I, 29-30).
9 *studio de le Muse*: esercizio della poesia. Anche Aminta è poeta, dunque, come sovente erano i pastori della bucolica classica.
10 *ciò che le selve... non sanno*: cfr. Petrarca, XXXV, 9-11.
11 *ragion*: giusto.

ne la scorza d'un faggio, presso il luogo
dove sarà sepolto il corpo essangue;
sì che talor passandovi quell'empia
si goda di calcar[12] l'ossa infelici
390 co 'l piè superbo, e tra sé dica: — È questo
pur mio trionfo —; e goda di vedere
che nota sia la sua vittoria a tutti
li pastor paesani e pellegrini[13]
che quivi il caso guidi; e forse (ahi, spero
395 troppo alte cose) un giorno esser potrebbe
ch'ella, commossa da tarda pietate,
piangesse morto chi già vivo uccise,[14]
dicendo: — Oh pur qui fosse, e fosse mio! —
Or odi.

TIRSI

Segui pur, ch'io ben t'ascolto,
400 e forse a miglior fin che tu non pensi.[15]

AMINTA

Essendo io fanciulletto, sì che a pena
giunger[16] potea con la man pargoletta
a côrre[17] i frutti dai piegati rami
degli arboscelli, intrinseco[18] divenni
405 de la più vaga[19] e cara verginella
che mai spiegasse al vento chioma d'oro.[20]
La figliuola conosci di Cidippe
e di Montan, ricchissimo d'armenti,

12 *calcar*: calpestare.
13 *paesani e pellegrini*: locali e forestieri.
14 *e forse... uccise*: prosaicizza un celebre luogo petrarchesco (CXXVI, 27-39) sulla scorta di Sannazaro (*Arcadia,* VIII, 42).
15 *a miglior fin... non pensi*: Tirsi pensa di poter aiutare Aminta a conquistare Silvia.
16 *giunger*: raggiungere.
17 *côrre*: cogliere. Così Damone, *Bucoliche,* VIII, 37-40.
18 *intrinseco*: compagno.
19 *vaga*: graziosa, bella.
20 *spiegasse... d'oro*: è un tratto costante del manichino muliebre petrarchesco (cfr. almeno CXCVIII, 1-2).

Silvia, onor de le selve, ardor de l'alme?[21]
410   Di questa parlo, ahi lasso; vissi a questa
così unito alcun tempo, che fra due
tortorelle più fida compagnia
non sarà mai, né fue.
Congiunti eran gli alberghi,[22]
415   ma più congiunti i cori;
conforme era l'etate,
ma 'l pensier più conforme;[23]
seco[24] tendeva insidie con le reti
ai pesci ed agli augelli, e seguitava
420   i cervi seco e le veloci damme:
e 'l diletto e la preda era commune.
Ma, mentre io fea rapina d'animali,
fui non so come a me stesso rapito.[25]
A poco a poco nacque nel mio petto,
425   non so da qual radice,
com'erba suol che per se stessa germini,
un incognito affetto,
che mi fea desiare
d'esser sempre presente
430   a la mia bella Silvia;
e bevea da' suoi lumi
un'estranea dolcezza,[26]
che lasciava nel fine
un non so che d'amaro;
435   sospirava sovente, e non sapeva
la cagion de' sospiri.[27]
Così fui prima amante ch'intendessi

---

21 *ardor de l'alme?*: che infiamma i cuori.
22 *Congiunti eran gli alberghi*: le case erano vicine; così quelle di Piramo e Tisbe, la celebre coppia delle *Metamorfosi* ovidiane (IV, 57).
23 *conforme... più conforme*: così racconta di sé Carino nel luogo sopra citato dell'*Arcadia*, 8-9.
24 *seco*: con lei, con Silvia.
25 *fea rapina... rapito*: pescavo e cacciavo, fui pescato e cacciato a mia volta; «rapina» è del linguaggio amoroso petrarchesco (CLXVII, 5).
26 *bevea... dolcezza*: qualcosa del genere accade a Didone con Enea (*Eneide*, I, 748-749).
27 *sospirava... sospiri*: cfr. Claudiano, *Epitalamio per le nozze d'Onorio Augusto*, 3-4.

che cosa fosse Amore.
Ben me n'accorsi al fin; ed in qual modo,
440 ora m'ascolta, e nota.

TIRSI
È da notare.

AMINTA
A l'ombra d'un bel faggio Silvia e Filli
sedean un giorno, ed io con loro insieme,
quando un'ape ingegnosa,[28] che, cogliendo
sen' giva[29] il mel per que' prati fioriti,
445 a le guancie di Fillide volando,
a le guancie vermiglie come rosa,
le morse e le rimorse avidamente:
ch'a la similitudine ingannata
forse un fior le credette. Allora Filli
450 cominciò lamentarsi, impaziente[30]
de l'acuta puntura:
ma la mia bella Silvia disse: — Taci,
taci, non ti lagnar, Filli, perch'io
con parole d'incanti[31] leverotti
455 il dolor de la picciola ferita.
A me insegnò già questo secreto
la saggia Aresia, e n'ebbe per mercede
quel mio corno d'avolio[32] ornato d'oro. —
Così dicendo, avvicinò le labra
460 de la sua bella e dolcissima bocca
a la guancia rimorsa,[33] e con soave
susurro mormorò non so che versi.[34]

---

28 *ingegnosa*: commentando un suo sonetto di argomento affine (*Rime*, 89), il Tasso spiega l'attributo così: «o per la memoria imperocché — le api — son ricordevoli del verno, o per la fabbrica de le celle di sei angoli, le quali si fanno a guisa di architetto...».
29 *sen' giva*: se ne andava.
30 *impaziente*: non tollerando.
31 *parole d'incanti*: formule magiche.
32 *avolio*: avorio.
33 *rimorsa*: cfr. v. 447.
34 *versi*: magici; cfr. n. 31.

Oh mirabili effetti! Sentì tosto
cessar la doglia, o fosse la virtute[35]
465   di que' magici detti, o, com'io credo,
la virtù de la bocca,
che sana ciò che tocca.
Io, che sino a quel punto altro non volsi[36]
che 'l soave splendor degli occhi belli,
470   e le dolci parole, assai più dolci
che 'l mormorar d'un lento fiumicello
che rompa il corso[37] fra minuti sassi,
o che 'l garrir[38] de l'aura infra le frondi,
allor sentii nel cor novo desire
475   d'appressare[39] a la sua questa mia bocca;
e fatto non so come astuto e scaltro
più de l'usato (guarda quanto Amore
aguzza l'intelletto!) mi sovvenne
d'un inganno gentile, co 'l qual io
480   recar potessi a fine il mio talento:
che, fingendo ch'un'ape avesse morso
il mio labro di sotto, incominciai
a lamentarmi di cotal maniera,
che quella medicina, che la lingua
485   non richiedeva, il volto richiedeva.
La semplicetta[40] Silvia,
pietosa del mio male,
s'offrì di dar aita[41]
a la finta ferita, ahi lasso, e fece
490   più cupa e più mortale
la mia piaga verace,[42]

---

35 *virtute*: potere.
36 *volsi*: volli.
37 *rompa il corso*: interrompa il suo corso.
38 *garrir*: mormorare, stormire.
39 *appressare*: avvicinare.
40 *semplicetta*: ingenua. Di ben altra natura è la protagonista dell'episodio analogo che il Tasso ha letto nel romanzo ellenistico *Gli amori di Leucippe e Clitofonte* di Achille Tazio (II, VII).
41 *aita*: aiuto.
42 *verace*: quella infertagli, metaforicamente, da Amore, opposta a quella «finta» dell'ape (v. 489).

quando le labra sue
giunse[43] a le labra mie.
Né l'api d'alcun fiore
495 còglion sì dolce il mel ch'allora io colsi
da quelle fresche rose,[44]
se ben gli ardenti baci,
che spingeva il desire a inumidirsi,
raffrenò la temenza
500 e la vergogna,[45] o felli[46]
più lenti e meno audaci.
Ma mentre al cor scendeva
quella dolcezza mista
d'un secreto veleno,[47]
505 tal diletto n'avea
che, fingendo ch'ancor non mi passasse
il dolor di quel morso,
fei sì ch'ella più volte
vi replicò l'incanto.[48]
510 Da indi in qua[49] andò in guisa crescendo
il desire e l'affanno impaziente
che, non potendo più capir nel petto,
fu forza che scoppiasse;[50] ed una volta
che in cerchio sedevam ninfe e pastori,
515 e facevamo alcuni nostri giuochi,
che ciascun ne l'orecchio del vicino
mormorando diceva un suo secreto,[51]

---

43 *giunse*: congiunse.
44 *fresche rose*: le labbra (è metafora di Achille Tazio).
45 *gli ardenti baci... vergogna*: il timore ed il pudore frenarono i baci ardenti, che il desiderio spingeva a inumidirsi nella bocca di Silvia. Per la tipologia del bacio, del nettare che comunica, degli effetti di quello umido, è d'obbligo il rinvio ad una raccolta latina, i *Basia* dell'umanista Johannes Everaerts, latinizzato J. Secundus (1511-36).
46 *felli*: li fece.
47 *dolcezza... veleno*: antitesi petrarchesca (CCVII, 84), come quella precedente dei vv. 433-434.
48 *l'incanto*: l'incantesimo.
49 *Da indi in qua*: d'allora in poi, determinazione petrarchesca attinta alla già citata canzone CXXVI, 64.
50 *scoppiasse*: tanto il desiderio quanto l'affanno, di cui sopra.
51 *mormorando... secreto*: il gioco del segreto consisteva nell'indovinare, dalla risposta

— Silvia, — le dissi — io per te ardo, e certo
morrò, se non m'aiti.[52] — A quel parlare
520 chinò ella il bel volto, e fuor le venne
un improvviso, insolito rossore
che diede segno di vergogna e d'ira;
né ebbi altra risposta che un silenzio,
un silenzio turbato e pien di dure
525 minaccie. Indi si tolse,[53] e più non volle
né vedermi né udirmi. E già tre volte
ha il nudo mietitor tronche le spighe,[54]
ed altretante il verno ha scossi i boschi
de le lor verdi chiome,[55] ed ogni cosa
530 tentata ho per placarla, fuor che morte.[56]
Mi resta sol che per placarla io mora;[57]
e morrò volontier, pur ch'io sia certo
ch'ella o se ne compiaccia, o se ne doglia:
né so di tai due cose qual più brami.
535 Ben fora[58] la pietà premio maggiore
a la mia fede, e maggior ricompensa
a la mia morte; ma bramar non deggio[59]
cosa che turbi il bel lume sereno[60]
agli occhi cari, e affanni quel bel petto.

TIRSI

540 È possibil però che, s'ella un giorno
udisse tai parole, non t'amasse?

della donna, il motto in precedenza comunicatole nell'orecchio da altri; era diffuso nella
società cortigiana del tempo.
52 *aiti*: aiuti.
53 *Indi si tolse*: si allontanò di lì.
54 *tronche le spighe*: tagliato il grano. È consuetudine della poesia bucolica numerare lo
scorrere dal tempo dal succedersi delle operazioni agricole e delle stagioni.
55 *il verno... chiome*: l'inverno ha spogliato gli alberi nei boschi.
56 *morte*: Aminta parla della sua morte.
57 *mora*: muoia.
58 *fora*: sarebbe.
59 *deggio*: devo.
60 *turbi il bel lume sereno*: adatta un verso del Petrarca (CCXXXVI, 6).

AMINTA

Non so, né 'l credo; ma fugge i miei detti[61]
come l'aspe l'incanto.[62]

TIRSI

Or ti confida,
ch'a me dà il cuor[63] di far ch'ella t'ascolti.

AMINTA

545 O nulla impetrerai, o, se tu impetri
ch'io parli, io nulla impetrerò parlando.

TIRSI

Perché disperi sì?[64]

AMINTA

Giusta cagione
ho del mio disperar, che il saggio Mopso
mi predisse la mia cruda ventura,
550 Mopso ch'intende il parlar degli augelli
e la virtù de l'erbe e de le fonti.[65]

TIRSI

Di qual Mopso tu dici? di quel Mopso
c'ha ne la lingua melate parole,
e ne le labra un amichevol ghigno,[66]
555 e la fraude nel seno,[67] ed il rasoio

61 *fugge i miei detti*: evita di parlarmi.
62 *come l'aspe l'incanto*: come l'incantesimo fa fuggire il serpente (Virgilio, *Bucoliche*, VIII, 71).
63 *a me dà il cuor*: mi sento.
64 *sì*: così.
65 *Mopso... fonti*: si cela sotto questo nome di pastore virgiliano, che conosce arti magiche e mediche come l'Enareto dell'*Arcadia*, il critico padovano Sperone Speroni (1500-88), l'autore della *Canace* (cfr. la n. 18 al v. 161). L'episodio manca nella prima redazione dell'*Aminta*, destinata alla rappresentazione ferrarese del '73. Appare solo dopo il '77, ma non sempre; la variazione è in rapporto con l'atteggiamento dell'autore nei confronti dello Speroni, divenuto nel frattempo giudice della *Liberata* (si cfr. l'Introduzione, p. XI).
66 *amichevol ghigno*: sorriso che vorrebbe essere di amico.
67 *la fraude nel seno*: l'inganno nel cuore.

tien sotto il manto?[68] Or su, sta di bon core,
che i sciaurati pronostichi infelici,[69]
ch'ei vende a' mal accorti con quel grave
suo supercilio,[70] non han mai effetto:
560   e per prova[71] so io ciò che ti dico;
anzi da questo sol ch'ei t'ha predetto[72]
mi giova di sperar felice fine
a l'amor tuo.

AMINTA
Se sai cosa per prova,
che conforti mia speme,[73] non tacerla.

TIRSI
565   Dirolla volontieri. Allor che prima[74]
mia sorte mi condusse in queste selve,
costui conobbi, e lo stimava io tale
qual tu lo stimi; in tanto un dì mi venne
e bisogno e talento d'irne dove
570   siede la gran cittade in ripa al fiume,[75]
ed a costui ne feci motto; ed egli
così mi disse: — Andrai ne la gran terra,
ove gli astuti e scaltri cittadini
e i cortigian malvagi molte volte
575   prendonsi a gabbo, e fanno brutti scherni
di noi rustici incauti;[76] però,[77] figlio,
va su l'avviso,[78] e non t'appressar troppo

---

68 *il rasoio/tien sotto il manto?*: espressione proverbiale, ad indicare l'ambiguità e pericolosità di Mopso.
69 *pronostichi infelici*: previsioni di disgrazie.
70 *supercilio*: cipiglio.
71 *prova*: esperienza.
72 *da questo... predetto*: per il solo fatto che ti ha predetto il peggio.
73 *speme*: speranza.
74 *prima*: per la prima volta.
75 *siede... al fiume*: è Ferrara, in riva al Po; così Rimini per Francesca, *Inferno*, v, 97.
76 *rustici incauti*: pastori sprovveduti.
77 *però*: perciò.
78 *va su l'avviso*: procedi con cautela.

ove sian drappi colorati e d'oro,
e pennacchi e divise e foggie nove;[79]
580 ma sopra tutto guarda che mal fato[80]
o giovenil vaghezza[81] non ti meni
al magazzino de le ciancie:[82] ah fuggi,
fuggi quell'incantato alloggiamento.[83]
— Che luogo è questo? — io chiesi; ed ei soggiunse:
585 — Quivi abitan le maghe,[84] che incantando
fan traveder e traudir[85] ciascuno.
Ciò che diamante sembra ed oro fino,
è vetro e rame; e quelle arche[86] d'argento,
che stimeresti piene di tesoro,
590 sporte son piene di vesciche bugge.[87]
Quivi le mura son fatte con arte,[88]
che parlano e rispondono ai parlanti;
né già rispondon la parola mozza,
com'Eco suole ne le nostre selve,
595 ma la replican tutta intiera intiera:
con giunta anco di quel ch'altri non disse.[89]
I trespidi,[90] le tavole e le panche,
le scranne, le lettiere, le cortine,[91]
e gli arnesi di camera e di sala
600 han tutti lingua e voce, e gridan sempre.

79 *drappi colorati... foggie nove*: abbigliamenti dei «cittadini» e dei «cortigiani», preziosi ed alla moda.
80 *mal fato*: destino contrario.
81 *giovenil vaghezza*: curiosità giovanile.
82 *magazzino de le ciancie*: la corte del duca.
83 *incantato alloggiamento*: luogo stregato.
84 *le maghe*: le «ciancie» dei cortigiani.
85 *traveder e traudir*: vedere e udire una cosa per l'altra.
86 *arche*: casse, scrigni.
87 *sporte... bugge*: sono sacchi pieni di vesciche vuote. L'Astolfo ariostesco nella luna «vide un monte di tumide vesiche, / che dentro parea aver tumulti e grida»: sono le «corone antiche» dei popoli gloriosi dell'antichità (*Orlando furioso*, XXXIV, LXXVI).
88 *arte*: artificio.
89 *con giunta... disse*: aggiungendovi ciò che i «parlanti» non hanno detto. Allude ai pettegolezzi ed alle calunnie che infestano l'ambiente della corte.
90 *trespidi*: trespoli.
91 *le scranne... le cortine*: le sedie, i letti, le tende. I vv. 597-600 riecheggiano i vv. 50-54 dei *Suppositi* dell'Ariosto, di cui il Tasso stese un *Prologo*, riprodotto nell'Appendice.

Quivi le ciancie in forma di bambine
vanno trescando,[92] e se un muto v'entrasse,
un muto ciancerebbe a suo dispetto.
Ma questo e 'l minor mal che ti potesse
605 incontrar: tu potresti indi restarne
converso in selce, in fera,[93] in acqua, o in foco:
acqua di pianto, e foco di sospiri. —
Così diss'egli; ed io n'andai con questo
fallace antiveder[94] ne la cittade;
610 e, come volse il ciel benigno, a caso
passai per là dov'è 'l felice albergo.[95]
Quindi uscian fuor voci canore e dolci
e di cigni e di ninfe e di sirene,
di sirene celesti;[96] e n'uscian suoni
615 soavi e chiari; e tanto altro diletto,
ch'attonito godendo ed ammirando,
mi fermai buona pezza.[97] Era su l'uscio,
quasi per guardia de le cose belle,
uom d'aspetto magnanimo e robusto,
620 di cui, per quanto intesi, in dubbio stassi
s'egli sia miglior duce o cavaliero;[98]
che, con fronte benigna insieme e grave,
con regal cortesia invitò dentro,
ei grande e 'n pregio, me negletto e basso.[99]
625 Oh che sentii? che vidi allora? I' vidi
celesti dee, ninfe leggiadre e belle,

---

92 *le ciancie... trescando*: le chiacchiere dei cortigiani (cfr. nn. 82 e 84) volteggiano come in una danza di bambini, leggere ed irresponsabili.

93 *indi restarne... in fera*: restare trasformato dalle «ciancie», che sono «maghe» (cfr. n. 84), in pietra, in animale.

94 *fallace antiveder*: falso e maligno pronostico.

95 *albergo*: palazzo ducale di Ferrara.

96 *voci canore... sirene celesti*: i poeti e le donne della corte estense, alcune delle quali solevano cantare (la Bendidio, ad esempio; cfr. la n. 43 del v. 274).

97 *buona pezza*: un bel po'.

98 *miglior duce o cavaliero*: così il Petrarca di M. Valerio Corvino (*Trionfo della Fama*, I, 99). Il personaggio in questione è il duca Alfonso II d'Este (1533-97), per cui si rinvia all'Introduzione, pp. IX-XI.

99 *negletto e basso*: ignoto e oscuro.

novi Lini ed Orfei;[100] ed oltre ancora,
senza vel, senza nube, e quale e quanta
agl'immortali appar, vergine Aurora[101]
630   sparger d'argento e d'or rugiade e raggi;
e fecondando illuminar d'intorno
vidi Febo e le Muse,[102] e fra le Muse
Elpin[103] seder accolto; ed in quel punto
sentii me far di me stesso maggiore,[104]
635   pien di nova virtù, pieno di nova
deitade,[105] e cantai guerre ed eroi,
sdegnando pastoral ruvido carme.[106]
E se ben poi (come altrui[107] piacque) feci
ritorno a queste selve, io pur ritenni
640   parte di quello spirto; né già suona
la mia sampogna[108] umil come soleva,
ma di voce più altera e più sonora,
emula de le trombe,[109] empie le selve.
Udimmi Mopso poscia, e con maligno
645   guardo mirando, affascinommi;[110] ond'io
roco divenni,[111] e poi gran tempo tacqui:
quando i pastor credean ch'io fossi stato

---

100 *novi Lini ed Orfei*: i poeti Pigna e Guarini, di cui alle nn. 42 e 46 dei vv. 273 e 278, celebrati enfaticamente come i due mitici poeti classici. Nelle «celesti dee» si è voluto cogliere un cenno di omaggio alle due sorelle del duca Alfonso II, Lucrezia e Leonora.
101 *vergine Aurora*: accenna di nuovo all'affresco della sala del palazzo (cfr. v. 280, n. 47).
102 *Febo e le Muse*: le divinità che presiedono alla poesia.
103 *Elpin*: il Pigna; cfr. n. 100.
104 *me... maggiore*: crescere le mie capacità naturali di poeta.
105 *nova/deitade*: rinnovata ispirazione, proveniente da «Febo» e dalle «Muse».
106 *cantai... carme*: allude all'alternanza fra poesia pastorale e poesia epica, col prevalere definitivo della seconda. Subito dopo l'*Aminta* il Tasso conduce a termine la *Gerusalemme* (cfr. Introduzione, pp. x, xii). Anche il Sannazaro discorre di «pastorale ruvido stile» (*Arcadia*, xi, v. 113).
107 *altrui*: al duca Alfonso, per il cui teatro il Tasso compose l'*Aminta* (qui, metaforicamente, coincide col ritorno provvisorio di Tirsi nei boschi).
108 *La mia zampogna*: è lo strumento della poesia pastorale (cfr. la n. 30 al v. 88).
109 *le trombe*: lo strumento simbolico della poesia epica.
110 *affascinommi*: mi ammaliò. Si riferisce alla censura dello Speroni sulla *Gerusalemme* (cfr. n. 65).
111 *roco divenni*: smisi di poetare.

visto dal lupo,[112] e 'l lupo era costui.
Questo t'ho detto, acciò che sappi quanto
650   il parlar di costui di fede è degno;
e déi[113] bene sperar, sol perché ei vuole
che nulla speri.

AMINTA

Piacemi d'udire
quanto mi narri. A te dunque rimetto[114]
la cura di mia vita.

TIRSI

Io n'avrò cura.
655   Tu fra mezz'ora qui trovar ti lassa.[115]

CORO

O bella età de l'oro,[116]
non già perché di latte
sen' corse il fiume e stillò mele[117] il bosco;
non perché i frutti loro
660   dier da l'aratro intatte[118]
le terre, e gli angui errâr senz'ira o tosco;[119]
non perché nuvol fosco
non spiegò allor suo velo,
ma in primavera eterna,
665   ch'ora s'accende e verna,[120]

---

112 *io fossi... dal lupo*: era credenza popolare che la vista del lupo rendesse muti. Vi
accennano Teocrito (*Idilli*, XIV, 22), Virgilio (*Bucoliche*, IX, 53-54) e il Sannazaro (*Arcadia*,
VI, 11).
113 *déi*: devi.
114 *rimetto*: affido.
115 *ti lassa*: lasciati.
116 *O bella età de l'oro*: l'invocazione è rivolta ad un periodo mitico della civiltà umana,
raffigurato da molti poeti classici, e specialmente da Ovidio, nelle *Metamorfosi*, I, 89-112.
Nei versi seguenti, sino al 668, il Tasso compendia alcuni motivi dell'elogio ovidiano di
quell'età, e si dispone nel contempo a superarli; retoricamente è una sorta di amplifica-
zione.
117 *mele*: miele.
118 *da l'aratro intatte*: senza essere dissodate dall'aratro.
119 *tosco*: veleno.
120 *verna*: fa primavera (latinismo dantesco, *Paradiso*, XXX, 126).

rise di luce e di sereno il cielo;
né portò peregrino
o guerra o merce agli altrui lidi il pino;[121]

670 ma sol perché quel vano
nome senza soggetto,[122]
quell'idolo d'errori, idol d'inganno,[123]
quel che dal volgo insano[124]
onor poscia fu detto,
che di nostra natura 'l feo[125] tiranno,
675 non mischiava il suo affanno
fra le liete dolcezze
de l'amoroso gregge;[126]
né fu sua dura legge
nota a quell'alme in libertate avvezze,[127]
680 ma legge aurea e felice
che natura scolpì:[128] *S'ei piace, ei lice.*[129]

Allor tra fiori e linfe[130]
traean dolci carole[131]
gli Amoretti senz'archi e senza faci;[132]
685 sedean pastori e ninfe
meschiando a le parole
vezzi e susurri, ed ai susurri i baci
strettamente tenaci;[133]

---

121 *né portò peregrino... il pino*: le navi, spostandosi in altre spiagge, non portarono guerra o mercanzie, fonte di guerra.

122 *senza soggetto*: privo di sostanza (è l'onore, di cui appresso); cfr. Petrarca, CXXVIII, 76-77. Ecco il motivo tassiano dell'elogio dell'età dell'oro (cfr. n. 116).

123 *quell'idolo... d'inganno*: l'onore è una falsa divinità, che conduce all'errore ed all'inganno.

124 *volgo insano*: la moltitudine ignorante.

125 *'l feo*: lo fece.

126 *l'amoroso gregge*: la schiera degli amanti secondo Petrarca (*Trionfo d'Amore*, IV, 9).

127 *in libertate avvezze*: abituate alla libertà dei costumi.

128 *natura scolpì*: com'è d'uso per le leggi civili.

129 *S'ei piace, ei lice*: ciò che piace, è lecito. All'incirca così Dante di Semiramide, esempio di lussuria (*Inferno*, V, 56).

130 *linfe*: acque.

131 *traean dolci carole*: danzavano dolcemente (*Par.*, XXIV, 16-18).

132 *gli Amoretti... faci*: cfr. i vv. 20-27 e relative note. Nell'età dell'oro gli Amorini non limitavano la loro azione nei boschi.

133 *strettamente tenaci*: che uniscono saldamente.

la verginella ignude
690 scopria sue fresche rose,
ch'or tien nel velo ascose,[134]
e le poma del seno acerbe e crude;[135]
e spesso in fonte o in lago
scherzar si vide con l'amata il vago.[136]

695 Tu prima, Onor, velasti
la fonte dei diletti,[137]
negando l'onde a l'amorosa sete;[138]
tu a' begli occhi insegnasti
di starne in sé ristretti,
700 e tener lor bellezze altrui secrete;
tu raccogliesti in rete
le chiome a l'aura sparte;[139]
tu i dolci atti lascivi
festi[140] ritrosi e schivi;
705 ai detti il fren ponesti, ai passi l'arte;[141]
opra è tua sola, o Onore,
che furto sia quel che fu don d'Amore.[142]

E son tuoi fatti egregi
le pene e i pianti nostri.
710 Ma tu, d'Amore e di Natura donno,[143]
tu domator de' regi,[144]
che fai tra questi chiostri,[145]

134 *ignude... ascose*: scopriva nude le sue bellezze, ora celate dagli abiti.
135 *le poma... crude*: le mammelle non ancora turgide.
136 *vago*: innamorato.
137 *la fonte dei diletti*: cfr. le nn. 134 e 135.
138 *l'onde a l'amorosa sete*: la soddisfazione del desiderio erotico.
139 *le chiome a l'aura sparte*: tipica locuzione petrarchesca (XC,1; CXLIII, 9; *Trionfo d'Amore*, III, 136). Ritorna nella *Gerusalemme* (III, 21).
140 *festi*: facesti.
141 *l'arte*: la regola nel movimento.
142 *furto... d'Amore*: l'Onore ha fatto sì che i doni dell'Amore abbiano perso la loro primitiva spontaneità e siano divenuti qualcosa di furtivo.
143 *donno*: signore (latinismo).
144 *domator de' regi*: perché sull'onore si fonda la morale e l'etichetta della corte.
145 *chiostri*: i luoghi ritirati dove vivono i pastori, la selva.

che la grandezza tua capir non ponno?
Vattene, e turba il sonno
715 agl'illustri e potenti:
noi qui, negletta e bassa
turba,[146] senza te lassa
viver ne l'uso de l'antiche genti.[147]
Amiam, che non ha tregua
720 con gli anni umana vita, e si dilegua.[148]

Amiam, che 'l sol si muore e poi rinasce:
a noi sua breve luce
s'asconde, e 'l sonno eterna notte adduce.[149]

---

146 *negletta e bassa/turba*: i pastori protagonisti (cfr. anche n. 99).
147 *ne l'uso de l'antiche genti*: nelle abitudini dell'età dell'oro.
148 *tregua ... dilegua*: rima petrarchesca (LVII 9-13, LXXII, 18, 21; *Trionfo d'Amore*, III, 152-154).
149 *'l Sol... adduce*: volgarizza Catullo, v, 4-6.

SCENA PRIMA
SATIRO *solo*

Picciola è l'ape, e fa col picciol morso
725   pur gravi e pur moleste le ferite;
ma qual cosa è più picciola d'Amore,[1]
se in ogni breve spazio entra, e s'asconde
in ogni breve spazio? or sotto a l'ombra
de le palpebre, or tra' minuti rivi[2]
730   d'un biondo crine, or dentro le pozzette
che forma un dolce riso in bella guancia;
e pur fa tanto grandi e sì mortali
e così immedicabili le piaghe.
Ohimè, che tutte piaga e tutte sangue
735   son le viscere mie; e mille spiedi[3]
ha ne gli occhi di Silvia il crudo Amore.
Crudel Amor, Silvia crudele ed empia
più che le selve! Oh come a te confassi
tal nome,[4] e quanto vide[5] chi te 'l pose!
740   Celan le selve angui, leoni ed orsi,
dentro il lor verde: e tu dentro al bel petto
nascondi odio, disdegno ed impietate,
fere peggior ch'angui, leoni ed orsi

---

1 *Picciola è l'ape... più picciola d'Amore*: il confronto fra l'ape e l'Amore è di Teocrito (*Idilli*, XIX).
2 *minuti rivi*: riccioli.
3 *spiedi*: armi (da caccia).
4 *confassi/tal nome*: si addice il nome di Silvia, perché richiama la selva e le bestie feroci ch'essa ospita, come dice appresso.
5 *vide*: vide bene.

che si placano quei, questi[6] placarsi
745 non possono per prego né per dono.
Ohimè, quando ti porto i fior novelli,
tu li ricusi, ritrosetta, forse
perché fior via più belli hai nel bel volto.
Ohimè, quando io ti porgo i vaghi pomi,[7]
750 tu li rifiuti, disdegnosa, forse
perché pomi più vaghi hai nel bel seno.[8]
Lasso, quand'io t'offrisco il dolce mele,
tu lo disprezzi, dispettosa, forse
perché mel via più dolce hai ne le labra.
755 Ma, se mia povertà non può donarti
cosa ch'in te non sia più bella e dolce,
me medesmo ti dono. Or perché iniqua
scherni ed abborri il dono? non son io
da disprezzar, se ben me stesso vidi
760 nel liquido[9] del mar, quando l'altr'ieri
taceano i venti ed ei giacea senz'onda.[10]
Questa mia faccia di color sanguigno,
queste mie spalle larghe, e queste braccia
torose[11] e nerborute, e questo petto
765 setoso,[12] e queste mie velate[13] coscie
son di virilità, di robustezza
indicio; e, se no 'l credi, fanne prova.
Che vuoi tu far di questi tenerelli,[14]

---

6 *quei, questi*: serpenti (*angui*), leoni ed orsi; odio, disdegno e mancanza di pietà (*impietate*).
7 *i vaghi pomi*: i frutti migliori. L'elenco dei doni è consueto nella letteratura bucolica (Teocrito, *Idilli*, XI, 40-42; Virgilio, *Bucoliche*, II, 45-55; Giraldi Cinzio, *Egle*, II, 74-105). Anche il personaggio del Satiro appartiene a questa letteratura: il modello remoto è il Polifemo di Teocrito (*Idilli*, VI e XI) e Ovidio, (*Metamorfosi*, XIII, 840-850); di qui, attraverso riprese di Virgilio, Sannazaro e Poliziano, si arriva all'*Egle* del Giraldi Cinzio ed al *Sacrificio* del Beccari (II, II), per cui si rinvia all'Introduzione, p. XVIII sgg.
8 *pomi... seno*: cfr. v. 692, n. 135.
9 *liquido*: specchio. L'azione del Satiro è conforme a quella del Polifemo di Teocrito ed Ovidio; ma così anche un pastore virgiliano, Coridone (cfr. *Bucoliche*, II, 25-26).
10 *giace senz'onda*: inverte un emistichio petrarchesco (CLXIV, 4).
11 *torose*: robuste come quelle d'un toro.
12 *setoso*: villoso.
13 *velate*: dal pelo.
14 *tenerelli*: i pastori come Aminta, deboli rispetto al Satiro.

che di molle lanugine fiorite[15]
770   hanno a pena le guancie? e che con arte[16]
dispongono i capelli in ordinanza?[17]
Femine nel sembiante e ne le forze
sono costoro. Or di' ch'alcun ti segua
per le selve e pei monti, e 'ncontra gli orsi
775   ed incontra i cinghiai per te combatta.
Non sono io brutto, no, né tu mi sprezzi
perché sì fatto io sia, ma solamente
perché povero sono. Ahi, che le ville[18]
seguon l'essempio de le gran cittadi!
780   e veramente il secol d'oro è questo,
poiché sol vince l'oro e regna l'oro.[19]
O chiunque tu fosti, che insegnasti
primo a vender l'amor, sia maledetto
il tuo cener sepolto e l'ossa fredde,[20]
785   e non si trovi mai pastore o ninfa
che lor dica passando: — Abbiate pace —;
ma le bagni la pioggia e mova il vento,[21]
e con piè immondo[22] la greggia il calpesti
e 'l peregrin.[23] Tu prima svergognasti[24]
790   la nobiltà d'amor; tu le sue liete
dolcezze inamaristi.[25] Amor venale,
amor servo de l'oro è il maggior mostro
ed il più abominabile e il più sozzo,
che produca la terra o 'l mar fra l'onde.
795   Ma perché in van mi lagno? Usa ciascuno
quell'armi che gli ha date la natura

---

15 *di molle lanugine fiorite*: cosparse dalla prima barba.
16 *arte*: artificio; cura.
17 *ordinanza*: ordine.
18 *ville*: campagne.
19 *e veramente... regna l'oro*: sentenza di Ovidio, *Arte d'amore*, II, 277-278.
20 *O chiunque... fredde*: è maledizione suggerita da Tibullo, *Elegie*, I, IV, 59-60.
21 *ma le bagni... il vento*: è un verso di Dante (*Purgatorio*, III, 130).
22 *immondo*: impuro.
23 *'l peregrin*: il viandante.
24 *svergognasti*: degradasti.
25 *inamaristi*: amareggiasti.

per sua salute:[26] il cervo adopra il corso,[27]
il leone gli artigli, ed il bavoso
cinghiale il dente; e son potenza ed armi
800   de la donna bellezza e leggiadria;
io, perché non per mia salute adopro
la violenza, se mi fe' natura
atto a far violenza ed a rapire?
Sforzerò,[28] rapirò quel che costei
805   mi niega, ingrata, in merto[29] de l'amore;
che, per quanto un caprar testé mi ha detto,
ch'osservato ha suo stile,[30] ella ha per uso[31]
d'andar sovente a rinfrescarsi a un fonte;
e mostrato m'ha il loco. Ivi io disegno[32]
810   tra i cespugli appiattarmi e tra gli arbusti,
ed aspettar fin che vi venga; e, come
veggia[33] l'occasione, correrle adosso.
Qual contrasto col corso o con le braccia
potrà fare una tenera fanciulla
815   contra me sì veloce e sì possente?
Pianga e sospiri pure, usi ogni sforzo
di pietà, di bellezza: che, s'io posso
questa mano ravvoglierle[34] nel crine,
indi non partirà, ch'io pria non tinga
820   l'armi mie per vendetta nel suo sangue.[35]

---

26 *salute*: salvezza.
27 *il corso*: la corsa; la velocità.
28 *Sforzerò*: farò forza, violenza.
29 *merto*: cambio, ricompensa.
30 *stile*: abitudini.
31 *ha per uso*: suole.
32 *disegno*: penso.
33 *veggia*: veda.
34 *ravvoglierle*: avvolgerle, ficcarle.
35 *tinga l'armi mie... sangue*: allude metaforicamente, ma non troppo, alla violenza sessuale che intende esercitare su Silvia.

[DAFNE]

Tirsi, com'io t'ho detto,[1] io m'era accorta
ch'Aminta amava Silvia; e Dio sa quanti
buoni officii n'ho fatti, e son per farli
tanto più volontier, quant'or vi aggiungi
825 le tue preghiere; ma torrei[2] più tosto
a domar un giuvenco,[3] un orso, un tigre,
che a domar una semplice fanciulla:
fanciulla tanto sciocca quanto bella,
che non s'avveggia ancor come sian calde[4]
830 l'armi di sua bellezza e come acute,
ma ridendo e piangendo uccida altrui,
e l'uccida e non sappia di ferire.

TIRSI

Ma quale è così semplice fanciulla
che, uscita da le fascie, non apprenda
835 l'arte del parer bella e del piacere,
de l'uccider piacendo, e del sapere
qual arme fera,[5] e qual dia morte, e quale
sani e ritorni[6] in vita?

DAFNE

                        Chi è 'l mastro[7]
di cotant'arte?

TIRSI

                Tu fingi, e mi tenti:
840 quel che insegna agli augelli il canto e 'l volo,

---

1 *com'io t'ho detto*: si suppone il dialogo già iniziato, dietro le quinte.
2 *torrei*: preferirei.
3 *giuvenco*: bue giovane (latinismo).
4 *calde*: eccitanti.
5 *fera*: ferisca.
6 *ritorni*: richiami.
7 *mastro*: maestro.

a' pesci il nuoto ed a' montoni il cozzo,[8]
al toro usar il corno, ed al pavone
spiegar la pompa de l'occhiute piume.[9]

DAFNE

Come ha nome 'l gran mastro?

TIRSI

Dafne ha nome.

DAFNE

845   Lingua bugiarda!

TIRSI

E perché? tu non sei
atta a tener mille fanciulle a scola?[10]
Benché, per dir il ver, non han bisogno
di maestro: maestra è la natura,
ma la madre e la balia anco v'han parte.

DAFNE

850   Insomma, tu sei goffo insieme e tristo.[11]
Ora, per dirti il ver, non mi risolvo[12]
se Silvia è semplicetta come pare
a le parole, agli atti. Ier vidi un segno
che me ne mette in dubbio. Io la trovai
855   là presso la cittade[13] in quei gran prati
ove fra stagni giace un'isoletta,[14]
sovra essa un lago limpido e tranquillo,
tutta pendente[15] in atto che parea

---

8 *il cozzo*: la battaglia per la conquista della femmina.
9 *spiegar... piume*: analogamente il Poliziano (*Stanze*, I, 91) ed il Sannazaro (*Arcadia*, X,
54); *occhiute*: coperte di macchie, a forma di occhio.
10 *a tener... scola*: ad ammaestrare nell'amore mille fanciulle.
11 *tristo*: perfido.
12 *mi risolvo*: so capire.
13 *la cittade*: Ferrara.
14 *un'isoletta*: Belvedere.
15 *pendente*: protesa.

vagheggiar se medesma, e 'nsieme insieme[16]
860 chieder consiglio a l'acque in qual maniera
dispor dovesse in su la fronte i crini,
e sovra i crini il velo, e sovra 'l velo
i fior che tenea in grembo; e spesso spesso
or prendeva un ligustro, or una rosa,
865 e l'accostava al bel candido collo,
a le guancie vermiglie, e de' colori
fea[17] paragone; e poi, sì come lieta
de la vittoria, lampeggiava un riso[18]
che parea che dicesse: — Io pur vi vinco,
870 né porto voi per ornamento mio,
ma porto voi sol per vergogna vostra,
perché si veggia quanto mi cedete.[19] —
Ma, mentre ella s'ornava e vagheggiava,
rivolse gli occhi a caso, e si fu accorta[20]
875 ch'io di lei m'era accorta, e vergognando
rizzossi tosto, e fior lasciò cadere.
In tanto io più ridea del suo rossore,
ella più s'arrossia del riso mio.
Ma, perché accolta[21] una parte de' crini
880 e l'altra aveva sparsa, una o due volte
con gli occhi al fonte consiglier[22] ricorse,
e si mirò quasi di furto,[23] pure
temendo ch'io nel suo guatar guatassi;
ed incolta[24] si vide, e si compiacque
885 perché bella si vide ancor che incolta.
Io me n'avvidi, e tacqui.

---

16 *'nsieme insieme*: nello stesso tempo.
17 *fea*: faceva.
18 *lampeggiava un riso*: espressione di Dante (*Purgatorio*, XXI, 114) e del Petrarca (*Trionfo della Morte*, II, 86), già ripresa dal Poliziano (*Stanze*, I, 50). È anche nella *Gerusalemme*, IV, 91.
19 *cedete*: siete inferiori.
20 *fu accorta*: accorse.
21 *accolta*: raccolta.
22 *consiglier*: quasi per chiedere al fonte un parere sulla sua bellezza.
23 *di furto*: furtivamente.
24 *incolta*: in disordine.

TIRSI

Tu mi narri
quel ch'io credeva a punto. Or non m'apposi?[25]

DAFNE

Ben t'apponesti; ma pur odo dire
che non erano pria[26] le pastorelle,
890 né le ninfe sì accorte; né io tale
fui in mia fanciullezza. Il mondo invecchia,
e invecchiando intristisce.[27]

TIRSI

Forse allora
non usavan[28] sì spesso i cittadini
ne le selve e nei campi, né sì spesso
895 le nostre forosette[29] aveano in uso
d'andare a la cittad. Or son mischiate
schiatte[30] e costumi. Ma lasciam da parte
questi discorsi; or non farai ch'un giorno
Silvia contenta sia che le ragioni[31]
900 Aminta, o solo, o almeno in tua presenza?

DAFNE

Non so. Silvia è ritrosa fuor di modo.

TIRSI

E costui rispettoso è fuor di modo.

DAFNE

È spacciato un amante rispettoso:
consiglial pur che faccia altro mestiero,

25 m'apposi?: colsi nel segno, indovinai.
26 pria: nei tempi andati. Ma non allude all'«età dell'oro».
27 Il mondo... intristisce: sentenza assai divulgata, riecheggiata dal Sannazaro (Arcadia,
VI, 55-57), ma lessicalmente prossima ad un luogo dell'Aretino (Sei giornate, II, III).
28 usavan: frequentavano.
29 forosette: pastorelle (v. 889).
30 schiatte: classi sociali.
31 ragioni: parli; d'amore, s'intende.

905   poich'egli è tal.[32] Chi imparar vuol d'amare,
disimpari il rispetto: osi, domandi,
solleciti, importuni, al fine involi;[33]
e se questo non basta, anco rapisca.
Or non sai tu com'è fatta la donna?
910   Fugge, e fuggendo vuol che altri la giunga;
niega, e negando vuol ch'altri si toglia;[34]
pugna,[35] e pugnando vuol ch'altri la vinca.
Ve',[36] Tirsi, io parlo teco in confidenza:
non ridir ch'io ciò dica. E sovra tutto
915   non porlo in rime. Tu sai s'io saprei
renderti poi per versi altro che versi.

TIRSI

Non hai cagion di sospettar ch'io dica
cosa giamai che sia contra tuo grado.[37]
Ma ti prego, o mia Dafne, per la dolce
920   memoria di tua fresca giovanezza,
che tu m'aiti ad aitar Aminta
miserel, che si muore.

DAFNE

             Oh che gentile
scongiuro[38] ha ritrovato questo sciocco
di rammentarmi la mia giovanezza,
925   il ben passato e la presente noia![39]
Ma che vuoi tu ch'io faccia?

---

32 *tal*: «rispettoso» appunto.
33 *involi*: rubi, prenda con l'inganno il suo piacere.
34 *altri si toglia*: l'amato si prenda ciò che ella rifiuta di dargli.
35 *pugna*: combatte, resiste. L'intero verso dipende da Ovidio, *Arte d'amore*, I, 663-664.
36 *Ve'*: vedi.
37 *contra tuo grado*: contro il tuo gradimento, sgradita.
38 *scongiuro*: preghiera (detto con ironia).
39 *noia*: fastidio.

TIRSI

                              A te non manca
né saper, né consiglio. Basta sol che
ti disponga a voler.

DAFNE

                         Or su, dirotti:
debbiamo in breve andare Silvia ed io
930   al fonte che s'appella[40] di Diana,
là dove a le dolci acque fa dolce ombra
quel platano ch'invita al fresco seggio[41]
le ninfe cacciatrici. Ivi so certo
che tufferà le belle membra ignude.

TIRSI

935   Ma che però?[42]

DAFNE

                         Ma che però? Da poco
intenditor! s'hai senno, tanto basti.[43]

TIRSI

Intendo; ma non so s'egli avrà tanto
d'ardir.

DAFNE

                 S'ei non l'avrà, stiasi, ed aspetti
ch'altri lui cerchi.

TIRSI

                         Egli è ben tal che 'l merta.

DAFNE

940   Ma non vogliamo noi parlar alquanto
di te medesmo? Or su, Tirsi, non vuoi

40 *s'appella*: si chiama.
41 *fresco seggio*: sedersi, riposarsi al fresco.
42 *che però?*: che deriva da ciò?
43 *Da poco... basti*: verseggia il proverbio ‹a buon intenditor poche parole›.

tu innamorarti? sei giovane ancora,
né passi di quattr'anni il quinto lustro,[44]
se ben sovviemmi quando eri fanciullo;
945   vuoi viver neghittoso[45] e senza gioia?
che sol amando uom sa che sia diletto.

TIRSI

I diletti di Venere non lascia
l'uom che schiva l'amor, ma coglie e gusta
le dolcezze d'amor senza l'amaro.[46]

DAFNE

950   Insipido è quel dolce che condito
non è di qualche amaro, e tosto sazia.

TIRSI

È meglio saziarsi, ch'esser sempre
famelico nel cibo e dopo 'l cibo.

DAFNE

Ma non, se 'l cibo si possede e piace,
955   e gustato a gustar sempre n'invoglia.

TIRSI

Ma chi possede sì quel che gli piace,
che l'abbia sempre presso a la sua fame?[47]

DAFNE

Ma chi ritrova il ben, s'egli no 'l cerca?

TIRSI

Periglioso è cercar quel che trovato
960   trastulla sì, ma più tormenta assai

---

44 *passi... lustro*: non superi ancora i ventinove anni; è un dato biografico che conviene
pure al Tasso (cfr. vv. 278-279, n. 46).
45 *neghittoso*: indifferente, all'amore.
46 *I diletti... senza l'amaro*: adatta due versi di Lucrezio, *La natura delle cose*, IV, 1073-
1074.
47 *presso a la sua fame*: vicino sì da potere soddisfare il suo desiderio.

non ritrovato. Allor vedrassi amante
Tirsi mai più,[48] ch'Amor nel seggio[49] suo
non avrà più né pianti né sospiri.
A bastanza ho già pianto e sospirato.
965   Faccia altri la sua parte.

DAFNE

Ma non hai
già goduto a bastanza.

TIRSI

Né desio
goder, se così caro egli si compra.

DAFNE

Sarà forza l'amar, se non fia voglia.[50]

TIRSI

Ma non si può sforzar chi sta lontano.

DAFNE

970   Ma chi lung'è d'Amor?

TIRSI

Chi teme e fugge.

DAFNE

E che giova fuggir da lui, c'ha l'ali?[51]

TIRSI

Amor nascente ha corte l'ali: a pena
può su tenerle, e non le spiega a volo.

---

48 *mai più*: solo (rafforza «allora»).
49 *seggio*: regno.
50 *fia voglia*: vorrà.
51 *e che giova... l'ali*: è sentenza del Petrarca, CLXXIX, 13-14.

DAFNE

Pur non s'accorge l'uom quand'egli nasce;
975   e, quando uom se n'accorge, è grande, e vola.

TIRSI

Non,[52] s'altra volta nascer non l'ha visto.

DAFNE

Vedrem, Tirsi, s'avrai la fuga e gli occhi
come tu dici. Io ti protesto, poi
che fai del corridore e del cerviero,[53]
980   che, quando ti vedrò chieder aita,
non moverei, per aiutarti, un passo,
un dito, un detto, una palpebra sola.

TIRSI

Crudel, daratti il cor[54] vedermi morto?
Se vuoi pur ch'ami, ama tu me: facciamo
985   l'amor d'accordo.

DAFNE

           Tu mi scherni,[55] e forse
non merti amante così fatta: ahi quanti
n'inganna il viso colorito e liscio![56]

TIRSI

Non burlo io, no; ma tu con tal protesto
non accetti il mio amor, pur come è l'uso
990   di tutte quante; ma, se non mi vuoi,
viverò senza amor.

DAFNE
Contento vivi

52 *Non*: se ne accorge.
53 *Io ti protesto... cerviero*: io ti dichiaro, dal momento che ti atteggi da cavallo e da lince
(l'uno noto per la sua velocità, l'altra per la vista acutissima).
54 *daratti il cor*: avrai il coraggio.
55 *scherni*: deridi.
56 *liscio*: morbido. Dafne allude a Silvia.

più che mai fossi, o Tirsi, in ozio vivi:
che ne l'ozio l'amor sempre germoglia.

TIRSI

O Dafne, a me quest'ozii ha fatto Dio:
995 colui che Dio qui può stimarti; a cui
si pascon gli ampi armenti e l'ampie greggie[57]
da l'uno a l'altro mare,[58] e per li lieti
colti di fecondissime campagne,[59]
e per gli alpestri dossi[60] d'Apennino.
1000 Egli mi disse, allor che suo mi fece:[61]
— Tirsi, altri scacci i lupi e i ladri, e guardi
i miei murati ovili; altri comparta
le pene e i premii a' miei ministri; ed altri
pasca e curi le greggi; altri conservi
1005 le lane e 'l latte, ed altri le dispensi:[62]
tu canta, or che se' 'n ozio.[63] — Ond'è ben giusto
che non gli scherzi[64] di terreno amore,
ma canti gli avi del mio vivo e vero
non so s'io lui mi chiami Apollo o Giove,[65]
1010 che ne l'opre e nel volto ambi somiglia,
gli avi più degni di Saturno o Celo:[66]
agreste Musa a regal merto;[67] e pure,
chiara o roca che suoni,[68] ei non la sprezza.

---

57 *a me quest'ozii... l'ampia greggie*: così Virgilio di Augusto, per bocca del pastore Titiro (*Bucoliche*, I, 6-8). Il Tasso attraverso Tirsi discorre di Alfonso II (cfr. vv. 617-624, n. 98); *ozii*: esistenza sicura, senza preoccupazioni finanziarie, tutta dedita alla poesia.
58 *da l'uno a l'altro mare*: dall'Adriatico al Tirreno, perché gli Este erano parenti coi Cybo, signori di Massa e Carrara.
59 *lieti... campagne*: fertili luoghi coltivati. L'attributo è virgiliano (*Georgiche*, III, 385).
60 *dossi*: pendici.
61 *suo mi fece*: mi chiamò al suo servizio, dal 1572.
62 *altri scacci... dispensi*: accenna alle molteplici incombenze dei cortigiani, chiamati a responsabilità di governo (militari e poliziotti, giudici, fornitori e produttori di beni).
63 *ozio*: letterario (cfr. n. 57).
64 *scherzi*: cose da poco.
65 *Apollo o Giove*: il duca protegge i poeti e, nel contempo, è un perfetto monarca.
66 *Celo*: Urano, padre di Saturno. L'impegno di elogiare poeticamente gli «avi» di Alfonso II verrà soddisfatto nella *Gerusalemme liberata*, grazie al personaggio di Rinaldo.
67 *agreste... merto*: poesia umile rispetto ai meriti regali del duca e della sua famiglia. Si riferisce, ovviamente, alla composizione dell'*Aminta*. Cfr. Introduzione, p. x).
68 *chiara o roca che suoni*: comunque suoni.

Non canto lui, però che lui non posso
1015 degnamente onorar, se non tacendo
e riverendo; ma non fian[69] giamai
gli altari suoi senza i miei fiori, e senza
soave fumo d'odorati incensi:
ed allor questa semplice e devota
1020 religion[70] mi si torrà dal core,
che d'aria pasceransi in aria i cervi,
e che, mutando i fiumi e letto e corso,
il Perso bea la Sona, il Gallo il Tigre.[71]

DAFNE

Oh, tu vai alto;[72] or su, discendi un poco
1025 al proposito nostro.

TIRSI

      Il punto è questo:
che tu, in andando al fonte con colei,
cerchi d'intenerirla: ed io fra tanto
procurerò ch'Aminta là ne venga.
Né la mia forse men difficil cura[73]
1030 sarà di questa tua. Or vanne.

DAFNE

         Io vado,
ma il proposito nostro altro intendeva[74].

TIRSI

Se ben ravviso di lontan la faccia,
Aminta è quel che di là spunta. È desso.[75]

69 *fian*: saranno.
70 *semplice e devota/religion*: conclude la metafora degli «altari» e degli «incensi», insistendo sul carattere religioso del rapporto fra il principe ed il poeta di corte.
71 *il Perso bea la Sona, il Gallo il Tigre*: i Persiani bevano le acque d'un fiume francese (la
Saône, un affluente del Rodano) ed i Francesi quelle del Tigri, che scorrono in Mesopota-
mia. Cfr. vv. 132-137, n. 11.
72 *vai alto*: tocchi argomenti troppo solenni, epici.
73 *cura*: incombenza.
74 *altro intendeva*: mirava ad altro, cioè all'amore offerto da Dafni a Tirsi.
75 *desso*: proprio lui.

[AMINTA]

Vorrò veder ciò che Tirsi avrà fatto:
1035   e, s'avrà fatto nulla,
prima ch'io vada in nulla,[1]
uccider vo' me stesso inanzi a gli occhi
de la crudel fanciulla.
A lei, cui tanto piace
1040   la piaga del mio core,
colpo de' suoi begli occhi,
altrettanto piacer devrà per certo
la piaga del mio petto,
colpo de la mia mano.

TIRSI

1045 Nove,[2] Aminta, t'annuncio di conforto:
lascia omai questo tanto lamentarti.

AMINTA

Ohimè, che di'? che porte?
O la vita o la morte?

TIRSI

Porto salute e vita, s'ardirai
1050 di farti loro incontra; ma fa d'uopo[3]
d'esser un uom, Aminta, un uom ardito.

AMINTA

Qual ardir mi bisogna, e 'ncontra a cui?[4]

TIRSI

Se la tua donna fosse in mezz'un bosco,

1 *vada in nulla*: mi consumi, per amore.
2 *Nove*: notizie.
3 *fa d'uopo*: bisogna.
4 *'ncontra a cui?*: nei riguardi di chi?

che, cinto intorno d'altissime rupi,
1055 desse albergo a le tigri ed a' leoni,
v'andresti tu?

AMINTA
V'andrei sicuro e baldo
più che di festa[5] villanella al ballo.

TIRSI
E s'ella fosse tra ladroni ed armi,
v'andresti tu?

AMINTA
V'andrei più lieto e pronto
1060 che l'assetato cervo a la fontana.[6]

TIRSI
Bisogna a maggior prova ardir più grande.

AMINTA
Andrò per mezzo[7] i rapidi torrenti,
quando la neve si discioglie e gonfi
li manda al mare; andrò per mezzo 'l foco
1065 e ne l'inferno, quando ella vi sia,
s'esser può inferno ov'è cosa sì bella.
Orsù, scuoprimi il tutto.

TIRSI
Odi.

AMINTA
Di' tosto.

---

5 *di festa*: festivo.
6 *l'assetato... fontana*: paragone biblico (*Salmi*, XLI, 2), autorizzato dal Petrarca (CCLXX, 20-21).
7 *per mezzo*: attraverso.

TIRSI

Silvia t'attende a un fonte, ignuda e sola.
Ardirai tu d'andarvi?

AMINTA

                Oh, che mi dici?
1070   Silvia m'attende ignuda e sola?

TIRSI

               Sola,
se non quanto v'è Dafne, ch'è per noi.[8]

AMINTA

Ignuda ella m'aspetta?

TIRSI

             Ignuda: ma...

AMINTA

Ohimè, che *ma*? Tu taci; tu m'uccidi.

TIRSI

Ma non sa già che tu v'abbi d'andare.[9]

AMINTA

1075   Dura conclusion, che tutte attosca[10]
le dolcezze passate. Or, con qual arte,
crudel, tu mi tormenti?
Poco dunque ti pare
che infelice io sia,
1080   che a crescer vieni la miseria mia?

TIRSI

S'a mio senno[11] farai, sarai felice.

8 *ch'è per noi*: che è dalla nostra parte.
9 *v'abbi d'andare*: vi andrai.
10 *attosca*: avvelena.
11 *a mio senno*: seguendo i miei consigli.

AMINTA

E che consigli?

TIRSI

    Che tu prenda quello
che la fortuna amica t'appresenta.[12]

AMINTA

Tolga Dio[13] che mai faccia
1085 cosa che le dispiaccia;
cosa io non feci mai che le spiacesse,
fuor che l'amarla: e questo a me fu forza,[14]
forza di sua bellezza, e non mia colpa.
Non sarà dunque ver ch'in quanto io posso,
1090 non cerchi compiacerla.

TIRSI

    Ormai rispondi:
se fosse in tuo poter di non amarla,
lasciaresti[15] d'amarla, per piacerle?

AMINTA

Né questo mi consente Amor ch'io dica,
né ch'imagini pur d'aver già mai
1095 a lasciar il suo amor, bench'io potessi.

TIRSI

Dunque tu l'ameresti al suo dispetto,[16]
quando potessi far di non amarla.

AMINTA

Al suo dispetto no, ma l'amerei.

---

12 *appresenta*: porge, offre.
13 *Tolga Dio*: Dio non voglia.
14 *questo a me fu forza*: amarla è stata per me una necessità.
15 *lasciaresti*: cesseresti.
16 *al suo dispetto*: contro la sua volontà.

TIRSI

Dunque fuor di[17] sua voglia.

AMINTA

Sì per certo.

TIRSI

1100 Perché dunque non osi oltra sua voglia
prenderne quel che, se ben grava in prima,[18]
al fin, al fin le sarà caro e dolce
che l'abbi preso?

AMINTA

Ahi, Tirsi, Amor risponda
per me; che quanto a mezz'il cor[19] mi parla,
1105 non so ridir. Tu troppo scaltro sei
già per lungo uso[20] a ragionar d'amore;
a me lega la lingua
quel che mi lega il core.[21]

TIRSI

Dunque andar non vogliamo?

AMINTA

Andare io voglio,
1110 ma non dove tu stimi.[22]

TIRSI

E dove?

17 *fuor di*: indipendentemente dalla.
18 *grava in prima*: dispiace sulle prime; allude alla perdita della verginità.
19 *a mezz'il cor*: entro il cuore, dal suo profondo.
20 *uso*: pratica.
21 *a me... il core*: non dico se non quello che provo.
22 *stimi*: pensi.

AMINTA

A morte,
s'altro in mio pro'[23] non hai fatto che quanto
ora mi narri.

TIRSI

E poco parti[24] questo?
Credi tu dunque, sciocco, che mai Dafne
consigliasse l'andar, se non vedesse
1115   in parte il cor di Silvia? E forse ch'ella
il sa, né però vuol ch'altri risappia
ch'ella ciò sappia. Or, se 'l consenso espresso
cerchi di lei, non vedi che tu cerchi
quel che più le dispiace? Or dove è dunque
1120   questo tuo desiderio di piacerle?
E s'ella vuol che 'l tuo diletto sia
tuo furto o tua rapina, e non suo dono
né sua mercede,[25] a te, folle, che importa
più l'un modo che l'altro?

AMINTA

E chi m'accerta
1125   che il suo desir sia tale?

TIRSI

Oh mentecatto![26]
Ecco, tu chiedi pur quella certezza
ch'a lei dispiace, e dispiacer le deve
dirittamente, e tu cercar non déi.
Ma chi t'accerta ancor che non sia tale?
1130   Or s'ella fosse tale, e non v'andassi?
Eguale è il dubbio e 'l rischio. Ahi, pur è meglio
come ardito morir che come vile.

---

23 *in mio pro'*: a mio vantaggio.
24 *parti*: ti pare.
25 *tuo furto... mercede*: opera della tua scaltrezza e della tua violenza, non una sua concessione o ricompensa.
26 *mentecatto!*: folle.

Tu taci, tu sei vinto. Ora confessa
questa perdita tua, che fia cagione
1135   di vittoria maggiore.[27] Andianne.

AMINTA

              Aspetta.

TIRSI

Che *Aspetta*? non sai ben che 'l tempo fugge?

AMINTA

Deh, pensiam pria se ciò dee farsi, e come.

TIRSI

Per strada penserem ciò che vi resta;
ma nulla fa chi troppe cose pensa.

CORO

1140   Amore, in quale scola,
da qual mastro s'apprende
la tua sì lunga e dubbia arte d'amare?
Chi n'insegna a spiegare
ciò che la mente intende,
1145   mentre con l'ali tue sovra il ciel vola?[28]
Non già la dotta Atene,
né 'l Liceo ne 'l dimostra;[29]
non Febo in Elicona,[30]
che sì d'Amor ragiona
1150   come colui ch'impara:[31]
freddo ne parla, e poco;
non ha voce di foco,

27 *fia cagione/di vittoria maggiore*: sarà motivo, l'aver ceduto a Tirsi, d'incontrare Silvia
ed averla.
28 *a spiegare/.../... vola*: ad esprimere quanto la mente concepisce, mentre vola in cielo
sulle ali dell'ispirazione amorosa.
29 *la dotta Atene/... dimostra*: la filosofia, coltivata ad Atene, e nel Liceo (da Aristotele).
30 *Febo in Elicona*: la poesia, di cui Febo era il protettore, e le Muse, che risiedevano sul
monte Elicona.
31 *colui ch'impara*: un principiante.

come a te si conviene;[32]
non alza i suoi pensieri
1155 a par[33] de' tuoi misteri.
Amor, degno maestro
sol tu sei di te stesso,
e sol tu sei da te medesmo espresso;
tu di lègger insegni
1160 ai più rustici ingegni
quelle mirabil cose
che con lettere amorose
scrivi di propria man negli occhi altrui;[34]
tu in bei facondi detti
1165 sciogli la lingua de' fedeli tuoi;[35]
e spesso (oh strana e nova
eloquenza d'Amore!)
spesso in un dir confuso
e 'n parole interrotte
1170 meglio si esprime il core,
e più par che si mova,
che non si fa con voci adorne e dotte;[36]
e 'l silenzio ancor suole
aver prieghi e parole.[37]

1175 Amor, leggan pur gli altri
le socratiche carte,[38]
ch'io in due begli occhi apprenderò quest'arte;
e perderan le rime
de le penne più saggie
1180 appo le mie selvaggie,
che rozza mano in rozza scorza imprime.[39]

---

32 *non ha... conviene*: perché il linguaggio della passione amorosa è caldo.
33 *a par*: al livello.
34 *con lettere... altrui*: Amore imprime i suoi caratteri negli occhi degli innamorati.
35 *fedeli tuoi*: è espressione di Dante, nella *Vita nuova*.
36 *con voci adorne e dotte*: con parole letterariamente ornate.
37 *'l silenzio... parole*: ha presente Petrarca, cv, 61.
38 *le socratiche carte*: i trattati filosofici sull'amore.
39 *perderan le rime/... imprime*: sebbene espresso secondo i modi della poesia pastorale (cfr. vv. 383-387), e quindi in maniera «selvaggia» e «rozza», l'amore che nasce non sui libri, ma dalla presenza dell'amata, sarà superiore a quello della poesia lirica.

SCENA PRIMA
TIRSI, CORO.

[TIRSI]

Oh crudeltate estrema, oh ingrato core,
oh donna ingrata, oh tre fiate[1] e quattro
ingratissimo sesso! E tu, natura,
1185   negligente maestra, perché solo
a le donne nel volto e in quel di fuori[2]
ponesti quanto in loro è di gentile,
di mansueto e di cortese, e tutte
l'altre parti obliasti?[3] Ahi, miserello,[4]
1190   forse ha se stesso ucciso; ei non appare;
io l'ho cerco e ricerco omai[5] tre ore
nel loco ov'io il lasciai e nei contorni:[6]
né trovo lui né orme de' suoi passi.
Ahi, che s'è certo ucciso! Io vo' novella[7]
1195   chiederne a que' pastor che colà veggio.
Amici, avete visto Aminta, o inteso
novella di lui forse?

CORO

Tu mi pari
così turbato; e qual cagion t'affanna?

1 *fiate*: volte.
2 *quel di fuori*: aspetto, apparenza.
3 *tutte/... obliasti?*: non hai egualmente fatto «gentile», «mansueto» e «cortese» ciò che non è corporeo (il cuore, l'animo).
4 *miserello*: poveretto.
5 *cerco e ricerco omai*: cercato e ricercato ormai da.
6 *contorni*: dintorni, vicinanze.
7 *novella*: notizia.

Ond'è[8] questo sudor e questo ansare?
1200 Havvi[9] nulla di mal? fa che 'l sappiamo.

CENTER TIRSI

Temo del mal d'Aminta: avetel visto?

CORO

Noi visto non l'abbiam dapoi che teco,
buona pezza, partì; ma che ne temi?

TIRSI

Ch'egli non s'abbia ucciso di sua mano.

CORO

1205 Ucciso di sua mano? or perché questo?
che ne stimi cagione?[10]

TIRSI

Odio ed Amore.

CORO

Duo potenti inimici, insieme aggiunti,[11]
che far non ponno?[12] Ma parla più chiaro.

TIRSI

L'amar troppo una ninfa, e l'esser troppo
1210 odiato da lei.

CORO

Deh, narra il tutto;
questo è luogo di passo,[13] e forse intanto
alcun verrà che nova di lui rechi:
forse arrivar potrebbe anch'egli istesso.

---

8 *Ond'è*: da dove.
9 *Havvi*: vi è.
10 *che ne stimi cagione?*: quale pensi che ne sia la cagione?
11 *Duo... aggiunti*: così il Petrarca di Bellezza ed Onestà (CCXCVII, 1-2); *aggiunti*: congiunti.
12 *ponno*: possono.
13 *passo*: passaggio, incontro.

TIRSI

Dirollo volontier, che non è giusto,
1215 che tanta ingratitudine e sì strana[14]
senza l'infamia debita[15] si resti.
Presentito[16] avea Aminta (ed io fui lasso,
colui che riferì 'lo e che 'l condussi:[17]
or me ne pento) che Silvia dovea
1220 con Dafne ire a lavarsi ad una fonte.
Là dunque s'inviò dubbio ed incerto,[18]
mosso non dal suo cor, ma sol dal mio
stimolar importuno; e spesso in forse[19]
fu di tornar indietro, ed io 'l sospinsi,
1225 pur mal suo grado, inanzi. Or quando omai
c'era il fonte vicino, ecco, sentiamo
un feminil lamento; e quasi a un tempo[20]
Dafne veggiam, che battea palma a palma;[21]
la qual, come ci vide, alzò la voce:
1230 — Ah, correte, — gridò — Silvia è sforzata.[22] —
L'inamorato Aminta, che ciò intese,
si spiccò com'un pardo,[23] ed io seguì 'lo;
ecco miriamo a un'arbore[24] legata
la giovinetta, ignuda come nacque,
1235 ed a legarla fune era il suo crine:[25]
il suo crine medesmo in mille nodi
a la pianta era avvolto; e 'l suo bel cinto,
che del sen virginal fu pria custode,[26]

14 *strana*: mostruosa.
15 *infamia debita*: biasimo dovuto.
16 *Presentito*: saputo prima, da Tirsi.
17 *'l condussi*: lo guidai, alla fonte.
18 *dubbio ed incerto*: dubbioso ed esitante.
19 *in forse*: incerto.
20 *a un tempo*: simultaneamente.
21 *battea palma a palma*: così Olimpia invoca aiuto nell'*Orlando furioso* (x, 25).
22 *sforzata*: violentata.
23 *pardo*: leopardo.
24 *arbore*: albero (latinismo).
25 *fune... crine*: i suoi capelli servivano da corda.
26 *'l suo bel cinto/... custode*: la sua bella cintura, che custodiva prima il suo corpo di vergine. Era abbigliamento antico.

di quello stupro era ministro,[27] ed ambe
1240   le mani al duro tronco le stringea;
e la pianta medesma avea prestati
legami contra lei: ch'una ritorta[28]
d'un pieghevole ramo avea a ciascuna
de le tenere gambe. A fronte a fronte
1245   un satiro villan[29] noi le vedemmo,
che di legarla pur allor finia.
Ella quanto potea faceva schermo;[30]
ma che potuto avrebbe a lungo andare?
Aminta, con un dardo che tenea
1250   ne la man destra, al satiro avventossi
come un leone, ed io fra tanto pieno
m'avea di sassi il grembo, onde fuggissi.
Come la fuga de l'altro concesse
spazio a lui di mirare, egli rivolse
1255   i cupidi occhi in quelle membra belle,
che, come suole tremolare il latte
ne' giunchi,[31] sì parean morbide e bianche.
E tutto 'l vidi sfavillar nel viso;
poscia accostossi pianamente a lei
1260   tutto modesto, e disse: — O bella Silvia,
perdona a queste man, se troppo ardire
è l'appressarsi a le tue dolci membra,
perché necessità dura le sforza:
necessità di scioglier questi nodi;
1265   né questa grazia, che fortuna vuole
conceder loro, tuo mal grado sia.[32] —

CORO

Parole d'ammollir[33] un cor di sasso.
Ma che rispose allor?

27 *ministro*: il procuratore, lo strumento.
28 *ritorta*: vermena, che serve da legaccio.
29 *satiro villan*: il protagonista della scena I dell'atto II.
30 *faceva schermo*: si difendeva.
31 *come suole... giunchi*: è paragone di nuovo cavato dall'episodio ariostesco di Olimpia (XI, 68); *giunchi*: panieri di giunchi, dove cola il latte rappreso.
32 *tuo mal grado sia*: sia contro la tua volontà.
33 *ammollir*: intenerire.

TIRSI

         Nulla rispose,
ma disdegnosa e vergognosa a terra
1270   chinava il viso, e 'l delicato seno,
quanto potea torcendosi, celava.
Egli, fattosi inanzi, il biondo crine
cominciò a sviluppare,[34] e disse in tanto:
— Già di nodi sì bei non era degno
1275   così ruvido tronco: or, che vantaggio
hanno i servi d'Amor,[35] se lor commune
è con le piante il prezioso laccio?
Pianta crudel, potesti quel bel crine
offender tu, ch'a te feo tanto onore? —
1280   Quinci[36] con le sue man le man le sciolse,
in modo tal che parea che temesse
pur di toccarle, e desiasse insieme;
si chinò poi per islegarle i piedi;
ma come Silvia in libertà le mani
1285   si vide, disse in atto dispettoso:[37]
— Pastor, non mi toccar: son di Diana;[38]
per[39] me stessa saprò sciogliermi i piedi. —

CORO

Or tanto orgoglio alberga[40] in cor di ninfa?
Ahi d'opra graziosa ingrato merto![41]

TIRSI

1290   Ei si trasse in disparte riverente,
non alzando pur gli occhi per mirarla,
negando a se medesmo il suo piacere,
per tôrre[42] a lei fatica di negarlo.

---

34 *sviluppare*: sciogliere, dai «nodi».
35 *servi d'Amor*: gli innamorati, secondo Petrarca (CCVII, 97).
36 *Quinci*: di qui, dall'albero.
37 *dispettoso*: altero.
38 *son di Diana*: sono votata a Diana; cfr. vv. 54-55, 167-168, con relative note.
39 *per*: da
40 *alberga*: si trova.
41 *d'opra... merto*: ricompensa non grata ad un'azione degna di gratitudine.
42 *tôrre*: togliere.

Io, che m'era nascoso, e vedea il tutto
1295 ed udia il tutto, allor fui per gridare;
pur mi ritenni.[43] Or odi strana cosa.
Dopo molta fatica ella si sciolse;
e, sciolta a pena, senza dire — A Dio —,
a fuggir cominciò com'una cerva;
1300 e pur nulla cagione avea di tema,
che l'era noto il rispetto d'Aminta.

CORO

Perché dunque fuggissi?

TIRSI

A la sua fuga
volse l'obligo aver,[44] non a l'altrui
modesto amore.

CORO

Ed in quest'anco è ingrata.
1305 Ma che fe' 'l miserello allor? che disse?

TIRSI

Non 'l so, ch'io, pien di mal talento,[45] corsi
per arrivarla[46] e ritenerla, e 'n vano,
ch'io la smarrii; e poi tornando dove
lasciai Aminta al fonte, no 'l trovai;
1310 ma presago è il mio cor di qualche male.
So ch'egli era disposto di morire,
prima che ciò avvenisse.

CORO

È uso ed arte[47]
di ciascun ch'ama minacciarsi morte;

---

43 *ritenni*: trattenni.
44 *l'obligo aver*: essere obbligata.
45 *mal talento*: malanimo.
46 *arrivarla*: raggiungerla.
47 *uso ed arte*: abitudine ed espediente.

ma rade volte poi segue l'effetto.[48]

TIRSI

1315 Dio faccia ch'ei non sia tra questi rari.[49]

CORO

Non sarà, no.

TIRSI

    Io voglio irmene a l'antro
del saggio Elpino: ivi, s'è vivo, forse
sarà ridotto,[50] ove sovente suole
raddolcir gli amarissimi martiri
1320 al dolce suon de la sampogna chiara,
ch'ad udir trae[51] dagli alti monti i sassi,
e correr fa di puro latte i fiumi,
e stillar mele da le dure scorze.[52]

SCENA SECONDA

AMINTA, DAFNE, NERINA

[AMINTA]

Dispietata pietate[1]
1325 fu la tua veramente, o Dafne, allora
che ritenesti il dardo;[2]

---

48 *segue l'effetto*: seguono i fatti.
49 *tra questi rari*: gli amanti che non solo minacciano di uccidersi, ma lo fanno.
50 *ridotto*: rifugiato.
51 *trae*: trascina.
52 *scorze*: cortecce. Analoghi effetti sono attribuiti da poeti classici a Orfeo e Lino (cfr. v. 627); ad esempio da Ovidio, *Metamorfosi*, XI, 1-2. È da notare che sono tutti dell'«età dell'oro» (cfr. i vv. 657-658).
1 *Dispietata pietate*: pietà fittizia, quindi.
2 *ritenesti il dardo*: cfr. i vv. 1551-1567, dove Dafne racconta del tentato suicidio di Aminta.

però che 'l mio morire
più amaro sarà, quanto più tardo.
Ed or perché m'avvolgi[3]
1330 per sì diverse strade e per sì varii
ragionamenti in vano? di che temi?
ch'io non m'uccida? Temi del mio bene.

DAFNE

Non disperar, Aminta,
che, s'io lei ben conosco,
1335 sola vergogna fu, non crudeltate,
quella che mosse Silvia a fuggir via.

AMINTA

Ohimè, che mia salute
sarebbe il disperare,
poiché sol la speranza
1340 è stata mia rovina; ed anco, ahi lasso,
tenta di germogliar dentr'al mio petto,
sol perché io viva:[4] e quale è maggior male
de la vita d'un misero com'io?

DAFNE

Vivi, misero, vivi
1345 ne la miseria tua; e questo stato
sopporta sol per divenir felice,
quando che sia. Fia premio de la speme,
se vivendo e sperando ti mantieni,
quel che vedesti ne la bella ignuda.[5]

AMINTA

1350 Non pareva ad Amor e a mia fortuna[6]
ch'a pien[7] misero fossi, s'anco a pieno

---

3 *m'avvolgi*: mi conduci e mi perdi nello stesso tempo.
4 *viva*: continui a vivere.
5 *quel che vedesti... ignuda*: cfr. i vv. 1253-1257.
6 *fortuna*: destino.
7 *a pien*: al massimo.

non m'era dimostrato
quel che m'era negato.

NERINA

Dunque a me pur convien esser sinistra
1355 còrnice[8] d'amarissima novella!
Oh per mai sempre[9] misero Montano,[10]
qual animo fia 'l tuo quando udirai
de l'unica tua Silvia il duro caso?
Padre vecchio, orbo padre:[11] ahi, non più padre!

DAFNE

1360 Odo una mesta voce.

AMINTA

                              Io odo 'l nome
di Silvia, che gli orecchi e 'l cor mi fere;
ma chi è che la noma?[12]

DAFNE

                              Ella è Nerina,
ninfa gentil che tanto a Cinzia[13] è cara,
c'ha sì begli occhi e così belle mani
1365 e modi sì avvenenti e graziosi.

NERINA

E pur voglio che 'l sappi che procuri
di ritrovar le reliquie infelici,[14]
se nulla ve ne resta.[15] Ahi Silvia, ahi dura
infelice tua sorte!

---

8 *sinistra/còrnice*: messaggera funesta, come la cornacchia è di cattivo augurio; cfr. v.
1379. L'esempio è virgiliano (*Bucoliche*, IX, 15).
9 *per mai sempre*: per l'eternità (rafforzativo).
10 *Montano*: il padre di Silvia.
11 *orbo*: privato della figlia.
12 *noma*: chiama per nome.
13 *Cinzia*: Diana (v. 167, n. 20).
14 *reliquie infelici*: miseri resti.
15 *nulla ve ne resta*: qualcosa è rimasto, del corpo di Silvia.

AMINTA

1370   Ohimè, che fia? che costei dice?

NERINA

Dafne!

DAFNE

Che parli fra te stessa, e perché nomi
tu Silvia, e sospiri?

NERINA

Ahi, ch'a ragione
sospiro l'aspro caso![16]

AMINTA

Ahi, di qual caso
può ragionar costei? Io sento, io sento
1375   che mi s'agghiaccia il core e mi si chiude
lo spirto.[17] È viva?

DAFNE

Narra, qual aspro caso è quel che dici?

NERINA

O Dio, perché son io
la messaggiera? E pur convien narrarlo.
1380   Venne Silvia al mio albergo[18] ignuda; e quale
fosse l'occasion, saper la déi;
poi rivestita mi pregò che seco
ir volessi a la caccia che ordinata
era nel bosco c'ha nome da l'elci.[19]
1385   Io la compiacqui:[20] andammo, e ritrovammo

---

16 *sospiro l'aspro caso!*: mi affanno per la crudele vicenda.
17 *spirto*: respiro.
18 *albergo*: dimora.
19 *bosco... elci*: il già citato Eliceto (v. 326).
20 *compiacqui*: accontentai.

molte ninfe ridotte;[21] ed indi a[22] poco
ecco, di non so d'onde, un lupo sbuca,
grande fuor di misura, e da le labra
gocciolava una bava sanguinosa;
1390 Silvia un quadrello[23] adatta su la corda
d'un arco ch'io le diedi, e tira e 'l coglie
a sommo 'l capo:[24] ei si rinselva,[25] ed ella,
vibrando un dardo, dentro 'l bosco il segue.

AMINTA

Oh dolente principio;[26] ohimè, qual fine
1395 già mi s'annuncia?

NERINA

    Io con un altro dardo
seguo la traccia,[27] ma lontana assai,
che più tarda mi mossi. Come furo
dentro a la selva, più non la rividi:
ma pur per l'orme lor tanto m'avvolsi,[28]
1400 che giunsi nel più folto e più deserto;
quivi il dardo di Silvia in terra scorsi,
né molto indi[29] lontano un bianco velo,
ch'io stessa le ravvolsi al crine; e, mentre
mi guardo intorno, vidi sette lupi
1405 che leccavan di terra alquanto sangue
sparto[30] intorno a cert'ossa affatto nude;[31]
e fu mia sorte ch'io non fui veduta
da loro, tanto intenti erano al pasto;

21 *ridotte*: convenute.
22 *indi a*: dopo.
23 *quadrello*: freccia, dalla punta quadrangolare.
24 *a sommo 'l capo*: sulla testa, quasi di striscio.
25 *rinselva*: ritorna nella selva.
26 *Oh dolente principio*: esclamazione della *Canace* dello Speroni (IV, 10-12); cfr. v. 161, n. 18.
27 *traccia*: orme.
28 *m'avvolsi*: mi rigirai.
29 *indi*: di qui.
30 *sparto*: sparso.
31 *nude*: spolpate.

tal che, piena di tema e di pietate,
1410 indietro ritornai; e questo è quanto
posso dirvi di Silvia; ed ecco 'l velo.[32]

AMINTA

Poco pàrti aver detto? Oh velo, oh sangue,
oh Silvia, tu se' morta!

DAFNE

Oh miserello,
tramortito[33] è d'affanno, e forse morto.

NERINA

1415 Egli respira pure: questo fia
un breve svenimento; ecco, riviene.

AMINTA

Dolor, che sì mi crucii,[34]
che non m'uccidi omai? tu sei pur lento!
Forse lasci l'officio[35] a la mia mano.
1420 Io son, io son contento
ch'ella prenda tal cura,[36]
poi che tu la ricusi, o che non puoi.
Ohimè, se nulla manca
a la certezza[37] omai,
1425 e nulla manca al colmo
de la miseria mia,
che[38] bado, che più aspetto? O Dafne, o Dafne,
a questo amaro fin tu mi salvasti,
a questo fine amaro?[39]

---

32 *ed ecco 'l velo*: all'incirca così capita a Tisbe, e Piramo è tratto in inganno (Ovidio, *Metamorfosi*, IV, 99-107).
33 *tramortito*: svenuto.
34 *crucii*: tormenti.
35 *officio*: incarico.
36 *tal cura*: di ucciderlo.
37 *certezza*: della morte di Silvia.
38 *che*: a che cosa.
39 *a questo... amaro*: a questo triste fine mi hai salvato, per assistere alla mia triste fine (gioco di parole identiche, ma di diverso significato).

1430   Bello e dolce morir fu certo allora[40]
       che uccidere io mi volsi.
       Tu me 'l negasti, e 'l Ciel, a cui parea
       ch'io precorressi col morir la noia[41]
       ch'apprestata m'avea.

1435   Or che fatt'ha l'estremo
       de la sua crudeltate,[42]
       ben soffrirà ch'io moia,
       e tu soffrir lo déi.

DAFNE

1440   Aspetta a la tua morte,[43]
       sin che 'l ver meglio intenda.

AMINTA

       Ohimè, che vuoi ch'attenda?
       Ohimè, che troppo ho atteso, e troppo inteso.

NERINA

       Deh, foss'io stata muta!

AMINTA

       Ninfa, dammi, ti prego,
1445   quel velo ch'è di lei
       solo e misero avanzo,[44]
       sì ch'egli m'accompagne
       per questo breve spazio
       e di via e di vita che mi resta,
1450   e con la sua presenza
       accresca quel martire,[45]
       ch'è ben picciol martire,
       s'ho bisogno d'aiuto al mio morire.

---

40 *Bello... allora*: adatta un verso del Petrarca, CCCXXXI, 43.
41 *noia*: dolore.
42 *fatt'ha... crudeltate*: toccato l'apice della crudeltà.
43 *a la tua morte*: ad ucciderti.
44 *avanzo*: resto; ricordo.
45 *martire*: dolore.

NERINA

Debbo darlo o negarlo?
1455   La cagion perché 'l chiedi
        fa ch'io debba negarlo.

AMINTA

Crudel, sì picciol dono
mi nieghi al punto estremo?[46]
E in questo anco maligno[47]
1460   mi si mostra il mio fato. Io cedo, io cedo:
        a te si resti;[48] e voi restate ancora,
        ch'io vo per non tornare.[49]

DAFNE

Aminta, aspetta, ascolta...
Ohimè, con quanta furia egli si parte!

NERINA

1465   Egli va sì veloce,
        che fia vano[50] il seguirlo; ond'è pur meglio
        ch'io segua il mio viaggio; e forse è meglio
        ch'io taccia e nulla conti[51]
        al misero Montano.

CORO

1470   Non bisogna la morte,
        ch'a stringer nobil core[52]
        prima basta la fede, e poi l'amore.
        Né quella che si cerca
        è sì difficil fama

---

46 *al punto estremo?*: Aminta continua a minacciare di uccidersi.
47 *maligno*: ostile.
48 *a te si resti*: rimanga a te.
49 *per non tornare*: cfr. n. 46.
50 *fia vano*: sarebbe inutile.
51 *conti*: racconti.
52 *stringer nobil core*: togliere la vita.

1475 seguendo chi ben ama,[53]
ch'amore è merce, e con amar si merca.[54]
E cercando l'amor si trova spesso
gloria immortal appresso.[55]

---

53 *seguendo chi ben ama*: se si imita chi ama perfettamente.
54 *ch'amore.. merca*: l'amore è una merce che si ottiene solo amando; l'amore si scambia solo con altro amore, insomma.
55 *appresso*: vicino. Ribadisce i vv. 1473-1475.

SCENA PRIMA
DAFNE, SILVIA, CORO

[DAFNE]

Ne porti il vento, con la ria novella,
1480   che s'era di te sparta,¹ ogni tuo male
e presente e futuro. Tu sei viva
e sana, Dio lodato, ed io per morta
pur ora ti tenea:² in tal maniera
m'avea Nerina il tuo caso dipinto.³
1485   Ahi, fosse stata muta, ed altri sordo!⁴

SILVIA

Certo 'l rischio fu grande, ed ella avea
giusta cagion di sospettarmi morta.

DAFNE

Ma non giusta cagion avea di dirlo.
Or narra tu qual fosse 'l rischio, e come
1490   tu lo fuggisti.

SILVIA

Io, seguitando⁵ un lupo,
mi rinselvai nel più profondo bosco,
tanto ch'io ne perdei la traccia. Or, mentre

---

1 *Ne porti... sparta*: disperda il vento, con l'infausta notizia sparsasi su di te. È un auspicio virgiliano (*Eneide*, IX, 312-313) e petrarchesco (CCLXVII, 14).
2 *pur ora tenea*: sino a poco fa ti credevo.
3 *dipinto*: narrato, illustrato.
4 *Ahi... sordo*: esclamazione di Terenzio, *Andria*, III, I, 5. *Altri* è Aminta.
5 *seguitando*: inseguendo.

cerco di ritornare onde mi tolsi,[6]
il vidi, e riconobbi a un stral che fitto[7]
1495 gli aveva di mia man press'un orecchio.
Il vidi con molt'altri intorno a un corpo
d'un animal ch'avea di fresco[8] ucciso,
ma non distinsi ben la forma.[9] Il lupo
ferito, credo, mi conobbe, e 'ncontro
1500 mi venne con la bocca sanguinosa.[10]
Io l'aspettava ardita, e con la destra
vibrava un dardo. Tu sai ben s'io sono
maestra di ferire,[11] e se mai soglio
far colpo in fallo.[12] Or, quando il vidi tanto
1505 vicin, che giusto spazio mi parea
a la percossa,[13] lanciai un dardo, e 'n vano:
che, colpa di fortuna o pur mia colpa,[14]
in vece sua colsi una pianta. Allora
più ingordo incontro ei mi venia; ed io
1510 che 'l vidi sì vicin, che stimai vano
l'uso de l'arco, non avendo altr'armi,
a la fuga ricorsi. Io fuggo, ed egli
non resta[15] di seguirmi. Or odi caso:
un vel, ch'aveva involto intorno al crine,[16]
1515 si spiegò in parte, e giva ventilando,[17]
sì ch'ad un ramo avviluppossi. Io sento
che non so chi mi tien e mi ritarda.
Io, per la tema del morir, raddoppio
la forza al corso,[18] e d'altra parte il ramo

---

6 *onde mi tolsi*: da dove ero partita.
7 *fitto*: conficcato.
8 *di fresco*: da poco.
9 *la forma*: dell'animale ucciso.
10 *sanguinosa*: insanguinata.
11 *maestra di ferire*: esperta nel colpire.
12 *soglio/... in fallo*: di solito sbaglio il colpo.
13 *giusto spazio... percossa*: mi sembrava la distanza giusta per colpirlo.
14 *colpa... colpa*: riecheggia un verso del Petrarca, CLXXXIII, 6.
15 *resta*: cessa.
16 *un vel... crine*: cfr. i vv. 1402-1403. Il racconto di Silvia riprende, da un altro punto di vista, quello di Nerina.
17 *si spiegò... ventilando*: si sciolse parzialmente e andava ondeggiando al vento.
18 *raddoppio/... corso*: riprendo a correre con maggior impeto.

1520   non cede, e non mi lascia; al fin mi svolgo[19]
        del velo, e alquanto de' miei crini ancora
        lascio svelti[20] co 'l velo; e cotant'ali
        m'impennò la paura ai piè fugaci,[21]
        ch'ei non mi giunse[22] e salva uscii del bosco.
1525   Poi, tornando al mio albergo,[23] io t'incontrai
        tutta turbata, e mi stupii vedendo
        stupirti al mio apparir.

DAFNE

                 Ohimè, tu vivi,
altri[24] non già.

SILVIA

           Che dici? ti rincresce
forse ch'io viva sia? M'odii tu tanto?

DAFNE

1530   Mi piace di tua vita,[25] ma mi duole
        de l'altrui morte.

SILVIA

               E di qual morte intendi?

DAFNE

De la morte d'Aminta.

SILVIA

              Ahi, come è morto?

---

19 *svolgo*: sciolgo, libero.
20 *svelti*: strappati.
21 *cotant'ali... fugaci*: la paura mise ali così veloci ai miei piedi, che già fuggivano. È
metafora virgiliana (*Eneide*, VIII, 224).
22 *ei non mi giunse*: il lupo non mi raggiunse.
23 *albergo*: così anche Dafne (v. 1380, n. 18).
24 *altri*: cfr. n. 4.
25 *Mi piace di tua vita*: mi fa piacere che tu sia in vita.

DAFNE

Il come non so dir, né so dir anco
s'è ver l'effetto;[26] ma per certo il credo.

SILVIA

1535 Ch'è ciò che tu mi dici? ed a chi rechi[27]
la cagion di sua morte?

DAFNE

                    A la tua morte.

SILVIA

Io non t'intendo.

DAFNE

                    La dura novella
de la tua morte, ch'egli udì e credette,
avrà porto al meschino il laccio o 'l ferro[28]
1540 od altra cosa tal che l'avrà ucciso.

SILVIA

Vano il sospetto in te de la sua morte
sarà, come fu van de la mia morte;
ch'ognuno a suo poter[29] salva la vita.

DAFNE

O Silvia, Silvia, tu non sai né credi
1545 quanto 'l foco d'amor possa in un petto,[30]
che petto sia di carne e non di pietra,
com'è cotesto tuo: che, se creduto
l'avessi, avresti amato chi t'amava

---

26 *l'effetto*: il fatto.
27 *rechi*: attribuisci.
28 *avrà... ferro*: avrà messo in mano al disgraziato la corda (per impiccarsi) o la freccia (per trafiggersi). Più avanti una diversa ipotesi è avvalorata dal Nuncio (vv. 1726-1728), ma Dafne l'avanza perché ha trattenuto Aminta dall'uccidersi con un «dardo» (vv. 1554-1555).
29 *a suo poter*: per quanto gli è possibile. Silvia accenna all'istinto vitale.
30 *petto*: cuore, laddove al v. 1555 mantiene il significato primo.

più che le care pupille degli occhi,[31]
1550 più che lo spirto[32] de la vita sua.
Il credo io ben, anzi l'ho visto e sollo:[33]
il vidi, quando tu fuggisti, o fera[34]
più che tigre crudel, ed in quel punto,
ch'abbracciar lo dovevi, il vidi un dardo
1555 rivolgere in[35] se stesso, e quello al petto
premersi[36] disperato, né pentirsi
poscia nel fatto,[37] che le vesti ed anco
la pelle trapassossi, e nel suo sangue
lo tinse; e 'l ferro saria giunto a dentro,[38]
1560 e passato[39] quel cor che tu passasti
più duramente, se non ch'io gli tenni
il braccio, e l'impedii ch'altro non fesse.[40]
Ahi lassa, e forse quella breve piaga[41]
solo una prova fu del suo furore
1565 e de la disperata sua costanza,
e mostrò quella strada al ferro audace,
che correr poi dovea liberamente.[42]

SILVIA

Oh, che mi narri?

DAFNE

Il vidi poscia, allora
ch'intese l'amarissima novella
1570 de la tua morte, tramortir d'affanno,

---

31 *più...occhi*: è paragone catulliano (XIV, 1).
32 *spirto*: soffio, respiro.
33 *sollo*: lo so.
34 *fera*: belva; oppure, crudele.
35 *in*: contro.
36 *premersi*: per infilarlo.
37 *nel fatto*: del gesto.
38 *a dentro*: in profondità.
39 *passato*: trapassato, trafitto.
40 *non fesse*: facesse (costrutto latineggiante).
41 *breve piaga*: piccola ferita.
42 *che correr... liberamente*: la strada che la freccia avrebbe poi dovuto percorrere senza intoppi. Allude di nuovo al successivo suicidio di Aminta, ma impropriamente (cfr. n. 28).

e poi partirsi furioso in fretta,
per uccider se stesso; e s'avrà ucciso
veracemente.[43]

SILVIA

E ciò per fermo tieni?[44]

DAFNE

Io non v'ho dubbio.

SILVIA

      Ohimè, tu no 'l seguisti
1575 per impedirlo? Ohimè, cerchiamo, andiamo,
che, poi ch'egli moria per la mia morte,
de' per la vita mia[45] restar in vita.

DAFNE

Io lo seguii, ma correa sì veloce
che mi sparì tosto dinanzi, e 'ndarno
1580 poi mi girai per le sue orme.[46] Or dove
vuoi tu cercar, se non n'hai traccia alcuna?

SILVIA

Egli morrà, se no 'l troviamo, ahi lassa;
e sarà l'omicida ei di se stesso.

DAFNE

Crudel, forse t'incresce[47] ch'a te tolga
1585 la gloria di quest'atto? esser tu dunque
l'omicida vorresti? e non ti pare
che la sua cruda[48] morte esser debb'opra
d'altri che di tua mano? Or ti consola,

---

43 *veracemente*: realmente.
44 *per fermo tieni?*: ritieni sicuro?
45 *de' per la mia vita*: deve, essendo io viva.
46 *mi girai per le sue orme*: mi aggirai sulle sue tracce.
47 *incresce*: dispiace.
48 *cruda*: tragica.

che, comunque egli muoia, per te muore,
1590   e tu sei che l'uccidi.

SILVIA

Ohimè, che tu m'accori, e quel cordoglio
ch'io sento del suo caso inacerbisce[49]
con l'acerba memoria
de la mia crudeltate,
1595   ch'io chiamava onestate; e ben fu tale,
ma fu troppo severa e rigorosa;
or me n'accorgo e pento.

DAFNE

                Oh, quel ch'io odo!
Tu sei pietosa, tu, tu senti al core
spirto alcun di pietate?[50] oh che vegg'io?
1600   tu piangi, tu, superba? Oh maraviglia!
Che pianto è qeusto tuo? pianto d'amore?

SILVIA

Pianto d'amor non già, ma di pietate.

DAFNE

La pietà messaggiera è de l'amore,
come 'l lampo del tuono.

CORO

                Anzi sovente
1605   quando egli[51] vuol ne' petti virginelli[52]
occulto entrare, onde fu prima escluso
da severa onestà, l'abito prende,
prende l'aspetto de la sua ministra

---

49 *inacerbisce*: s'inasprisce.
50 *spirto alcun di pietate*: adatta una richiesta di Pier della Vigna, *Inferno*, XIII, 36.
51 *egli*: Amore.
52 *petti virginelli*: cuori dei giovani.

e sua nuncia,[53] pietate; e con tai larve
1610   le semplici ingannando,[54] è dentro accolto.

DAFNE

Questo è pianto d'amor, ché troppo abonda.[55]
Tu taci? ami tu, Silvia? ami, ma in vano.
Oh potenza d'Amor, giusto castigo
manda sovra costei. Misero Aminta!
1615   Tu, in guisa d'ape che ferendo muore
e ne le piaghe altrui lascia la vita,[56]
con la tua morte hai pur trafitto al fine
quel duro cor, che non potesti mai
punger[57] vivendo. Or, se tu, spirto errante,
1620   sì come io credo, e de le membra ignudo,[58]
qui intorno sei, mira il suo pianto, e godi:
amante in vita, amato in morte; e s'era
tuo destin che tu fossi in morte amato,
e se questa crudel volea l'amore
1625   venderti sol con prezzo così caro,[59]
desti quel prezzo tu ch'ella richiese,
e l'amor suo col tuo morir comprasti.

CORO

Caro prezzo a chi 'l diede;[60] a chi 'l riceve
prezzo inutile e infame.[61]

SILVIA

Oh potess'io
1630   con l'amor mio comprar la vita sua;

53 *nuncia*: messaggera.
54 *con tai larve/... ingannando*: ingannando le fanciulle inesperte con l'assumere le sembianze della pietà.
55 *troppo abonda*: cfr. il v. 1602.
56 *in guisa d'ape... la vita*: riduce a paragone un'osservazione di Virgilio, *Georgiche*, IV, 236-238.
57 *punger*: ferire.
58 *de le membra ignudo*: incorporeo.
59 *con prezzo così caro*: quale quello della morte.
60 *a chi 'l diede*: per chi lo pagò, cioè Aminta.
61 *a chi... infame*: per chi è stato pagato, cioè per Silvia, è un prezzo inutile e disonorante.

anzi pur con la mia la vita sua,
s'egli è pur morto!

DAFNE

O tardi saggia, e tardi
pietosa, quando ciò nulla rileva![62]

SCENA SECONDA
NUNCIO[1], CORO, SILVIA, DAFNE.

[NUNCIO]

Io ho sì pieno il petto di pietate
1635 e sì pieno d'orror,[2] che non rimiro
né odo alcuna cosa, ond'io mi volga,[3]
la qual non mi spaventi e non m'affanni.

CORO

Or ch'apporta costui,
ch'è sì turbato in vista ed in favella?[4]

NUNCIO

1640 Porto l'aspra novella[5]
de la morte d'Aminta.

SILVIA

Ohimè, che dice?

NUNCIO

Il più nobil pastor di queste selve,
che fu così gentil, così leggiadro,

62 *rileva*: conta, importa.
1 *Nuncio*: Ergasto (cfr. n. 16).
2 *di pietate/... orror*: sono i sentimenti che deve destare la tragedia, secondo Aristotele (*Poetica*, 6, 2). Cfr. anche i vv. 1744-1745.
3 *ond'io mi volga*: dovunque io mi rivolga.
4 *in vista ed in favella?*: nello sguardo e nelle parole.
5 *l'aspra novella*: la drammatica notizia.

così caro a le ninfe ed a le Muse,
1645 ed è morto fanciullo,[6] ahi, di che morte!

CORO

Contane,[7] prego, il tutto, acciò che teco
pianger possiam la sua sciagura e nostra.

SILVIA

Ohimè, ch'io non ardisco
appressarmi ad udire
1650 quel ch'è pur forza udire. Empio mio core,
mio duro alpestre[8] core,
di che, di che paventi?
Vattene incontra pure
a quei coltei pungenti
1655 che costui porta ne la lingua,[9] e quivi
mostra la tua fierezza.
Pastore, io vengo a parte
di quel dolor che tu prometti altrui,
che a me ben si conviene
1660 più che forse non pensi; ed io 'l ricevo
come dovuta cosa. Or tu di lui
non mi sii dunque scarso.[10]

NUNCIO

Ninfa, io ti credo bene,
ch'io sentii quel meschino in su la morte[11]
1665 finir[12] la vita sua
co 'l chiamar il tuo nome.

---

6 *fanciullo*: giovanissimo.
7 *Contane*: raccontaci.
8 *alpestre*: cfr. v. 57, n. 19.
9 *a quei coltei... lingua*: alle taglienti parole del Nuncio, che sta per esporre la morte di Aminta.
10 *scarso*: poco informato.
11 *in su la morte*: sul punto di morire.
12 *finir*: chiudere, concludere.

DAFNE

Ora comincia omai
questa dolente istoria.

NUNCIO

Io era a mezzo 'l colle, ove avea tese
1670 certe mie reti,[13] quando assai vicino
vidi passar Aminta, in volto e in atti
troppo mutato da qual ch'ei soleva,[14]
troppo turbato e scuro.[15] Io corsi e corsi,
tanto che 'l giunsi e lo fermai; ed egli
1675 mi disse: — Ergasto,[16] io vo' che tu mi faccia
un gran piacer: quest'è, che tu ne venga
meco per[17] testimonio d'un mio fatto;
ma pria voglio da te che tu mi leghi
di stretto giuramento la tua fede[18]
1680 di startene in disparte e non por mano,[19]
per impedirmi in quel che son per fare. —
Io (chi pensato avria caso sì strano,
né sì pazzo furor?), com'egli volse,
feci scongiuri orribili,[20] chiamando
1685 e Pane e Pale e Priapo e Pomona,
ed Ecate notturna.[21] Indi si mosse,
e mi condusse ov'è scosceso il colle,
e giù per balzi e per dirupi incolti
strada non già, che non v'è strada alcuna,
1690 ma cala un precipizio in una valle.
Qui ci fermammo. Io, rimirando a basso,

---

13 *aveva tese/... reti*: per la caccia (cfr. v. 145).
14 *troppo... soleva*: così Ettore, in sogno, ad Enea (*Eneide*, II, 274).
15 *scuro*: in volto.
16 *Ergasto*: il «nuncio» rivela il suo nome sannazariano.
17 *per*: come.
18 *tu mi leghi/... fede*: mi prometti e mi assicuri con un giuramento inviolabile.
19 *por mano*: intervenire.
20 *scongiuri orribili*: giuramenti paurosi.
21 *e Pane... notturna*: divinità agresti, quindi (dei pastori, degli orti, dei frutti), e celesti (Diana identificata con Persefone, la dea degli inferi).

tutto sentii raccapricciarmi, e 'ndietro
tosto mi trassi; ed egli un cotal poco
parve ridesse, e serenossi in viso;
1695 onde quell'atto più rassicurommi.
Indi parlommi sì: — Fa che tu conti[22]
a le ninfe e ai pastor ciò che vedrai. —
Poi disse, in giù guardando:
— Se presti[23] a mio volere
1700 così aver io potessi
la gola e i denti degli avidi lupi,
com'ho questi dirupi,
sol vorrei far la morte
che fece la mia vita:[24]
1705 vorrei che queste mie membra meschine[25]
sì fosser lacerate,
ohimè, come già foro[26]
quelle sue delicate.
Poi che non posso, e 'l cielo
1710 dinega al mio desire
gli animali voraci,[27]
che ben verriano a tempo, io prender voglio
altra strada al morire:
prenderò quella via
1715 che, se non la devuta,[28]
almen fia la più breve.
Silvia, io ti seguo, io vengo
a farti compagnia,
se non la sdegnerai;
1720 e morirei contento,
s'io fossi certo almeno
che 'l mio venirti dietro

---

22 *Fa che tu conti*: racconta (costrutto latineggiante).
23 *presti*: pronti.
24 *la mia vita*: Silvia.
25 *meschine*: sventurate.
26 *foro*: furono.
27 *dinega... voraci*: mi rifiuta la morte di Silvia, che Aminta ritiene ad opera dei lupi, avendo creduto al racconto di Nerina (vv. 1395-1411).
28 *la devuta*: è la doverosa; ed è quella di essere sbranata dai lupi, di cui alla n. 27.

turbar non ti dovesse,
e che fosse finita
1725 l'ira tua[29] con la vita.
Silvia, io ti seguo, io vengo. — Così detto,
precipitossi d'alto
co 'l capo in giuso;[30] ed io restai di ghiaccio.

DAFNE
Misero Aminta!

SILVIA
Ohimè!

CORO
1730 Perché non l'impedisti?
Forse ti fu ritegno a ritenerlo
il fatto giuramento?

NUNCIO
Questo no, che, sprezzando[31] i giuramenti,
vani forse in tal caso,
1735 quand'io m'accorsi del suo pazzo ed empio
proponimento, con la man vi corsi,[32]
e, come volse la sua dura sorte,
lo presi in questa fascia di zendado[33]
che lo cingeva; la qual, non potendo
1740 l'impeto e 'l peso sostener del corpo,
che s'era tutto abandonato, in mano
spezzata mi rimase.

CORO
E che divenne[34]
de l'infelice corpo?

29 *l'ira tua*: l'ostilità nei miei confronti.
30 *precipitossi... giuso*: è morte o minaccia di morte di altri protagonisti bucolici (Teocrito, *Idilli*, III, 25-26; Virgilio, *Bucoliche*, VIII, 59-60; Sannazaro, *Arcadia*, VIII, 39-40, 53).
31 *sprezzando*: non osservando.
32 *con la man vi corsi*: mi precipitai a trattenerlo.
33 *fascia di zendado*: cintura di seta, o lino; leggera dunque.
34 *divenne*: accadde.

NUNCIO

Io no 'l so dire:
ch'era sì pien d'orrore e di pietate,
1745   che non mi diede il cor di rimirarvi,[35]
per non vederlo in pezzi.

CORO

Oh strano caso![36]

SILVIA

Ohimè, ben son di sasso,
poi che questa novella non m'uccide.
Ahi, se la falsa morte
1750   di chi tanto l'odiava
a lui tolse la vita,
ben sarebbe ragione
che la verace morte
di chi tanto m'amava
1755   togliesse a me la vita;
e vo' che la mi tolga,
se non potrò co 'l duol, almen co 'l ferro,[37]
o pur con questa fascia,[38]
che non senza cagione
1760   non seguì le ruine
del suo dolce signore,[39]
ma restò sol per fare in me vendetta
de l'empio mio rigore
e del suo amaro fine.[40]
1765   Cinto infelice,[41] cinto
di signor più infelice,
non ti spiaccia restare

---

35 *mi diede... rimirarvi*: ebbi coraggio di guardare giù.
36 *strano caso*: cfr. v. 1682.
37 *se non... ferro*: adatta un'espressione del Petrarca per Lucrezia (CCLXII, 9-11).
38 *fascia*: cfr. n. 33.
39 *seguì... signore*: la cintura, o «fascia», rimasta in mano ad Ergasto (vv. 1741-1742), non è precipitata col suo possessore, Aminta.
40 *suo amaro fine*: la morte di Aminta.
41 *Cinto infelice*: si rivolge alla «fascia di zendado».

in sì odioso albergo,[42]
che tu vi resti sol per instrumento
1770 di vendetta e di pena.
Dovea certo, io dovea
esser compagna al mondo
de l'infelice Aminta.
Poscia ch'allor non volsi,
1775 sarò per opra tua
sua compagna a l'inferno.[43]

CORO

Consolati, meschina,
che questo è di fortuna e non tua[44] colpa.

SILVIA

Pastor, di che piangete?
1780 Se piangete il mio affanno,
io non merto pietate,
che non la seppi usare;
se piangete il morire
del misero innocente,
1785 questo è picciolo segno
a sì alta cagione.[45] E tu rasciuga,
Dafne, queste tue lagrime, per Dio.
Se cagion ne son io,
ben ti voglio pregare,
1790 non per pietà di me, ma per pietate
di chi degno ne fue,
che m'aiuti a cercare
l'infelici sue membra e a sepelirle.
Questo sol mi ritiene,
1795 ch'or ora[46] non m'uccida:

---

42 *in sì... albergo*: presso di me. Silvia ha in mano la cintura di Aminta.
43 *a l'inferno*: secondo il destino che attende i suicidi.
44 *tua*: di te.
45 *cagione*: avvenimento.
46 *or ora*: tosto.

      pagar vo' questo ufficio,[47]
      poi ch'altro non m'avanza,[48]
      a l'amor ch'ei portommi;
      e se bene quest'empia
1800 mano contaminare
      potesse la pietà de l'opra,[49] pure
      so che gli sarà cara
      l'opra di questa mano;
      che so certo ch'ei m'ama,
1805 come mostrò morendo.

          DAFNE
      Son contenta aiutarti in questo ufficio;
      ma tu già non pensare
      d'aver poscia a morire.

          SILVIA
      Sin qui vissi a me stessa,
1810 a la mia feritate:[50] or, quel ch'avanza,
      viver voglio ad[51] Aminta;
      e, se non posso a lui,
      viverò al freddo suo
      cadavero infelice.[52]
1815 Tanto, e non più, mi lice[53]
      restar nel mondo, e poi finir a un punto
      e l'essequie e la vita.[54]
      Pastor, ma quale strada
      ci conduce a la valle, ove il dirupo
1820 va a terminare?

47 *ufficio*: tributo.
48 *m'avanza*: mi rimane.
49 *la pietà de l'opra*: l'azione pietosa di dare sepoltura ad Aminta.
50 *a me stessa/... feritate*: coltivando, egoisticamente, la mia crudeltà.
51 *ad*: per.
52 *al freddo suo/... infelice*: almeno per il suo cadavere, freddo e sventurato, che attende
sepoltura (cfr. n. 49).
53 *lice*: è concesso.
54 *e l'essequie e la vita*: la sepoltura di Aminta e la mia vita.

NUNCIO

Questa vi conduce;
e quinci poco spazio ella è lontana.[55]

DAFNE

Andiam, che verrò teco e guiderotti;
che ben rammento il luogo.

SILVIA

A Dio, pastori;
piagge, a Dio; a Dio, selve; e fiumi, a Dio.[56]

NUNCIO

1825   Costei parla di modo, che dimostra
d'esser disposta a l'ultima partita.[57]

CORO

Ciò che morte rallenta, Amor, restringi,[58]
amico tu di pace, ella di guerra,
e del suo trionfar trionfi e regni;[59]
1830   e mentre due bell'alme annodi e cingi,[60]
così rendi sembiante[61] al ciel la terra,
che d'abitarla tu non fuggi o sdegni.
Non sono ire là su: gli umani ingegni
tu placidi ne rendi, e l'odio interno
1835   sgombri,[62] signor, da' mansueti cori,
sgombri mille furori;
e quasi fai col tuo valor superno
de le cose mortali un giro eterno.[63]

55 *quinci... lontana*: dista poco di qui, la «strada».
56 *A Dio... a Dio*: è congedo ben più ampiamente modulato nel luogo dell'*Arcadia* citato
alla n. 30, 51-52.
57 *l'ultima partita*: la morte.
58 *Ciò... restringi*: Amore, congiungi ciò che la Morte divide.
59 *del suo trionfar... regni*: trionfi e domini sulla morte, anche quando sembra trionfare.
60 *due bell'alme annodi e cingi*: congiungi e leghi due anime belle, di Aminta e Silvia.
61 *sembiante*: simile.
62 *sgombri*: allontani.
63 *col tuo valor superno... un giro eterno*: rendi le cose terrene paradisiache grazie alla tua
potenza ultraterrena. I vv. 1827-1838 si aprono con la canzone per le nozze di Cesare
d'Este e di Virginia de' Medici (*Rime*, 1263).

SCENA PRIMA
ELPINO, CORO.

[ELPINO]

Veramente la legge con che Amore
1840 il suo imperio governa eternamente
non è dura, né obliqua;¹ e l'opre sue,
piene di providenza e di mistero,
altri a torto condanna. Oh con quant'arte,
e per che ignote strade egli conduce
1845 l'uom ad esser beato, e fra le gioie
del suo amoroso paradiso il pone,
quando ei più crede al fondo esser de' mali!
Ecco, precipitando, Aminta ascende
al colmo, al sommo d'ogni contentezza.²
1850 Oh fortunato Aminta, oh te felice
tanto più, quanto misero più fosti!
Or co 'l tuo essempio a me lice sperare,
quando che sia, che quella bella ed empia,³
che sotto il riso di pietà ricopre
1855 il mortal ferro di sua feritate,⁴
sani le piaghe mie con pietà vera,
che con finta pietate al cor mi fece.

---

1 *Veramente la legge... obliqua*: corregge un sentenza del Petrarca (*Trionfo d'Amore*, III,
148-150); *obliqua*: storta, ingiusta.
2 *ascende/... contentezza*: di nuovo corregge il *Trionfo d'Amore*, IV, 144, ma questa volta
ingegnosamente, alludendo al tentato suicidio di Aminta.
3 *quella bella ed empia*: Licori (cfr. v. 274, n. 43).
4 *il mortal... feritate*: l'arma omicida della sua crudeltà.

CORO

Quel che qui viene è il saggio Elpino, e parla
così d'Aminta come vivo ei fosse,
1860   chiamandolo felice e fortunato:
dura condizione degli amanti!
Forse egli stima fortunato amante
chi muore, e morto al fin pietà ritrova
nel cor de la sua ninfa; e questo chiama
1865   paradiso d'Amore, e questo spera.
Di che lieve mercé l'alato dio
i suoi servi contenta![5] Elpin, tu dunque
in sì misero stato sei, che chiami
fortunata la morte miserabile
1870   de l'infelice Aminta? e un simil fine
sortir vorresti?[6]

ELPINO

Amici, state allegri,
che falso è quel romor[7] che a voi pervenne
de la sua morte.

CORO

Oh che ci narri, e quanto
ci racconsoli! E non è dunque il vero
1875   che si precipitasse?

ELPINO

Anzi è pur vero,
ma fu felice il precipizio,[8] e sotto[9]
una dolente imagine di morte
gli recò vita e gioia. Egli or si giace
nel seno[10] accolto de l'amata ninfa,

---

5 *Di che... contenta!*: con quale piccola ricompensa Amore accontenta chi lo serve, gli amanti.
6 *un simil... vorresti?*: vorresti avere in sorte una fine simile?
7 *romor*: annuncio, notizia.
8 *felice il precipizio*: fortunata la caduta (cfr. vv. 1848-1849, n. 2).
9 *sotto*: dietro.
10 *seno*: grembo.

1880 quanto spietata già, tanto or pietosa;
e le rasciuga da' begli occhi il pianto
con la sua bocca.[11] Io a trovar ne vado
Montano, di lei padre, ed a condurlo
colà dov'essi stanno; e solo il suo
1885 volere è quel che manca, e che prolunga
il concorde voler d'ambidue loro.[12]

CORO

Pari è l'età, la gentilezza[13] è pari,
e concorde il desio; e 'l buon Montano
vago[14] è d'aver nipoti e di munire
1890 di sì dolce presidio[15] la vecchiaia,
sì che farà del lor voler il suo.
Ma tu, deh, Elpin, narra qual dio, qual sorte
nel periglioso precipizio Aminta
abbia salvato.

ELPINO

Io son contento: udite,
1895 udite quel che con quest'occhi ho visto.
Io era anzi il mio speco,[16] che si giace[17]
presso la valle, e quasi a piè del colle,
dove la costa face di sé grembo;[18]
quivi con Tirsi ragionando andava
1900 pur di colei che ne l'istessa rete
lui prima, e me dapoi, ravvolse e strinse,[19]
e proponendo a la sua fuga, al suo
libero stato, il mio dolce servigio,[20]

---

11 *rasciuga... bocca*: varia una celebre raffigurazione petrarchesca di Laura (CXXVI, 39).
12 *prolunga/... loro*: ritarda il loro concorde desiderio di sposarsi.
13 *gentilezza*: cfr. v. 176, n. 22.
14 *vago*: desideroso.
15 *munire/... presidio*: proteggere la sua vecchiaia con l'affetto dei nipoti.
16 *anzi il mio speco*: davanti la mia grotta.
17 *giace*: trova.
18 *dove... grembo*: è un verso di Dante (*Purgatorio*, VII, 68). Significa: dove la costa del monte forma un avvallamento.
19 *dapoi... strinse*: Licori (cfr. n. 3).
20 *proponendo... servigio*: esponendogli la mia preferenza per il rapporto di servizio amoroso che mi lega a Licori, in luogo della sua fuga da lei e della sua libertà.

quando ci trasse gli occhi ad alto²¹ un grido:
1905 e 'l veder rovinar un uom dal sommo,²²
e 'l vederlo cader sovra una macchia,²³
fu tutto un punto.²⁴ Sporgea fuor del colle,
poco di sopra a noi, d'erbe e di spini
e d'altri rami strettamente giunti
1910 e quasi in un tessuti,²⁵ un fascio²⁶ grande.
Quivi, prima che urtasse in altro luogo,
a cader venne; e bench'egli co 'l peso
lo sfondasse, e più in giuso indi cadesse,
quasi su' nostri piedi, quel ritegno²⁷
1915 tanto d'impeto tolse a la caduta,
ch'ella non fu mortal; fu nondimeno
grave così, ch'ei giacque un'ora e piue²⁸
stordito affatto e di se stesso fuori.
Noi muti di pietate e di stupore
1920 restammo a lo spettacolo improviso,
riconoscendo lui; ma conoscendo
ch'egli morto non era, e che non era
per morir forse, mitighiam l'affanno.
Allor Tirsi mi diè notizia intiera
1925 de' suoi secreti ed angosciosi amori.
Ma, mentre procuriam di ravvivarlo
con diversi argomenti,²⁹ avendo in tanto
già mandato a chiamar Alfesibeo,
a cui Febo insegnò la medica arte,³⁰
1930 allor che diede a me la cetra e 'l plettro,³¹

---

21 *ad alto*: verso l'alto.
22 *sommo*: sommità, cima del colle.
23 *macchia*: boscaglia.
24 *tutto un punto*: tutt'uno, una cosa unica.
25 *giunti/... tessuti*: congiunti e come intrecciati insieme.
26 *fascio*: «d'erbe e di spini», un cespuglio. Esercita la funzione della «fascia» (cfr. vv. 1737-1742).
27 *ritegno*: riparo, ostacolo.
28 *piue*: più (ad evitare l'endecasillabo tronco).
29 *ravvivarlo/... argomenti*: ricondurlo a vita con diversi rimedi.
30 *Alfesibeo/... arte*: un medico, istruito da Apollo, dio della medicina. Il nome è virgilia-no e celerebbe quello del medico di corte Girolamo Brasavola.
31 *la cetra e 'l plettro*: gli strumenti della poesia, in quanto Febo è anche protettore dei poeti (cfr. v. 87, n. 30).

sopragiunsero insieme Dafne e Silvia,
che, come intesi poi, givan cercando
quel corpo che credean di vita privo.
Ma, come Silvia il riconobbe, e vide
1935 le belle guancie tenere d'Aminta
iscolorite in sì leggiadri modi,
che viola non è che impallidisca
sì dolcemente,[32] e lui languir sì fatto[33]
che parea già negli ultimi sospiri
1940 essalar l'alma, in guisa di baccante[34]
gridando e percotendosi il bel petto,
lasciò cadersi in su 'l giacente corpo,
e giunse[35] viso a viso e bocca a bocca.

CORO

Or non ritenne adunque la vergogna
1945 lei, ch'è tanto severa e schiva tanto?

ELPINO

La vergogna ritien debile amore:[36]
ma debil freno è di potente amore.
Poi, sì come negli occhi avesse un fonte,[37]
inaffiar cominciò co 'l pianto suo
1950 il colui[38] freddo viso, e fu quell'acqua
di cotanta virtù, ch'egli rivenne;[39]
e gli occhi aprendo, un doloroso *ohimè*
spinse dal petto interno;[40]

---

32 *viola... dolcemente*: similitudine virgiliana (*Bucoliche*, II, 47), petrarchesca (CCXXIV, 8) e sannazariana (*Arcadia*, X, 55).
33 *fatto*: fattamente.
34 *baccante*: sacerdotessa, o devota di Bacco; celebravano riti orgiastici in onore del dio, abbandonandosi a gesti scomposti, furiosi.
35 *giunse*: unì.
36 *La vergogna... amore*: il pudore blocca le manifestazioni amorose, quando l'amore non è profondo.
37 *come... fonte*: così Orlando all'inizio della crisi di follia (*Orlando furioso*, XXIII, CXXV).
38 *colui*: di Aminta.
39 *rivenne*: rinvenne, si riprese.
40 *dal petto interno*: dal profondo del petto.

ma quell'*ohimè*, ch'amaro
1955 così dal cor partissi,
s'incontrò ne lo spirto[41]
de la sua cara Silvia, e fu raccolto
da la soave bocca, e tutto quivi
subito rad.lolcissi.[42]
1960 Or chi potrebbe dir come in quel punto
rimanessero entrambi, fatto certo
ciascun de l'altrui vita, e fatto certo
Aminta de l'amor de la sua ninfa,
e vistosi con lei congiunto e stretto?
1965 Chi è servo d'Amor, per sé lo stimi.
Ma non si può stimar, non che ridire.[43]

CORO

Aminta è sano sì, ch'egli sia fuori
del rischio de la vita?

ELPINO

Aminta è sano,
se non ch'alquanto pur graffiat'ha 'l viso,
1970 ed alquanto dirotta[44] la persona;
ma sarà nulla, ed ei per nulla il tiene.[45]
Felice lui, che sì gran segno ha dato
d'amore, e de l'amor il dolce or gusta,
a cui gli affanni scorsi ed i perigli[46]
1975 fanno soave e dolce condimento;[47]
ma restate con Dio,[48] ch'io vo' seguire[49]
il mio viaggio, e ritrovar Montano.

---

41 *spirto*: respiro.
42 *raddolcissi*: divenne un'esclamazione di gioia.
43 *non... ridire*: adatta un verso del Petrarca, CCXXI, 13.
44 *dirotta*: pesta, ammaccata.
45 *per nulla il tiene*: lo giudica un fatto da nulla.
46 *gli affanni... perigli*: gli affanni trascorsi ed i pericoli.
47 *condimento*: temperamento.
48 *restate con Dio*: sono parole di congedo.
49 *seguire*: proseguire.

CORO

Non so se il molto amaro,
che provato ha costui[50] servendo, amando,
1980 piangendo e disperando,
raddolcito puot'esser pienamente
d'alcun dolce presente;[51]
ma, se più caro viene
e più si gusta dopo 'l male il bene,
1985 io non ti cheggio,[52] Amore,
questa beatitudine maggiore;
bea[53] pur gli altri in tal guisa:
me la mia ninfa accoglia
dopo brevi preghiere e servir[54] breve;
1990 e siano i condimenti
de le nostre dolcezze
non sì gravi tormenti,
ma soavi disdegni
e soavi ripulse,
1995 risse e guerre a cui segua,
reintegrando[55] i cori, o pace o tregua.[56]

IL FINE

---

50 *costui*: Aminta, e fors'anche Elpino.
51 *dolce presente*: dolcezza attuale.
52 *cheggio*: richiedo.
53 *bea*: rendi beati.
54 *servir*: corteggiamento.
55 *reintegramento*: ristorando.
56 *o pace o tregua*: la doppia ipotesi è frequente presso il Petrarca.

IL RE TORRISMONDO
TRAGEDIA

AL SERENISSIMO SIGNOR
DON VINCENZO GONZAGA
DUCA DI MANTOVA E DI MONFERRATO, ETC.[1]

La tragedia per opinione di alcuni è gravissimo[2] componimento; come ad altri pare, affettuosissimo[3] e convenevole a' giovenetti: i quali, oltre tutti gli altri, par che ricerchi per uditori. E benché queste due opinioni paiano fra se contrarie e discordi, ora si conosce come possano amichevolmente concordare: perché V. Altezza nel fior degli anni suoi giovenili dimostra tanta gravità di costumi e tanta prudenza, ch'a niuno altro principe par che più si convenga questo poema. Oltre a ciò, la tragedia per giudizio d'Aristotele ne l'esser perfetto supera ciascuno altro.[4] E voi sete principe dotato d'altissimo ingegno e d'ogni perfezione, sì come colui al quale non mancano l'antiche ricchezze, né le virtù e la gloria degli antecessori,[5] né i nuovi ornamenti accresciuti dal padre a la vostra nobilissima stirpe, né il proprio valore e la propria eccellenza in esercitar l'armi e le lettere, né l'azione, né la contemplazione, e particolarmente ne la poesia, ne la quale ancora può essere annoverato fra' principi che nobilmente hanno scritto e poetato. A V. Altezza dunque, ch'è perfettissimo principe, dedico e consacro questo perfettissimo poema, estimando che 'l dono, quantunque minore del suo merito, non sia disdicevole a la sua grandezza, né a la mia affezione, che tanto cresce in me, quanto il saper in lei si va accrescendo. In una cosa solamente potrebbe alcuno estimar ch'io avessi avuto poco risguardo a la sua prospera fortuna. Io dico nel donare a felicissimo principe infelicissima composizione; ma le azioni de' miseri possono ancora a' beati[6] servire per ammaestramento; e V. Altezza, leggendo o ascoltando

1 Vincenzo i, duca dal 1587 al 1612; indusse Alfonso ii d'Este, a liberare il Tasso da Sant'Anna e lo accolse a Mantova (cfr. Introduzione, pp. XIII).
2 *gravissimo*: serio e doloroso.
3 *affettuosissimo*: in quanto eccita la sensibilità e la commozione.
4 *la tragedia... altro*: così Aristotele nella *Poetica*, xxvi.
5 *antecessori*: predecessori, nel ducato.
6 *beati*: felici, fortunati.

questa favola, troverà alcune cose da imitare, altre da schivare, altre da lodare, altre da riprendere, altre da rallegrarsi, altre da contristarsi. E potrà col suo gravissimo giudizio purgar in guisa l'animo, ed in guisa temprar le passioni, che l'altrui dolore sia cagione del suo diletto;[7] e l'imprudenza degli altri, del suo avedimento; e gli infortunii, de la sua prosperità. E piaccia a Dio di scacciar lontano da la sua casa ogni infelicità, ogni tempesta, ogni nube, ogni nebbia, ogni ombra di nemica fortuna o di fortunoso avenimento, spargendolo non dico in Gozia, o in Norvegia, o 'n Suezia, ma fra gli ultimi Biarmi,[8] e fra i mostri e le fiere e le notturne larve[9] di quella orrida regione, dove sei mesi de l'anno sono tenebre di continova[10] notte. Piaccia ancora a V. Altezza ch'io sia a parte de la sua felicità, poic'ha voluto farmi parte de la sua casa, accioché il poeta non sia infelice come il poema, né la mia fortuna simil a quella che si descrive ne la tragedia; ma se le poesie ancora hanno la rea e la buona sorte, come alcuno ha creduto, questa, essendo di mia divenuta sua, può sperare lieta e felice mutazione, e fama perpetua ed onore e riputazione fra gli altri componimenti, perché la memoria de la cortesia di V. Altezza fia[11] immortale, ed intesa e divolgata per varie lingue ne le più lontane parti del Settentrione.

Di Bergamo il primo di settembre 1587.

Di V. Altezza Sereniss.
Affez.mo e devot.mo ser.re
TORQUATO TASSO

---

7 *purgar... diletto*: interpreta la «catarsi» aristotelica (cfr. Introduzione, p. XXXIV).
8 *Biarmi*: abitanti della penisola di Cola, sopra il Mar Bianco, di cui discorre Olao Magno nell'*Istoria delle genti e della natura delle cose settentrionali* (cfr. Introduzione, p. XXX).
9 *larve*: spettri, fantasmi.
10 *continova*: continua.
11 *fia*: sia.

[SCENA PRIMA]
NUTRICE, ALVIDA

[NUTRICE]

Deh qual cagione ascosa,[1] alta[2] regina,
sì per tempo vi sveglia? Ed or che l'alba
nel lucido oriente a pena è desta,
dove ite[3] frettolosa? E quai vestigi[4]
5   di timore in un tempo e di desio
veggio nel vostro volto e ne la fronte?
Perch'a pena la turba interno affetto,[5]
o pur novella passion l'adombra,[6]
ch'io me n'aveggio. A me, che per etate,
10   e per officio,[7] e per fedele amore,
vi sono in vece di pietosa madre[8],
e serva per volere e per fortuna,
il pensier sì molesto ormai si scopra,
che nulla sì celato o sì riposto
15   dee[9] rinchiuder giamai ch'a me l'asconda.

---

1 *cagione ascosa*: motivo occulto.
2 *alta*: nobile.
3 *ite*: andate.
4 *vestigi*: segni.
5 *a pena... affetto*: non appena un movimento intimo del cuore turba la fronte, di Alvida. Per questo nome cfr. n. 19.
6 *adombra*: oscura.
7 *officio*: compito, cura.
8 *vi... madre*: vi faccio da madre (cfr. Petrarca, *Rerum vulgarium fragmenta*, CCLXXXV, 1).
9 *dee*: deve; soggetto è il «pensier».

ALVIDA

Cara nudrice e madre, egli è ben dritto[10]
ch'a voi si mostri quello ond'osa a pena
ragionar fra se stesso il mio pensiero;
perch'a la vostra fede, al vostro senno
20   più canuto del pelo,[11] al buon consiglio,
meglio è commesso[12] ogni secreto affetto,
ogni occulto desio del cor profondo,
ch'a me stessa non è. Bramo e pavento,[13]
no 'l nego, ma so ben quel ch'i' desio;
25   quel che tema, io non so. Temo ombre e sogni,
ed antichi prodigi, e novi mostri,[14]
promesse antiche e nove, anzi minacce
di fortuna, del ciel, del fato averso,
di stelle congiurate;[15] e temo, ahi lassa,
30   un non so che d'infausto o pur d'orrendo,
ch'a me confonde[16] un mio pensier dolente,
lo qual mi sveglia e mi perturba e m'ange,[17]
la notte e 'l giorno. Oimè, giamai non chiudo
queste luci già stanche in breve sonno,
35   ch'a me forme[18] d'orrore e di spavento
il sogno non presenti; ed or mi sembra
che dal fianco mi sia rapito a forza
il caro sposo,[19] e senza lui solinga
gir per via lunga e tenebrosa errando;
40   or le mura stillar, sudare i marmi

10 *dritto*: giusto.
11 *più... pelo*: maturo più degli anni (la nutrice ha già i capelli bianchi).
12 *commesso*: affidato (latinismo).
13 *Bramo e pavento*: rovescia una coppia petrarchesca (CLXXXI, 6).
14 *novi mostri*: fenomeni spaventosi inconsueti.
15 *stelle congiurate*: congiunzioni astrali nefaste. Cfr. Petrarca, CCCXXIX, 2.
16 *confonde*: infonde in maniera confusa.
17 *ange*: angoscia (latinismo, petrarchesco).
18 *forme*: immagini.
19 *il caro sposo*: Torrismondo. «Thorismundus» è uno dei re dei Goti ricordato da Olao Magno. Ma forse il Tasso per la sua vicenda ha avuto presente «Ericus» (Eric), re dei Goti e degli Svedesi, di cui parla il fratello di Olao, Giovanni Magno, nella *Gothorum Sueborumque historia*, Basilea 1558. Nella storia di Eric ricorre il nome di Alvida (cfr. Introduzione, p. XXX).

miro, o credo mirar, di negro sangue;[20]
or da le tombe antiche, ove sepolte
l'alte regine fur di questo regno,[21]
uscir gran simolacro e gran ribombo,[22]
45   quasi d'un gran gigante, il qual rivolga
incontra al cielo Olimpo, e Pelia, ed Ossa,[23]
e mi scacci dal letto, e mi dimostri,[24]
perch'io vi fugga da sanguigna sferza,[25]
una orrida spelunca, e dietro il varco
50   poscia mi chiuda;[26] onde, s'io temo il sonno
e la quiete, anzi l'orribil guerra
de' notturni fantasmi a l'aria fosca,
sorgendo spesso ad incontrar l'aurora,
meraviglia non è, cara nutrice.
55   Lassa me, simil sono a quella inferma
che d'algente rigor[27] la notte è scossa,
poi su 'l mattin d'ardente febre avampa;
perché non prima cessa il freddo gelo
del notturno timor, ch'in me s'accende
60   l'amoroso desio, che m'arde e strugge.[28]
Ben sai tu, mia fedel, che 'l primo giorno
che Torrismondo agli occhi miei s'offerse,
detto a me fu che dal famoso regno
de' fieri Goti era venuto al nostro
65   de la Norvegia, ed al mio padre istesso,[29]
per richiedermi in moglie; onde mi piacque

---

20 *or le mura... sangue*: manifestazioni esteriori analoghe accompagnano la morte di Cesare nelle *Georgiche* di Virgilio, I, 476-478, 480.
21 *questo regno*: la Gotia.
22 *gran... rimbombo*: un grande spettro con un gran fracasso.
23 *quasi d'un gran gigante... Ossa*: allude al tentativo mitico dei Giganti di scalare l'Olimpo ammassando i monti della Tessaglia, l'uno sull'altro; il riferimento è ancora alle *Georgiche*, I, 281-282, dove, però, si legge correttamente ‹Pelio› (*Pelia* è un re della Tessaglia). Si cfr. anche Seneca, *Le Troiane*, 181 sgg.
24 *dimostri*: indichi.
25 *sanguigna sferza*: frusta insanguinata.
26 *dietro il varco/... chiuda*: mi rinchiuda nella spelonca, dopo averla varcata.
27 *algente rigor*: freddo gelato.
28 *m'arde e strugge*: altra coppia petrarchesca (XVIII, 4).
29 *mio padre istesso*: Araldo (v. 2626).

tanto quel suo magnanimo sembiante[30]
e quella sua virtù per fama illustre,
ch'obliai quasi le promesse e l'onta.

70 Perch'io promesso aveva al vecchio padre
di non voler, di non gradir pregata[31]
nobile amante, o cavaliero, o sposo,
che di far non giurasse aspra vendetta
del suo morto figliuolo e mio fratello;[32]

75 e 'l confermai nel dì solenne e sacro,
in cui già nacque e poi con destro fato
ei prese la corona e 'l manto adorno,
e ne rinova ogni anno e festa e pompa,
che quasi diventò pompa funebre.[33]

80 Quante promesse e giuramenti a l'aura
tu spargi, Amor,[34] qual fumo oscuro od ombra!
Io del piacer di quella prima vista
così presa restai,[35] ch'avria precorso
il mio pronto voler tardo consiglio,[36]

85 se non mi ritenea[37] con duro freno
rimembranza, vergogna, ira e disdegno.
Ma poiché meco egli tentò parlando
d'amore il guado,[38] e pur vendetta io chiesi;
chiesi vendetta, ed ebbi fede[39] in pegno

90 di vendetta e d'amor; mi diedi in preda
al suo volere, al mio desir tiranno,
e prima quasi fui, che sposa, amante;

30 *magnanimo sembiante*: aspetto di chi ha animo grande.
31 *pregata*: sebbene pregata.
32 *suo morto... fratello*: ucciso da Germondo, re degli Svedesi; cfr. vv. 416-423, 1770-1788.
33 *ne rinova... pompa funebre*: la festa dell'anniversario dell'incoronazione di Araldo coincide con quella dell'anniversario della nascita del figlio ucciso, e perciò ha un apparato funebre.
34 *promesse... Amor*: all'incirca così opera l'amante, secondo l'Ariosto (*Orlando furioso*, x, 5).
35 *del piacer... restai*: quasi come Francesca da Rimini, *Inferno*, v, 104.
36 *avria precorso/... consiglio*: il mio volere istintivo avrebbe preceduto una riflessione a lungo maturata.
37 *ritenea*: tratteneva.
38 *tentò... il guado*: tastò il terreno discorrendomi d'amore; intraprese a farmi la corte.
39 *fede*: promessa.

e me n'avidi a pena. E come poscia
l'alto mio genitor con ricca dote
95   suo genero il facesse; e come in segno
di casto amor e di costante fede
la sua destra ei porgesse a la mia destra;
come pensasse di voler le nozze
celebrar in Arane,[40] e côrre i frutti
100   del matrimonio nel paterno regno,[41]
e di sua gente e di sua madre i prieghi
mi fosser porti e loro usanza esposta,[42]
tutto è già noto a voi. Noto è pur anco
che pria ch'al porto di Talarma[43] insieme
105   raccogliesse le navi,[44] in riva al mare,
in erma riva e 'n solitaria arena,[45]
come sposo non già, ma come amante,
ei fece le furtive occulte nozze,
che sotto l'ombre ricoprì la notte,
110   e ne l'alto silenzio; e fuor non corse
la fama e 'l suono[46] del notturno amore,
ch' in lui tosto s'estinse; e nullo il seppe,
se non forse sol tu, che nel mio volto
de la vergogna conoscesti i segni.[47]
115   Or poi che giunti siam ne l'alta reggia
de' magnanimi Goti, ov'è l'antica[48]
suocera, che da me nipoti attende,
che s'aspetti non so, né che s'agogni;[49]
ma si ritarda il desiato giorno.
120   Già venti volte è il sol tuffato in grembo,

---

40 *Arane*: dimora reale dei sovrani della Gozia, nei pressi del lago Vener, descritta da Olao Magno (II, 21).
41 *corre... regno*: consumare il matrimonio in Gotia.
42 *loro usanza esposta*: circa le nozze.
43 *Talarma*: non è annoverata da Olao Magno.
44 *raccogliesse le navi*: approdasse.
45 *in erma... arena*: su una spiaggia remota e solitaria.
46 *suono*: notizia.
47 *conoscesti i segni*: così Dante di sé innamorato di Beatrice (*Purgatorio*, XXX, 48), ad imitazione di Didone per Enea (*Eneide*, IV, 23).
48 *antica*: vecchia.
49 *che s'aspetti... s'agogni*: è un verso del Petrarca, LIII, 10.

da che giungemmo, a l'ocean profondo,[50]
e pur anco s'indugia; ed io fratanto
(deggio 'l dire o tacer?) lassa mi struggo,
come tenera neve in colle aprico.

NUTRICE

125 Regina, come or vano il timor vostro
e 'l notturno spavento in voi mi sembra,
così giusta cagion mi par che v'arda
d'amoroso desio; né dee turbarvi
il vostro amor; che giovanetta donna,
130 che per giovane sposo in cor non senta
qualche fiamma d'amore, è più gelata
che dura neve in orrida alpe il verno.[51]
Ma la santa onestà temprar dovrebbe,
e l'onesta vergogna, ardor soverchio,
135 perch'ei s'asconda a' desiosi amanti.[52]
Ma non sarà più lungo omai l'indugio,
che già s'aspetta qui, se 'l vero intendo,
de la Suezia il re[53] di giorno in giorno.

ALVIDA

Sollo, e più la tardanza ancor molesta
140 me per la sua cagion.[54] Così vendetta
veggio del sangue mio? Così del padre
consolar posso l'ostinato affanno,
e placar del fratel l'ombra dolente?
Posso e voglio così? Non lece adunque
145 premere il letto marital,[55] se prima

50 *l'ocean profondo*: l'Oceano glaciale artico.
51 *dura... il verno*: la neve gelata d'inverno sulle montagne spaventose.
52 *ardor soverchio,/... amanti*: una passione eccessiva, sì che non si scopra agli innamorati più sensuali.
53 *de la Suezia il re*: Germondo. «Geremundus» e «Germundus» sono nomi di sovrani ricordati da Olao e Giovanni Magno.
54 *Sollo... cagion*: lo so, ed il ritardo mi fa dispiacere perché dipende dall'arrivo di Germondo, che Alvida odia (vv. 70-74).
55 *Non lece... marital*: non mi è consentito allora unirmi a Torrismondo in matrimonio.

a noi d'Olma[56] non viene il re Germondo,
di tutta la mia stirpe aspro nemico?

NUTRICE

Amico è del tuo re; né dee la moglie
amare e disamar co 'l proprio affetto,[57]
150 ma con le voglie sol del suo marito.

ALVIDA

Siasi come a voi pare; a voi concedo
questo assai volentier, ch'io voglio e deggio
d'ogni piacer di lui far mio diletto,
Così potessi pur qualche favilla
155 estinguer del mio foco e de la fiamma,
o piacer tanto a lui, ch'ad altro intende,
ch'egli pur ne sentisse eguale ardore.
Lassa, ch'in van ciò bramo, e 'n van l'attendo,
né mi bisogna ancor pungente ferro,
160 che nel letto divida i nostri amori
e i soverchi diletti.[58] Ei già mi sembra
schivo di me per disdegnoso gusto:[59]
perché da quella notte a me dimostro
non ha segno di sposo, o pur d'amante.
165 Madre, io pur ve 'l dirò, benché vergogna
affreni[60] la mia lingua e risospinga
le mie parole indietro. A lui sovente
prendo la destra e m'avicino al fianco:
ei trema, e tinge di pallore il volto,
170 che sembra (onde mi turba e mi sgomenta)
pallidezza di morte, e non d'amore;
o 'n altra parte il volge, o 'l china a terra,

---

56 *Olma*: città regale della Svezia, informa Olao Magno (II, 28).
57 *co 'l proprio affetto*: ubbidendo solo ai suoi sentimenti.
58 *né mi bisogna ancor... i soverchi diletti*: Olao Magno ricorda come segno della «pudicizia» delle donne nordiche il non congiungersi carnalmente col marito subito dopo le nozze; la spada (*pungente ferro*), interposta fra i loro corpi, ne è garante (XIV, 4).
59 *per disdegnoso gusto*: per questo sentimento Pier della Vigna si uccide (*Inferno*, XIII, 70).
60 *affreni*: freni, moderi.

turbato e fosco; e se talor mi parla,
parla in voci[61] tremanti, e co' sospiri
175 le parole interrompe.

NUTRICE

O figlia, i segni
narrate voi d'ardente, intenso amore.
Tremare, impallidir, timidi sguardi,
timide voci, e sospirar parlando,
scopron talora un desioso amante.
180 E se non mostra ancor l'istesse voglie,
che mostrò già ne le deserte arene,[62]
sai che la solitudine e la notte
sono sproni d'amore, ond'ei trascorra;[63]
ma lo splendor del sole, il suon, la turba
185 del palagio real,[64] sovente apporta
lieta vergogna, in aspettando[65] un giorno
che per gioia maggior tanto ritarda.
E s'egli era in quel lido amante ardito,
accusar non si dee, perch'or si mostri
190 modesto sposo ne l'antica reggia.

REGINA[66]

Piaccia a Dio che sia vero. Io pur fra tanto,
poi ch'altro non mi lece, almen conforto
dal rimirarlo prendo. Or vengo in parte
ov'egli star sovente ha per costume,
195 in queste adorne logge o 'n questo campo,
ov'altri i suoi destrier sospinge e frena,
altri gli muove a salti o volge in cerchio.[67]

61 *in voci*: con parole.
62 *l'istesse voglie/... arene*: cfr. vv. 103-114.
63 *ond'ei trascorra*: in virtù dei quali l'amore trascende e si manifesta sensualmente; non
c'è ombra di moralismo nelle parole di Alvida.
64 *il suon... real*: i rumori e le persone del palazzo regale.
65 *in aspettando*: nell'attesa di.
66 *Regina*: Alvida.
67 *campo... in cerchio*: campo di addestramento equestre, quindi.

NUTRICE

Altra stanza,[68] regina, a voi conviensi,
vergine ancor,[69] non che fanciulla e donna.
200   Ben ha camere ornate il vostro albergo,[70]
ove potrete, accompagnata o sola,
spesso mirarlo dal balcon soprano.[71]

[SCENA SECONDA]

NUTRICE *sola*

Non so ch'in terra sia tranquillo stato
o pacifico sì, che no 'l perturbi
205   o speranza, o timore, o gioia, o doglia;
né grandezza sì ferma, ó nel suo merto
fondata,[1] o nel favor d'alta fortuna,
che l'incostante[2] non atterri o crolli,[3]
o non minacci. Ecco felice donna
210   pur dianzi,[4] e tanto più quanto men seppe
di sua prosperità, che, nata a pena,
fu in alto seggio di fortuna assisa.[5]
Ed or, quando parea che più benigno
le fosse il cielo e più le stelle amiche,
215   per l'alte nozze sue teme e paventa,
e s'adira in un tempo e si disdegna.
Ma dove amor comanda, è l'odio estinto,
e cedon l'ire antiche al novo foco.[6]

---

68 *stanza*: dimora.
69 *vergine ancor*: per tutti, fuorché per la nutrice (cfr. vv. 110-114).
70 *albergo*: appartamento.
71 *soprano*: che sta in alto; Alvida deve mantenere una posizione conveniente al suo rango principesco.
1 *si ferma... fondata*: così stabile, perché fondata sul merito personale.
2 *l'incostante*: la fortuna, quasi per antonomasia.
3 *crolli*: faccia vacillare.
4 *pur dianzi*: sino a poco fa.
5 *in alto... assisa*: posta in eccellente e fortunata condizione.
6 *cedon... foco*: la nuova passione allontana i vecchi rancori.

E s'al casto e soave e dolce ardore
220   si dilegua lo sdegno, ancor si sgombri[7]
il sospetto e la tema; e poi ch'elegge
d'amar quel ch'ella deve, amor le giovi.[8]
Ami felicemente; e 'l lieto corso
di questa vita, che trapassa e fugge,
225   non l'interrompa mai l'invida sorte,
che far subito suole il tempo rio.[9]
Ma temo del contrario, e mi spaventa
del suo timor cagione antica occulta,[10]
non sol novo timor, ch'è quasi un segno
230   di futura tempesta; e l'atre nubi[11]
risolver si potranno al fin in pianto,
se legitimo amor non solve il nembo.[12]
Ma ecco il re, cui[13] la regina aspetta.

[SCENA TERZA]
TORRISMONDO RE, CONSIGLIERO.

[TORRISMONDO]
Ahi, quando mai la Tana, o 'l Reno, o l'Istro,[1]
235   o l'inospite mare, o 'l mar vermiglio,
o l'onde caspe,[2] o l'ocean profondo,

---

7 *si sgombri*: si allontanino.
8 *giovi*: dia piacere.
9 *e 'l lieto corso... il tempo rio*: apre e chiude con due tessere petrarchesche (CCXIV, 32; CXIII, 4); la relativa *che trapassa e fugge* appartiene anch'essa all'area lessicale petrarchesca.
10 *cagione antica occulta*: una motivazione lontana e sepolta. È il primo accenno al legame innaturale fra Torrismondo ed Alvida che è oggetto della tragedia.
11 *atre nubi*: metaforicamente l'angoscia di Alvida.
12 *legitimo... nembo*: l'amore coniugale non scioglie i motivi di quell'angoscia.
13 *cui*: che.
1 *la Tana... l'Istro*: il Don, il Reno ed il Danubio, già congiunti in una più ampia e famosa elencazione dal Petrarca, CXLVIII, 3-4.
2 *o l'inospite... caspe*: il Mar Nero (cfr. *Galealto*, v. 196), il Mar Rosso ed il Mar Caspio; per gli ultimi due cfr. ancora Petrarca, CCX, 3. Anche Fedra nella tragedia di Seneca chiama il Tanai, il Mar Nero e l'Oceano, a dire metaforicamente che non c'è acqua che basti a lavare il suo peccato (*Fedra*, 715-718).

potrian lavar occulta e 'ndegna colpa,[3]
che mi tinse e macchiò le membra e l'alma?
Vivo ancor dunque, e spiro,[4] e veggio il sole?
240 Ne la luce del mondo ancor dimoro?
E re son detto, e cavalier m'appello?
La spada al fianco io porto, in man lo scettro
ancor sostegno, e la corona in fronte?
E pur v'è chi m'inchina e chi m'assorge,[5]
245 e forse ancor chi m'ama: ahi, quelli è certo
che del suo fido amor coglie tal frutto.[6]
Ma che mi giova, oimè, s'al core infermo
spiace la vita, e se ben dritto estimo
ch'indegnamente a me questa aura spiri
250 e 'ndegnamente il sole a me risplenda;
se 'l titolo real, la pompa e l'ostro,[7]
e 'l diadema gemmato e d'or lucente,
e la sonora fama, e 'l nome illustre
di cavalier m'offende, e tutti insieme
255 pregi, onori, servigio[8] io schivo e sdegno;
e se me stesso in guisa odio ed aborro
che ne l'essere amato offesa io sento?
Lasso, io ben me n'andrei per l'erme arene[9]
solingo, errante; e ne l'Ercinia folta
260 e ne la negra selva,[10] o 'n rupe o 'n antro
riposto e fosco d'iperborei[11] monti,
o di ladroni in orrida spelunca,
m'asconderei dagli altri, il dì fuggendo,

---

3 *occulta e indegna colpa*: d'avere sedotto Alvida e tradito l'amico Germondo, come più avanti si racconta.
4 *spiro*: respiro.
5 *chi... assorge*: chi s'inchina e chi s'alza in piedi in mia presenza, in atto di omaggio alla persona regale.
6 *quelli è certo... frutto*: Germondo, ingannato invece nella sua leale amicizia da Torrismondo, che ha posseduto Alvida, a lui promessa.
7 *l'ostro*: il manto regale di porpora.
8 *servigio*: servizi ed omaggi dei cortigiani.
9 *erme arene*: cfr. v. 106, n. 45.
10 *ne l'Ercinia... selva*: nei boschi della Germania, dal nord del Danubio sino alla Selva Nera.
11 *iperborei*: all'estremità del settentrione, in Tracia.

e da le stelle e dal seren notturno.[12]

265 Ma che mi può giovar, s'io non m'ascondo
a me medesmo? Oimè, son io, son io,
quel che fuggito or sono e quel che fuggo:
di me stesso ho vergogna e scorno ed onta,
odioso a me fatto e grave pondo.[13]

270 Che giova ch'io non oda e non paventi
i detti e 'l mormorar del folle volgo,[14]
o l'accuse de' saggi, o i fieri morsi
di troppo acuto o velenoso dente,[15]
se la mia propria conscienza immonda[16]

275 altamente nel cor rimbomba e mugge,[17]
s'ella a vespro mi sgrida ed a le squille,[18]
se mi sveglia le notti e rompe il sonno
e mille miei confusi e tristi sogni?
Misero me, non Cerbero, non Scilla[19]

280 così latrò come io ne l'alma or sento
il suo fiero latrar; non mostro od angue
ne l'Africa arenosa, od Idra in Lerna,
o di Furia in Cocito empia cerasta,[20]
morse giamai com'ella rode e morde.

CONSIGLIERO

285 Se la fede, o signor, mostrata in prima[21]
ne le fortune liete e ne l'averse

---

12 *seren notturno*: la luce stellare e lunare.
13 *odioso... peso*: divenuto a me stesso di peso e di fastidio, secondo Petrarca (CCCXXXVIII, 4).
14 *folle volgo*: gente comune, insensata per definizione di fronte alle manifestazioni di dolore degli eroi tragici.
15 *i fieri morsi/... dente*: le maldicenze pungenti e perfide.
16 *immonda*: macchiata dalla «colpa» (v. 237, n. 3).
17 *rimbomba e mugge*: strepita ed urla, bestialmente quasi.
18 *a vespro... squille*: mi rimprovera con insistenza da mattino a sera; così il Petrarca, CIX, 6, dove le ore della liturgia contemplano anche la «nona» e l'«alba».
19 *non Cerbero, non Scilla*: mostri mitologici, infernale l'uno, marino l'altro (a guardia dello stretto di Messina). Per Cerbero che «latra» cfr. *Inferno*, VI, 14.
20 *non mostro od angue/.../... empia cerasta*: altra serie di mostri e serpenti mitici; la *cerasta* è un piccolo serpente, che s'immaginava formare i capelli delle Furie. Sono presenti, in questi riferimenti, memorie virgiliane e dantesche.
21 *in prima*: in precedenza.

porger può tanto ardire ad umil servo,
ch'osi pregare il suo signor tal volta,
perch'i pensieri occulti a lui riveli,
290 io prego voi che del turbato aspetto
scopriate la cagion, gli affanni interni,
e qual commesso abbiate errore o colpa,
che tanto sdegno in voi raccolga e 'nfiammi
contra voi stesso, e sì v'aggravi e turbi;
295 che di lungo silenzio è grave il peso
in sofferendo, e co'l soffrir s'inaspra,
ma si consola, in ragionando, e molce;[22]
ed uom, ch'al fin deporre in fidi orecchi
il noioso[23] pensier parlando ardisca,
300 l'alma sua alleggia d'aspra e dura salma.[24]

TORRISMONDO

O mio fedele, a cui l'alto governo[25]
di mia tenera età conceder volle
il re mio padre e signor vostro antico,
ben mi ricordo i detti e i modi e l'opre,
305 onde voi mi scorgeste;[26] e quai sovente
mi proponeste ancor dinanzi agli occhi
d'onestà, di virtù mirabil forme,[27]
e quai di regi o di guerrieri essempi,
che ne l'arti di pace o di battaglia
310 furon lodati; e qual acuto sprone
di generosa invidia il cor mi punse,
e qual di vero onor dolce lusinga
invaghir mi solea. Ma troppo accresce
questa dolce memoria il duolo acerbo,
315 che quanto io dal sentier, che voi segnaste,

22 *molce*: si addolcisce, diventa sopportabile.
23 *noioso*: fastidioso, preoccupante.
24 *l'alma... salma*: alleggerisce all'anima sua, si toglie dall'anima, il peso forte e faticoso del «noioso pensier».
25 *l'alto governo*: la guida unica.
26 *onde... scorgeste*: grazie ai quali mi avete formato.
27 *forme*: modelli.

mi veggio traviato esser più lunge,[28]
tanto più contra me di sdegno avampo.
E s'ad alcun, fra quanti il sol rimira
o la terra sostiene o 'l mar circonda,[29]
320   per vergogna celar dovessi il fallo,
esser voi quel devreste: alti consigli
da voi già presi, e poi gittai e sparsi.[30]
Ma 'l vostro amor, la fede un tempo esperta,[31]
l'etate e 'l senno e quella amica speme,
325   che del vostro consiglio ancor m'avanza,[32]
conforti al dir mi son; benché paventa
e 'norridisce a ricordarsi il core,
e per dolor rifugge, onde sdegnosa
s'induce a ragionar[33] la tarda lingua;
330   però[34] in disparte io v'ho chiamato e lunge.
Devete rammentar ch'uscito a pena
di fanciullezza, e di quel fren disciolto
che già teneste voi soave e dolce,[35]
fui vago di mercar[36] fama ed onore;
335   onde lasciai la patria e 'l nobil padre,
e gli eccelsi palagi, e vidi errando
vari estrani costumi e genti strane;
e sconosciuto e solo io fui sovente,
ove il ferro s'adopra e sparge il sangue.[37]
340   In quelli errori[38] miei, com'al Ciel piacque,
mi strinsi d'amicizia in dolce nodo
co 'l buon Germondo, ch'a Suezia impera,
giovene anch'egli, e pur di gloria ardente,
e pien d'alto desio d'eterna fama.

---

28 *traviato esser più lunge*: portato fuori e lontano.
29 *quanti il sol rimira... circonda*: esseri viventi, in cielo, terra e mare.
30 *gittai e sparsi*: ho abbandonato e disperso.
31 *esperta*: sperimentata, provata.
32 *m'avanza*: mi rimane.
33 *s'induce a ragionar*: si decide a parlare, a confessare.
34 *però*: perciò.
35 *di quel fren... dolce*: non più governato da voi e dalle vostre maniere tenere ed affettuose.
36 *vago di mercar*: desideroso di acquistare.
37 *ove il ferro... sangue*: sui campi di battaglia.
38 *errori*: viaggi (latinismo).

345 Seco i Tartari erranti e seco i Moschi,[39]
cercando i paludosi e larghi campi,
seco i Sarmati i' vidi, e i Rossi, e gli Unni,[40]
e de la gran Germania i lidi e i monti;
seco a l'estremo gli ultimi Biarmi
350 vidi tornando, e quel sì lungo giorno
a cui succede poi sì lunga notte;[41]
ed altre parti de la terra algente,
che ghiaccia a' sette gelidi Trioni,[42]
tutta lontana dal camin del sole.[43]
355 Seco de la milizia i gravi affanni
soffersi, e seco ebbi commune un tempo
non men gravi fatiche e gran perigli
che ricche prede e gloriose palme,
da nemici acquistate e da tiranni;[44]
360 onde sovente in perigliosa guerra
egli scudo mi fe' del proprio petto
e mi sottrasse a dispietata morte,
ed io talor, là dove amor n'aguaglia,[45]
la vita mia per la sua vita esposi.
365 Ma, dapoi che moriro i padri nostri,
sendo al governo de' lasciati regni
richiamati ambodue, gli offici e l'opre
non cessâr d'amicizia, anzi disgiunti
di loco,[46] e più che mai di core uniti,
370 cogliemmo ancor di lei frutti soavi.[47]
Misero, or vengo a quel che mi tormenta.
Questo mio caro e valoroso amico,

---

39 *Moschi*: Moscoviti.
40 *i Sarmati... gli Unni*: altre popolazioni russe ed asiatiche.
41 *quel sì lungo giorno/... notte*: la notizia dell'alternarsi di sei mesi di luce e di sei mesi di notte nella penisola di Cola (cfr. la n. 8 nella dedica della tragedia, p. 101) deriva da Olao Magno (I, 1).
42 *ghiaccia... Trioni*: gela sotto le fredde stelle dell'Orsa.
43 *tutta... sole*: così il Petrarca per la Scizia, XXVIII, 46-48.
44 *gloriose... tiranni*: vittorie gloriose ottenute sui signori di terre nemiche.
45 *là dove... n'aguaglia*: essendo pari l'affetto che ci lega.
46 *disgiunti di loco*: distanti di residenza.
47 *cogliemmo... soavi*: ci nutrimmo ancora dal sentimento di amicizia che ci legava.

　　　　pria che facesse elezione e sorte[48]
　　　　noi de l'arme compagni e degli errori,
375　　trasse[49] in Norvegia a la famosa giostra,
　　　　ond'ebbe ei poscia fra mille altri il pregio.[50]
　　　　Ivi in sì forte punto[51] agli occhi suoi
　　　　si dimostrò[52] la fanciulletta Alvida,
　　　　ch'egli sentissi in su la prima vista[53]
380　　l'alma avampar d'inestinguibil fiamma.
　　　　E bench'ei far non possa, o non ardisca,
　　　　che fuor traluca del suo ardor favilla,
　　　　che dagli occhi di lei sia vista e piaccia,
　　　　pur nudrì nel suo cuore ardente foco.
385　　Né lunghezza di tempo o di camino,
　　　　né rischio, né disagio, né fatica,
　　　　né veder novi regni e nove genti,
　　　　selve, monti, campagne, e fiumi, e mari,
　　　　né di nova beltà novo diletto,[54]
390　　né s'altro è che d'amor la face estingua,
　　　　intepediro i suoi amorosi incendi.
　　　　Ma, de' pensieri esca facendo al foco,
　　　　tutto quel tempo agli altri il tenne occulto
　　　　ch'errò per varie parti; e del suo core
395　　secretari[55] sol fummo Amore ed io.
　　　　Ma poiché richiamato al nobil regno
　　　　egli s'assise ne l'antico seggio,[56]
　　　　l'animo a le sue nozze anco rivolto,
　　　　mille strade tentando, usò mille arti,[57]
400　　mille mezzi adoprò, mille preghiere

48 *facesse elezione e sorte*: la scelta e il destino facessero.
49 *trasse*: si recò.
50 *pregio*: premio della vittoria. A questo avvenimento accenna più ampiamente Alvida (vv. 1793-1825).
51 *forte punto*: momento decisivo, fatale.
52 *si dimostrò*: apparve.
53 *in su la prima vista*: non appena la vide.
54 *di nova... diletto*: il piacere diverso d'una donna diversa da Alvida.
55 *secretari*: confidenti; è termine petrarchesco (CLXVIII, 2), presente in un passo celebre della *Gerusalemme*, VI, 103.
56 *seggio*: trono.
57 *arti*: accorgimenti.

or come re porgendo, or come amante,
liberal di promesse e largo d'oro,
sol per indur d'Alvida il vecchio padre,[58]
che la sua figlia al suo pregar conceda;
405   ma indurato il trovò di core e d'alma,[59]
perché d'ingegno, di costumi e d'opre
altero il re canuto; anzi superbo,
di natura implacabile, e tenace
d'ogni proposto,[60] e di vendetta ingordo,[61]
410   la pace ricusò con gente aversa,[62]
da cui tal volta depredato ed arso
vide il suo regno, e violati i tempî,
dispogliati gli altari, e tratti i figli
da le cune[63] piangendo, e da' sepolcri
415   le ceneri degli avi, e sparse al vento;
da cui, non ch'altri, un suo figliuol medesmo,
senza lagrime no, né senza lutto,
ma pur senza vendetta, anciso[64] giacque
orribilmente; e l'uccisor Germondo
420   egli stimò ne la sanguigna[65] mischia,
non l'essercito solo o solo il volgo.[66]
E veramente ei fu ch'in aspra guerra
n'ebbe le spoglie,[67] e pur non volle il vanto.[68]
Poiché sprezzare ed aborrir si vide
425   de l'inclita Suezia il re possente,
par che dentro arda tutto, e fuori avampi
di giusto sdegno incontra il fiero veglio,[69]
che di lui fatto avea l'aspro rifiuto.

---

58 *d'Alvida... padre*: Araldo.
59 *indurato... d'alma*: insensibile ed avverso.
60 *tenace d'ogni proposto*: ostinato in tutti i suoi propositi.
61 *di vendetta ingordo*: perché Germondo ha ucciso il figlio di Araldo; cfr. i vv. 70-74.
62 *gente aversa*: gli Svedesi di Germondo.
63 *cune*: culle.
64 *anciso*: ucciso.
65 *sanguigna*: sanguinosa.
66 *non l'essercito... volgo*: non un soldato qualunque, o la massa dei soldati.
67 *n'ebbe le spoglie*: ancora Alvida racconta più distesamente l'accaduto (vv. 1770-1788).
68 *vanto*: gloria della vittoria.
69 *incontra... veglio*: contro il vecchio e superbo Araldo.

Non però per divieto, o per repulsa,
430 o per ira, o per odio, o per contrasto,
del primo amore intepidì pur dramma.[70]
E ben è ver che negli umani ingegni,
e più ne' più magnanimi e più alteri,
per la difficoltà cresce il desio,
435 in guisa d'acqua che rinchiusa ingorga,
o pur di fiamma in cavernoso monte,[71]
ch'aperto non ritrova uscendo il varco
e di ruine il ciel tonando ingombra.
Dunque ei fermato[72] è di voler, malgrado
440 del crudo padre, la pudica figlia,
e di piegar, comunque il ciel si volga
e sia fermo il destin, varia la sorte,
la donna; o di morir ne l'alta impresa.
D'acquistarla per furto o per rapina[73]
445 dispose; e mille modi in sé volgendo
ora d'accorgimento ed or di forza,
al fin gli altri rifiuta, e questo elegge.
Per un secreto suo fido messaggio[74]
e per lettere sue con forti prieghi
450 mi strinse[75] a dimandar la figlia al padre,
e avutala poi con sì bella arte,
la concedessi a lui, che n'era amante,
né re saria di re genero indegno.
Io, se ben conoscea che questo inganno
455 irritati gli sdegni e forse l'arme[76]
incontra me de la Norvegia avrebbe,
estimai ch'ove è scritto, ove s'intenda
d'onorata amicizia il caro nome,

70 *pur dramma*: la benché minima parte; unità monetaria di piccolo peso, autorizzata in metafora da Dante, *Purgatorio*, xxx, 46.
71 *cavernoso monte*: cavità vulcanica.
72 *fermato*: deciso.
73 *D'acquistarla... rapina*: di averla furtivamente o violentemente; cfr. *Aminta*, vv. 801-803.
74 *messaggio*: messaggero.
75 *strinse*: costrinse, obbligò.
76 *irritati... l'arme*: sollevato l'odio e le armi dell'esercito.

quel che meno per sé parrebbe onesto
460 acquisti d'onestà quasi sembianti;
e se ragion[77] mai violar si debbe,
sol per l'amico violar si debbe;
ne l'altre cose poi giustizia osserva.
E posposi al piacer del caro amico
465 l'altrui[78] pace e la mia, tanto mi piacque
divenir disleal per troppa fede.[79]
Questo fisso tra me,[80] non per messaggi,
né con quell'arti che sovente usarsi
soglion tra gli alti regi in pace o 'n guerra,
470 del suocero tentai la stabil mente,[81]
ma gli indugi troncai: rapido corsi
del mio voler messaggio e di me stesso.
Ei gradì la venuta e le proposte,
e congiunse a la mia la real destra,
475 ed a me diede e ricevé la fede,
ch'io di non osservar prefisso avea.
Ed io tolto congedo, e la mia donna
posta su l'alte navi, anzi mia preda,
spiegai le vele; e negli aperti campi
480 per l'ondoso ocean drizzando il corso,[82]
lasciava di Norvegia i porti e i lidi.
Noi lieti solcavamo il mar sonante,
con cento acuti rostri[83] il mar rompendo,
e la creduta sposa al fianco affissa[84]
485 m'invitava ad amar pensosa amando.
Ben in me stesso io mi raccolsi e strinsi,[85]

---

77 *ragion*: giustizia.
78 *altrui*: d'Alvida.
79 *divenir disleal per troppa fede*: mancare nei riguardi di Alvida per restare fedele a Torrismondo, tradire l'amata per l'amico.
80 *fisso tra me*: stabilito nella mia mente.
81 *tentai la stabil mente*: esplorai i pensieri ormai ben radicati (cfr. i vv. 406-409, n. 60).
82 *negli aperti campi... il corso*: facendo rotta negli aperti spazi dell'oceano (cfr. v. 121, n. 50).
83 *rostri*: travi di ferro, sporgenti dalla prua.
84 *affissa*: attaccata.
85 *raccolsi e strinsi*: ad evitare il contatto con Alvida e l'accondiscendenza alle sue intenzioni.

in guisa d'uomo a cui d'intorno accampa[86]
dispietato nemico. Il tempo largo,
e l'ozio lungo e lento, e 'l loco angusto,
490 e gli inviti d'amor, lusinghe e sguardi,
rossor, pallore, e parlar tronco e breve
solo inteso da noi, con mille assalti
vinsero al fin la combattuta fede.
Ahi ben è ver che risospinto Amore
495 più fiero e per repulsa e per incontro[87]
ad assalir sen torna, e legge antica
è che nessuno amato amar perdoni.[88]
Ma sedea la ragion al suo governo,
ancor frenando ogni desio rubbello,[89]
500 quando il sereno cielo a noi refulse[90]
e folgorâr da quattro parti i lampi;
e la crudel fortuna e 'l cielo averso,
con Amor congiurati, e l'empie[91] stelle
mosser gran vento e procelloso a cerchio,[92]
505 perturbator del cielo e de la terra,
e del mar violento empio tiranno,[93]
che quanto a caso incontra, intorno avolge,[94]
gira, contorce, svelle,[95] inalza e porta,
e poi sommerge; e ci turbâro il corso
510 tutti gli altri[96] fremendo, e Borea ad Austro
s'oppose irato, e muggiâr quinci e quindi,[97]
e Zefiro con Euro urtossi in giostra;

---

86 *a cui... accampa*: assediato da un.
87 *incontro*: lo scontro che l'ha visto sinora soccombente.
88 *legge antica... perdoni*: è, difatti, legge dantesca (*Inferno*, v, 103).
89 *rubbello*: ribelle alla ragione, irrazionale. Petrarchesca è la metafora del «governo» della ragione (CLXXXIX, 3-4).
90 *refulse*: risplendette, all'improvviso.
91 *empie*: maligne. Cfr. v. 29, n. 15.
92 *gran vento... a cerchio*: descrive una tromba d'aria.
93 *tiranno*: padrone.
94 *intorno avolge*: fa turbinare.
95 *svelle*: strappa.
96 *tutti gli altri*: venti; elenca, dopo, «Borea», «Austro», «Zefiro», «Euro», che spirano rispettivamente da nord e sud, ovest ed est.
97 *quinci e quindi*: da una parte e dall'altra.

e diventò di nembi e di procelle[98]
il mar turbato un periglioso campo;
515 cinta l'aria di nubi, intorno intorno
una improvisa nacque orribil notte,
che quasi parve un spaventoso inferno,
sol da' baleni avendo il lume incerto;[99]
e s'inalzâr al ciel bianchi e spumanti
520 mille gran monti di volubile[100] onda,
ed altrettante in mezzo al mar profondo
voragini s'aprîr, valli e caverne,
e tra l'acque apparîr foreste e selve[101]
orribilmente, e tenebrosi abissi;
525 ed apparver notando i fieri mostri
con varie forme, e 'l numeroso armento[102]
terrore accrebbe; e 'n tempestosa pioggia
pur si disciolse al fin l'oscuro nembo;[103]
e per l'ampio ocean portò disperse[104]
530 le combattute navi il fiero turbo:[105]
e parte ne percosse[106] a' duri scogli,
parte a le travi smisurate, sovra
il mar sorgenti in più terribil forma,[107]
talché schiere parean con arme ed aste,
535 e 'n minacciose rupi o 'n ciechi sassi,[108]
che son de' vivi ancor fiero sepolcro;
parte a le basi di montagne alpestri
sempre canute,[109] ove risona e mugge,
mentre combatte l'un con l'altro flutto,

---

98 *di nembi e di procelle*: di temporalesche e tempestose nubi.
99 *il lume incerto*: un po' di chiarore.
100 *volubile*: che si piega su di sé.
101 *foreste e selve*: di vegetali sottomarini.
102 *'l numeroso armento*: la schiera dei «mostri» bestiali (cfr. Virgilio, *Georgiche*, IV, 394-395).
103 *nembo*: cfr. v. 513, n. 98.
104 *disperse*: dopo averle portate qua e là.
105 *fiero turbo*: cfr. v. 504, n. 92.
106 *percosse*: sbatté.
107 *le travi... forma*: alberi sradicati dai venti e dalle tempeste, e conficcati nel fondale marino, con grave rischio per le navi; ne discorre Olao Magno, II, 10.
108 *ciechi sassi*: massi invisibili.
109 *canute*: per la spuma delle onde.

540 e 'l frange e 'nbianca, e come il tuon rimbomba,
e di spavento i naviganti ingombra;
parte inghiotinne ancor l'empia Caribdi,
che l'onde e i legni intieri absorbe e mesce;[110]
son rari i notatori in vasto gorgo.[111]

545 Ma co 'l flutto maggior nubilo spirto
il nostro batte,[112] e 'l risospinge a forza,
sì ch'a gran pena il buon nocchiero accorto
lui salvò, sé ritrasse e noi raccolse[113]
d'uno altissimo monte a' curvi fianchi,

550 dove mastra natura in guisa d'elmo
forma scolpito a meraviglia un porto,
che tutti scaccia i venti e le tempeste,
ma pur di sangue è crudelmente asperso,
fiero principio e fin d'acerba guerra.[114]

555 Qui ricovrammo[115] sbigotiti e mesti,
ponendo il piè nel solitario lido.
Mentre l'umide vesti altri rasciuga,
ed altri accende le fumanti selve,[116]
con Alvida io restai de l'ampia tenda

560 ne la più interna parte. E già sorgea
la notte amica de' furtivi amori,[117]
ed ella a me si ristringea tremante
ancor per la paura e per l'affanno.
Questo quel punto fu che sol mi vinse.[118]

565 Allora amor, furore, impeto e forza

---

110 *l'empia Caribdi/... mesce*: l'altro mostro che governa, miticamente, lo stretto di Messina (cfr. n. 19), menzionato secondo Virgilio (*Eneide*, III, 420-422), come capace d'inghiottire e sconvolgere le navi.
111 *sono... gorgo*: esattamente così accade nel naufragio descritto nell'*Eneide*, I, 118.
112 *nubilo... batte*: un vento carico di nubi temporalesche percuote la nostra nave («legno»).
113 *sé... raccolse*: si ritirò e ci radunò.
114 *mastra natura... acerba guerra*: la creazione ad opera della natura di porti a forma di elmetto, ma insanguinati dai morti provocati da «venti» e «tempeste», è notizia cavata da Olao Magno, II, 27.
115 *ricovrammo*: riparammo.
116 *fumanti selve*: legna verde, umida.
117 *amica... amori*: è notazione della *Gerusalemme*, VI, 89 e XVI, 27.
118 *quel punto... vinse*: così Francesca, di sé e di Paolo (*Inferno*, V, 132).

di piacere amoroso, al cieco furto
sforzâr le membra oltra l'usanza ingorde.[119]
Ahi lasso, allor per impensata colpa
ruppi la fede,[120] e violai d'onore
570   e d'amicizia le severe leggi.
Contaminato di novello oltraggio,
traditor fatto di fedele amico,[121]
anzi nemico divenuto amando,
da indi in qua sono agitato, ahi lasso,
575   da mille miei pensieri, anzi da mille
vermi di penitenza[122] io son trafitto,
non sol roder mi sento il core e l'alma;
né mai da' miei furori o pace o tregua
ritrovar posso. O Furie, o dire,[123] o mie
580   debite pene, e de' non giusti falli[124]
giuste vendicatrici! Ove ch'io volga
gli occhi, o giri la mente e 'l mio pensiero,
l'atto che ricoprì l'oscura notte
mi s'appresenta, e parmi in chiara luce
585   a tutti gli occhi de' mortali esposto.
Ivi mi s'offre in spaventosa faccia[125]
il mio tradito amico, odo l'accuse
e le giuste querele,[126] odo i lamenti,
l'amor suo, la costanza, ad uno ad uno
590   tanti merti, tante opre, e tante prove
che fatte egli ha d'inviolabil fede.
Misero me, tra i duri artigli e i morsi
d'impura conscienza[127] e di dolore,

---

119 *al cieco furto/... ingorde*: spinsero i nostri corpi, bramosi l'uno dell'altro più del solito, a prendersi nascostamente. Si ricordi il primo coro dell'*Aminta*, vv. 706-707.
120 *fede*: lealtà, nei riguardi di Germondo.
121 *di fedele amico*: da amico leale che ero.
122 *vermi di penitenza*: rodimenti e rimorsi. È metafora biblica.
123 *dire*: crudeli; e tali sono per antonomasia le Furie virgiliane (*Eneide*, IV, 473), le dee
del rimorso e della vendetta.
124 *non giusti falli*: peccati contro la giustizia.
125 *spaventosa faccia*: aspetto che desta paura.
126 *querele*: lagnanze.
127 *i duri artigli... conscienza*: i tormenti lancinanti della cattiva coscienza.

gli amorosi martiri[128] han loco e parte;
595 e di lasciar la male amata donna,
che lasciar converria, così m'incresce,
che di lasciar la vita insieme io penso.
Questo il più facil modo, e questa sembra
la più spedita via d'uscir d'impaccio.
600 E poi che 'l duro, inestricabil nodo
ond'amore e fortuna or m'hanno involto[129]
sciôglier più non si può, s'incida e spezzi.[130]
Ch'avrei questo conforto almen partendo
da questa luce a me turbata e fosca,[131]
605 ch'io medesmo la pena e la vendetta
farei del caro amico e di me stesso,
l'onta sua rimovendo e la mia colpa,
se rimover si può commesso fallo;
giusto in me, benché tardi, e per lui forte.[132]

CONSIGLIERO

610 Signor, tanto ogni mal più grave è sempre,
quanto è in più nobil parte;[133] e dal soggetto
diversa qualità prende l'offesa.
E quinci avien[134] che sembra un leggier colpo
ne le spalle sovente e ne le braccia
615 e ne l'altre robuste e forti membra
quel ch'a gli occhi saria gravoso,[135] e certa
e dogliosa cagion d'acerba morte.
E però questo error, che posto in libra
per sé non fora di soverchio pondo,[136]
620 e saria forse lieve in uom del volgo

128 *martiri*: pene, sofferenze.
129 *involto*: legato.
130 *s'incida e spezzi*: venga reciso e troncato.
131 *luce... fosca*: tale è, ormai, la vita per Torrismondo.
132 *giusto... forte*: il che sarebbe giusto verso di me, se pure in ritardo, e coraggioso nei riguardi di Germondo.
133 *parte*: del corpo (cfr. vv. 613-617).
134 *quinci avien*: ne consegue.
135 *gravoso*: intollerabile.
136 *posto in libra/... pondo*: posto sul piatto della bilancia, di per sé non sarebbe di eccessiva gravità.

ed in quelle amicizie al mondo usate,
ov'è l'util misura angusta e scarsa,[137]
od in quell'altre che 'l diletto accoppia,[138]
molto (ch'io già negar no 'l voglio o posso)
625   in animo gentil grave diventa,[139]
tra grandezza di scettri e di corone,
e tra 'l rigor di quelle sante leggi,
che la vera amicizia altrui[140] prescrisse.
Error di cavalier, di re, d'amico
630   contra sì nobil cavaliero e re,
contra amico sì caro e sì fedele,
fu questo vostro; e dee chiamarsi errore,
o se volete pur, peccato e colpa,
o d'ardente desio, di cieco e folle
635   amor si dica impetuoso affetto:[141]
nome di sceleraggine[142] ei non merta.
Lunge per Dio, signor, sia lunge e sevro[143]
da questa opra e da voi titolo indegno.[144]
Non soggiacete a non dovuto incarco:[145]
640   che s'uom non dee di falsa laude ornarsi,
non dee gravarsi ancor di falso biasmo.
Non sete, no, la passion v'accieca,
o traditore, o scelerato, od empio.
Scelerato è colui, se dritto estimo,[146]
645   che la nostra ragion, divina parte,[147]
e del ciel prezioso e caro dono,
da la natura sua travolge e torce,[148]

---

137 *ov'è... scarsa*: calcolate sulla misura stretta e ingenerosa del tornaconto personale.
138 *che 'l diletto accoppia*: accoppiate dai piaceri.
139 *in animo... diventa*: risulta non tollerabile ad un animo nobile.
140 *altrui*: a chi ha animo nobile.
141 *impetuoso affetto*: passione travolgente.
142 *sceleraggine*: sceleratezza.
143 *sevro*: scevro, lontano.
144 *titolo indegno*: il «nome di sceleraggine» di cui sopra.
145 *non dovuto incarco*: peso indebito, quale l'accusa di slealtà nei confronti di Germondo.
146 *dritto estimo*: vedo giusto.
147 *divina parte*: dote di Dio.
148 *da la natura... torce*: storce e devia dalla sua natura, di guida al bene (cfr. v. 651).

come si svolge[149] il rio dal proprio corso,
e la piega nel male, onde trabocca,[150]
650 ed incontra al voler di chi la diede[151]
guida a l'opre la fa malvagie ed empie,
precipitando; e 'l precipizio è fraude.[152]
Ma chi, senza fermar[153] falso consiglio
di perversa ragion, trascorra a forza,
655 ove il rapisce il suo desio tiranno,
scelerato non è, per[154] grave colpa
dove amore il trasporti o pur disdegno.
D'ira e d'amor, possenti e fieri affetti,
la nostra umanitade ivi più abonda,
660 ov'è più di vigore;[155] e rado aviene
che generoso cor, guerriero ed alto
non sia spinto da loro[156] e risospinto,
come da venti procelloso mare.
Però[157] non ricusiate al dolor vostro
665 quel freno aver che la ragion vi porge.
Lascio[158] tanti famosi e chiari essempi
e d'Alcide e d'Achille e d'Alessandro,[159]
e lascio il vaneggiar[160] de' più moderni
regi vinti d'amore, e prima invitti.
670 Vedeste bella e giovinetta donna,
e fu nel poter vostro, e non vi mosse
la bellezza ad amar: costretto e tardi
voi rispondeste agli amorosi invitti,
dando ad amore e tre repulse e quattro:[161]

---

149 *svolge*: allontana.
150 *onde trabocca*: sì che esce dal «proprio corso».
151 *chi la diede*: Dio.
152 *è fraude*: è costituito dalla frode; in altri termini, l'uomo sceglie la via innaturale del male, tradendo l'impulso razionale e divino al bene.
153 *fermar*: moderare.
154 *per*: per quanto sia.
155 *ov'è... vigore*: nelle nature più vigorose, forti.
156 *loro*: «ira» e «amore».
157 *Però*: perciò.
158 *Lascio*: tralascio; introduce una preterizione.
159 *d'Alcide... d'Alessandro*: di famosi eroi più volte innamorati.
160 *vaneggiar*: follia; è di uso petrarchesco per definire l'amore.
161 *dando... quattro*: rifiutando più di una volta l'amore di Alvida.

675 raffrenaste il desio, gli sguardi e i detti.
Al fin amor, fortuna, il loco e 'l tempo
vinser tanta costanza e tanta fede.
Erraste, e fu d'Amore e vostro il fallo;
ma senza scusa almeno o senza essempio
680 egli non fu: però di morte è indegno.
Né morte, ch'uom di propria mano affretti,
scema commesso errore,[162] anzi l'accresce.

TORRISMONDO

Se morte esser non può pena od emenda[163]
giusta del fallo, almen del mio dolore
685 fia buon rimedio o fine.

CONSIGLIERO

               Anzi principio
e cagion fora[164] di maggior tormento.

TORRISMONDO

Come viver debb'io, sposo d'Alvida,
o pur di lei privarmi? Io ritenerla
non posso, che non scopra insieme aperta
690 la debil fede;[165] e s'io da me la parto,[166]
come l'anima mia restar può meco?
Il duol farà quel che non fece il ferro.[167]
Non è questo, non è fuggir la morte,
ma scegliersi di lei[168] più acerbo modo.

CONSIGLIERO

695 Non è duol così acerbo e così grave,
che mitigato al fin non sia dal tempo,

---

162 *scema... errore*: diminuisce l'errore commesso.
163 *emenda*: riparazione.
164 *fora*: sarebbe.
165 *che non scopra... fede*: senza rivelare, nello stesso tempo, e manifestare la lealtà dovuta a Torrismondo, ma in realtà violata.
166 *parto*: divido, stacco; Alvida, s'intende.
167 *Il duol... ferro*: il dolore per la separazione da Alvida farà quel che sinora non ha fatto un colpo di spada, cioè mi ucciderà; cfr. i vv. 592-603.
168 *di lei*: della morte, di morire.

confortator degli animi dolenti,
medicina ed oblio di tutti i mali.
Ma d'aspettare a voi non si conviene
700 commun rimedio e 'l suo volgar[169] conforto;
ma dal valore interno e da voi stesso
prenderlo,[170] e prevenir l'altrui consiglio.

TORRISMONDO

Tarda incontra al dolor sarà l'aita,[171]
se dee portarla il tempo; e debil fia
705 se da la debil mia virtù l'attendo.

CONSIGLIERO

Virtù non è mai vinta, e 'l tempo vola.

TORRISMONDO

Vola, quando egli è portator de' mali;
ma nel recare i beni è lento e zoppo.

CONSIGLIERO

Ei con giusta misura il volo spiega;
710 ma nel moto inegual de' nostri affetti
è quella dismisura e quel soverchio:
e noi pur la rechiam là suso al cielo.[172]

TORRISMONDO

Ma s'egli avvien che la ragione e 'l tempo,
ragion, misero me, vinta ed inerme,
715 dal dolor mi ricopra e mi difenda,
fia questa moglie di Germondo e mia?
Se la fede, ch'io diedi, e potea darle,

---

169 *volgar*: abituale, normale.
170 *dal valore... prenderlo*: Torrismondo deve trovare «conforto» in sé e nelle sue virtù personali.
171 *aita*: aiuto.
172 *Ei con giusta misura... là suso al cielo*: il tempo passa secondo una misura giusta; ma le nostre passioni, che si muovono senza ordine, ci fanno parere la misura mancanza di misura ed il passaggio del tempo eccedente o per velocità o per lentezza: e noi tuttavia imputiamo al cielo la mancanza di misura. Il v. 712 adatta due del *Purgatorio*, XVI, 67-68.

fu stabilita pur (come al ciel piacque)
con l'atto sol del matrimonio occulto,[173]
720 fatta è pur mia. S'io l'abbandono e cedo,
la cederò qual concubina a drudo.[174]
A guisa dunque di lasciva amante
si giacerà nel letto altrui la sposa
del re de' Goti; ed ei soffrir potrallo?
725 Vergognosa union, crudel divorzo,[175]
se da me la disgiungo, e 'n questa guisa
la congiungo al compagno,[176] ond'ei schernito
non la si goda mai pura ed intatta.
Tale aver non la può, che 'l furor mio
730 contaminolla e 'l primo fior ne colse.[177]
Abbia l'avanzo almen de' miei furori,
ma com'è legge antica; e passi almeno
a le seconde nozze onesta sposa,[178]
se non vergine donna. Ah non sia vero
735 che, per mia colpa, d'impudichi amori
illegitima prole al fido amico
nasca, e che porti la corona in fronte
de la Suezia il successor bastardo.
Questo, questo è quel nodo, oimè dolente,
740 che scioglier non si può, se non si tronca
il nodo ov'è la vita
a queste membra unita.[179]

CONSIGLIERO

Signor, forte ragione e vera è questa
perché non sia, come rassembra, onesto[180]
745 che, voi restando in vita, Alvida possa
unirsi in compagnia co 'l re Germondo;

173 *occulto*: celebrato di nascosto (cfr. vv. 111 e 561).
174 *drudo*: amante.
175 *divorzo*: separazione.
176 *compagno*: Germondo; cfr. v. 746.
177 *'l primo... colse*: la deflorò.
178 *prassi... sposa*: morto Torrismondo, Alvida rimarrebbe vedova e potrebbe risposarsi.
179 *quel nodo... unita*: cfr. vv. 600-602.
180 *sia... onesto*: risulti, come appare, giusto e onorevole.

ma non si reca[181] già, né può recarsi,
che debbiate a voi stesso empio e spietato
armar la destra ingiuriosa,[182] e l'alma
750 a forza discacciar dal nobil corpo,
ove quasi custode Iddio la pose,
onde partir non dee pria che, fornita
la sua custodia,[183] ei[184] la richiami al Cielo.
Nulla dritta[185] ragion ch'a ciò vi spinga
755 ritrovar si potria, ch'in van si cerca
giusta in terra cagion d'ingiusto fatto.[186]
Ma se voi senza vita, o senza donna
dee rimaner Germondo, or si rimanga
senza l'amata donna il re Germondo.

TORRISMONDO

760 Egli privo d'amante ed io d'amico,
e d'onor privo ancor nel tempo stesso,
come viver potremo? Ahi dura sorte!

CONSIGLIERO

Dura: ma sofferir conviene in terra
ciò che necessità comanda e sforza,[187]
765 necessità regina, anzi tiranna,
se non quanto è il voler libero e sciolto:
ch'a lei soggetti son gli egri mortali,[188]
e tutte in ciel le stelle, erranti e fisse,
tutti i lor cerchi;[189] e ne' lor corsi obliqui
770 servano eterni, e 'n variar costanti,[190]
gli ordini suoi fatali e l'alte leggi.

181 *reca*: ricava.
182 *destra ingiuriosa*: mano offensiva, omicida.
183 *fornita la sua custodia*: cessata la sua funzione di custode del corpo.
184 *ei*: Dio.
185 *dritta*: giusta.
186 *giusta... fatto*: è probabile la memoria d'un altro verso del XIII dell'*Inferno*, il 72 (cfr. v. 162, n. 59).
187 *sforza*: impone.
188 *egri mortali*: i fragili uomini; è espressione petrarchesca, *Trionfo dell'Eternità*, 54.
189 *cerchi*: moti.
190 *ne' lor corsi... costanti*: nelle loro orbite, oblique rispetto all'equatore celeste, mantengono eterni e costanti, pur nella varietà.

TORRISMONDO
Faccia quanto è prefisso il mio destino.

CONSIGLIERO
Pur veggio di salvare alto consiglio[191]
vostra fama e l'onor, che quasi affonda.
775 E s'egli è ver ch'abbia sì fermo[192] amore
l'alte radici sue nel molle petto
d'Alvida, anzi nel core e ne le fibre,[193]
consentir non vorrà ch'ignoto amante,
nemico amante ed odioso amante,
780 tinto del sangue suo,[194] le giaccia appresso.
Ella d'amarlo e di voler negando,
e pertinace a' preghi o pur costante,[195]
vi porgerà cagion quattro e sei volte
di ritenerla, e diece forse, e cento.
785 E direte: — Non lece e non conviensi
a cavaliero il far oltraggio a donna.
Pregherò teco amico; e teco insieme
ogni arte usar mi giova ed ogni ingegno;[196]
ma sforzar non la voglio. — Il buon Germondo,
790 s'egli è di cor magnanimo e gentile,
farà ch'amore a la ragion dia loco.[197]
Così la sposa al fin, così l'amico,
così l'onor si salverà.

TORRISMONDO
L'onore
seguita il bene oprar, come ombra il corpo.

---

191 *di salvare alto consiglio*: un saggio rimedio per salvaguardare.
192 *fermo*: messo stabilmente.
193 *fibre*: profondo.
194 *tinto del sangue suo*: macchiato del sangue di suo fratello (cfr. vv. 418-420).
195 *pertinace... costante*: resistente alle preghiere, oppure costante nel suo proposito; non c'è opposizione, dunque, nel contegno di Alvida.
196 *ogni arte... ingegno*: mi serve usare ogni espediente ed ogni astuzia.
197 *loco*: luogo, spazio.

CONSIGLIERO

795 Questo, ch'onor sovente il mondo appella,
è ne l'opinioni e ne le lingue
esterno ben, ch'in noi deriva altronde:[198]
né mai la colpa occulta[199] infamia apporta,
né gloria accresce alcun bel fatto ascoso.[200]
800 Ma perché viva con l'onor l'onesto[201]
e con l'amico l'amicizia e 'l regno,
diasi d'Alvida in vece a lui[202] Rosmonda,
sorella vostra; e se l'età canuta
può giudicar di feminil bellezza,
805 via più d'Alvida è bella.

TORRISMONDO

Amor non vuole
cambio, né trova ricompensa al mondo
donna cara perduta.

CONSIGLIERO

Amor d'un core
per novello piacer così fia tratto
come d'asse si trae chiodo per chiodo.[203]

TORRISMONDO

810 Lasso, la mia soror disprezza e sdegna
ed amori ed amanti e feste e pompe,
come già fece ne l'antiche selve
rigida ninfa, o ne' rinchiusi chiostri
vergine sacra.[204]

---

198 *altronde*: da altri, da fuori. Per l'«onor» ovvio il rimando al primo coro dell'*Aminta* (cfr. n. 119).
199 *occulta*: attributo di «colpa».
200 *ascoso*: rimasto nascosto.
201 *onesto*: onestà.
202 *lui*: Germondo.
203 *come... chiodo*: come in un asse chiodo scaccia chiodo; è un verso del *Trionfo d'Amore* petrarchesco, III, 66.
204 *ne l'antiche selve... sacra*: allude alle devote di Diana ed alle monache cristiane; *rigida*: nell'osservanza della castità.

CONSIGLIERO

È casta insieme e saggia,
815   e i soavi conforti e i saggi prieghi
e 'l buon consiglio e le preghiere oneste
soppor faranle al novo giogo il collo.[205]

TORRISMONDO

O mio fedel, nel disperato caso
quel consiglio che sol m'avanza in terra
820   da voi m'è dato. Io seguirollo; e quando
vano ei pur sia, per l'ultimo refugio
ricovrerò ne l'ampio sen di morte,
porto de le miserie e fin del pianto,[206]
ch'a nessuno è rinchiuso, e tutti accoglie
825   i faticosi abitator del mondo,
e tutti acqueta in sempiterno sonno.

IL FINE DEL PRIMO ATTO

---

205 *sopporle... il collo*: la faranno sottomettere al nuovo vincolo, quello matrimoniale con
Germondo. Cfr. vv. 1153-1162.
206 *porto... pianto*: un altro verso petrarchesco, CCCXXXII, 70.

O Sapienza, o del gran padre eterno
eterna figlia, o dea, di lui nascesti
anzi gli dei celesti,[1]
830   a cui nulla altra fu nel Ciel seconda;
e da' stellanti chiostri al lago Averno,
e dovunque Acheronte oscuro inonda
o Stige atra circonda,[2]
nulla s'aguaglia al tuo valor superno.[3]
835   O dea possente e gloriosa in guerra,
ch'ami ed orni la pace e lei difendi,
se qui mai voli e scendi,
fai beata l'algente e fredda terra.[4]
Mentre l'impero ancor vaneggia ed erra
840   fuor d'alta sede,[5] e 'l tuo favor sospendi,
non sdegnar questa parte,
perché nato vi sia l'orrido Marte.[6]

    E quando i suoi destrier percote e sferza
sovra l'adamantino e duro smalto,[7]
845   e porta fero assalto,
e fa vermigli i monti e 'l giel sanguigno,
tu rendi lui, come sovente ei scherza,[8]
più mansueto in fronte e più benigno,
d'irato e di maligno,

---

* S'invoca la Sapienza, che sia propizia alla gente nordica, adusata alla guerra, ma pur disposta a civiltà e desiderosa di pace.
1 *di lui... celesti*: identifica la Sapienza con Minerva, nata dal cervello di Giove, prima degli altri dei.
2 *da' stellanti chiostri... circonda*: dal paradiso agli inferi, rievocati questi secondo Virgilio e Dante.
3 *superno*: supremo, celeste.
4 *l'algente e fredda terra*: la Gotia, e le terre del Settentrione in genere.
5 *l'impero... d'alta sede*: l'impero di Roma ha perso autorità e non ha più sede in Roma; più avanti (vv. 867-870) il momento storico della tragedia è circoscritto negli anni in cui Bisanzio è l'unica sede dell'impero.
6 *l'orrido Marte*: lo spaventoso dio della guerra; Olao Magno aveva definito, metaforicamente, le terre settentrionali «la casa di Marte» (IX, prefazione).
7 *l'adamantino e duro smalto*: il terreno ghiacciato.
8 *scherza*: in senso negativo, come appare meglio dai vv. 851-852. Dai vv. seguenti appare che il contegno auspicato nella Sapienza è analogo all'effetto di Venere su Marte descritto nella *Natura delle cose* da Lucrezio, I, 31-40.

850   tu che sei prima e non seconda o terza.
        Tu la discordia pazza e 'l furor empio,
        tu lo spavento e tu l'orror discaccia,
        e si disgombri e taccia
        ogni atto iniquo, ogni spietato essempio.[9]
855   Tu, peregrina diva,[10] altari e tempio
        avrai, pregata ove ascoltar ti piaccia.[11]
        Deh, non voltarne il tergo,[12]
        che peregrina avesti in Roma albergo;[13]
          ma inanzi al seggio ove d'eterne stelle
860   ne fa segno tuo padre,[14] e tuoni e lampi
        sparge in cerulei campi[15]
        e fulminando irato arde e fiammeggia,
        placalo, e queta i nembi e le procelle,
        e seco aspira a questa invitta reggia[16]
865   perch'onorar si deggia,
        che non siamo a tua gloria alme rubbelle.[17]
        Noi siam la valorosa antica gente,
        onde orribil vestigio anco riserba
        Roma,[18] e quella superba
870   che n'usurpa la sede alta e lucente.[19]
        Quinci gran pregi ha l'Orto[20] e l'Occidente,
        gli ha gloriosi più di fronda o d'erba,[21]

---

9 *spietato essempio*: esempio di spietatezza.
10 *peregrina diva*: la Sapienza è dea che non ha albergato finora in Settentrione; inoltre è «peregrina» per tendenza (cfr. v. 858).
11 *pregata... piaccia*: se le nostre preghiere ti sono grate all'ascolto.
12 *tergo*: spalle.
13 *peregrina... albergo*: cfr. nn. 10 e 5.
14 *tuo padre*: Dio, raffigurato con gli attributi di Giove tonante, come appare appresso.
15 *cerulei campi*: cielo.
16 *aspira... reggia*: favorisci il regno dei Goti vittoriosi.
17 *alme rubbelle*: anime ribelli, ostili.
18 *la valorosa antica gente... Roma*: allude ai Goti di Alarico, che nel 1410 saccheggiarono Roma.
19 *quella superba... lucente*: Bisanzio, sede dell'Impero d'Oriente, usurpa i diritti di Roma. In realtà la guerra greco-gotica fu vinta da Narsete per conto di Giustiniano nel 553.
20 *Quinci... Orto*: di qui, dalle vittorie di cui sopra, ricavano grandi premi l'Oriente (latinismo) e l'Occidente.
21 *premi di fronda o d'erba*: sono i premi gloriosi delle corone intessute di alloro e di gramigna, se vale il richiamo al costume di Roma di onorare i capitani vittoriosi.

perché del nostro sangue
ivi la fama e la virtù non langue.

875   E 'n questo clima ov'Aquilon rimbomba
e con tre soli impallidisce il giorno,[22]
di fare oltraggio e scorno
al ciel tentâr poggiando altri giganti.[23]
    E monte aggiunto a monte, e tomba a tomba,
880 alte ruine e scogli in mar sonanti
a folgori tonanti,
son opre degne ancor di chiara tromba.[24]
    D'altri divi altri figli i regni nostri
reggeano un tempo,[25] altre famose palme[26]
885 ebber le nobili alme
e que' che già domâr serpenti e mostri.[27]
    E là 've pria fendean con mille rostri
le navi che portâr cavalli e salme,[28]
poscia sostenne il pondo[29]
890 degli esserciti armati il mar profondo.
    Ed ora il re ch'il freno allenta e stringe,[30]
de l'auree spoglie d'occidente onusti[31]
cento avi suoi vetusti
può numerare, e di gran padre è figlio.
895   A lui, che per onor la spada cinge,
deh rivolgi dal ciel pietosa il ciglio,
s'è vicino il periglio,

---

22 *con tre soli... giorno*: allude al fenomeno del parelio (più immagini del sole rispecchiate nell'aria ricca di ghiacciuoli), nell'interpretazione fantasiosa suggerita da Olao Magno, che riporta l'opinione di chi lo crede una «nuvila rotonda e splendida, simile al sole» (I, 27).
23 *altri giganti*: non quelli mitici (vv. 45-46, n. 23). Olao Magno accenna all'esistenza di giganti nordici, testimoniata da enormi ammassi di pietre e di terra (V, 1).
24 *chiara tromba*: metafora della poesia epica, petrarchesca (CLXXXVII, 3) e polizianea (*Stanze*, I, 7).
25 *D'altri divi... un tempo*: altre divinità, non riconducibili alla mitologia classica e cristiana, custodivano un tempo la Gozia.
26 *palme*: vittorie.
27 *già... mostri*: altra notizia cavata dal libro V di Olao Magno.
28 *pria fendean... salme*: un tempo le navi da guerra (per *rostri* cfr. v. 483, n. 83) dei Goti portavano cavalli e salmerie; la fonte e sempre Olao Magno, XVII, 16.
29 *pondo*: peso (latinismo).
30 *il freno... stringe*: governa; esattamente così il Poliziano, *Stanze*, I, 1.
31 *de l'auree... onusti*: carichi dell'oro d'Occidente (cfr. n. 18).

tu che sei pronta a'[32] valorosi e giusti.
E se l'alme, deposto il grave incarco,[33]
900   a le sedi tornâr del Ciel serene
da le membra terrene,
tardi ei sen rieda[34] a te leggiero e scarco.[35]
Ed armato il paventi al suon de l'arco
l'ultima Tile e le remote arene,[36]
905   e la più rozza turba,[37]
e s'altri a noi contrasta, o noi perturba.

O diva, i rami sacri
tranquilla oliva a te non erge e spande,[38]
né si tesson di lei varie ghirlande;
910   ma pur altra in sua vece il re consacri
alma e felice pianta;
tu sgombra i nostri errori, o saggia e santa.

---

32 *pronta a'*: pronta a soccorrere i.
33 *grave incarco*: il corpo; cfr. Petrarca, XXXII, 6-7. Anche la rima *incarco/scarco* è petrarchesca, XXXVI, 1 e 4; CXLIV, 2 e 6.
34 *rieda*: ritorni.
35 *scarco*: liberato dal corpo; cfr. n. 33.
36 *l'ultima... arene*: tutto il mondo, dall'estremo settentrione all'estremo meridione. Tile è un'isola leggendaria, identificata anche con la Norvegia.
37 *la più rozza turba*: le popolazioni barbariche.
38 *i rami sacri/... spande*: l'ulivo, simbolo di pace, era sacro a Minerva (cfr. n. 1), ma non cresce nella Gozia, terra di Marte (cfr. n. 6).

[SCENA PRIMA]
MESSAGIERO, TORRISMONDO, CORO

[MESSAGGERO]

Me di seguire il mio signore aggrada,
o calchi il ghiaccio de' canuti monti,[1]
915   o le paludi pur ch'indura il verno.
Ed or quanto m'è caro e quanto dolce
l'esser venuto seco a l'alta pompa
ne la famosa Arana![2] Ei segue, e 'ntanto
al re de' Goti messaggero io giungo,
920   perch'io gli dia del suo arrivar novella.[3]
Ma chieder voglio a que' ch'insieme veggio
ove sia del buon re l'aurato albergo.[4]
O cavalieri, io di Suezia or vegno,
per ritrovare il re; dov'è la reggia?

CORO

925   È quella che t'addito, ed ei medesmo
quel che là vedi tacito e pensoso.

MESSAG[GERO]

O magnanimo re de' Goti illustri,
de l'inclita Suezia il re possente
a voi manda salute[5] e questa carta.

---

1 *calchi... monti*: s'inerpichi sui monti nevosi e ghiacciati. Sta parlando il messaggero di Germondo.
2 *a l'alta pompa/ne la famosa Ariana*: alla cerimonia nuziale che si celebra in Ariana (cfr. v. 99, n. 40).
3 *novella*: notizia. Germondo viene per avere Alvida (vv. 444-453).
4 *del buon re... albergo*: il fastoso palazzo di Torrismondo.
5 *salute*: saluti.

TORRISMONDO

930 La lettra è di credenza.[6] Espor vi piaccia
quel ch'ei v'impose.

MESSAG[GERO]

Il mio signor Germondo
dentro a' confin del vostro regno è giunto,
e già vicino; e pria che 'l sole arrivi
del lucido oriente a mezzo il corso,[7]
935 sarà ne la famosa e nobil reggia;
ed ha voluto ch'io messaggio inanzi
porti insieme l'aviso e porga i prieghi,[8]
perché raccolto[9] ei sia come conviensi
a l'amicizia, a cui sarian soverchi[10]
940 tutti i segni d'onore e tutti i modi,
che son fra gli altri usati. Ei si rammenta
del dolce tempo e de l'età più verde,[11]
de l'error,[12] de' viaggi, e de le giostre,[13]
de l'imprese, de' pregi,[14] e de le spoglie,[15]
945 de la gloria commune, e de la guerra;
ma più del vostro amor. Né d'uopo è forse
ch'io lo ricordi a chi 'l riserba in mente.

TORRISMONDO

Oh memoria, oh tempo, oh come allegro
de l'amico fedel novella ascolto!
950 Dunque sarà qui tosto. Oimè, sospiro

---

6 *credenza*: credenziali.
7 *del lucido... corso*: a mezzogiorno dall'alba luminosa.
8 *messaggio... prieghi*: venendo come messaggero prima di lui vi avvisi e preghi nello stesso tempo.
9 *raccolto*: accolto.
10 *soverchi*: superflui.
11 *del dolce... verde*: adatta, per ricordare gli anni giovanili trascorsi insieme, un celebre inizio di canzone petrarchesca, XXIII, 1.
12 *error*: cfr. v. 340, n. 38.
13 *giostre*: allude cautamente alla «giostra», dove Germondo ha conosciuto Alvida, v. 375.
14 *pregi*: cfr. v. 376, n. 50.
15 *spoglie*: prede.

perch'a tanto piacer non basta il petto,
talch'una parte se 'n riversa e spande.[16]

CORO

La soverchia allegrezza e 'l duol soverchio,
venti contrari a la serena vita,[17]
955 soffian quasi egualmente e fan sospiri;
e molti sono ancor gl'interni affetti
da cui distilla,[18] anzi deriva il pianto,
quasi da fonti di ben larga vena:[19]
la pietate, il piacer, il duol, lo sdegno;
960 tal ch'il segno di fuor non è mai certo[20]
di quella passion che dentro abonda.
Ed or nel signor nostro effetti adopra[21]
l'infinita allegrezza, o così parmi,
qual suole in altri adoperar la doglia.

MESSAG[GERO]

965 Signor, se con sì ardente e puro affetto
amate il nostro re, giurar ben posso
ch'è l'amor pari; e l'un risponde a l'altro,
e non ha, quanto il sole illustra e scalda,[22]
di lui più fido amico.

TORRISMONDO

Esperto[23] il credo.
970 Anzi certo sono io che 'l ver si narra.

MESSAG[GERO]

Ei de le vostre nozze è lieto in modo

16 *se 'n riversa e spande*: si rovescia e versa fuori dal cuore, tanto da rendersi visibile sul volto di Torrismondo, come osservano dopo il Coro e il Messaggero.
17 *venti... vita*: è un verso del Petrarca, soggetti però l'«odio» e lo «sdegno», CXXVIII, 105.
18 *distilla*: viene fuori a gocce.
19 *larga vena*: così Petrarca del pianto, CCXXX, 9.
20 *il segno... certo*: i sintomi esterni delle lacrime non sono mai un indizio sicuro.
21 *adopra*: opera, provoca.
22 *quanto... scalda*: su tutta la terra.
23 *Esperto*: per esperienza.

che 'l piacer vostro in lui trasfuso inonda,[24]
a guisa di gran pioggia o di torrente.
Gioisce al suon di vostre lodi eccelse
975   o per l'arti di pace o di battaglia;
gioisce se i costumi alcuno essalta,
e racconta i viaggi, i lunghi errori,
la beltà de la sposa, il merto e i pregi;
e del padre[25] e di voi sovente ei chiede.

TORRISMONDO

980   N'udrà liete novelle. E lieto ascolto
le vostre anch'io; ma, del camin già lasso,[26]
deh non vi stanchi il ragionar più lungo.[27]
Sarà da me raccolto il re Germondo
com'egli vuole. È suo de' Goti il regno
985   non men ch'egli[28] sia mio: però comandi.
Voi prendete riposo. E tu 'l conduci
a le sue stanze, e sia tua cura intanto
ch'egli onorato sia; che ben conviensi,
e 'l merta il suo valor, l'ufficio e 'l tempo,[29]
990   e l'alta degnità di chi ce 'l manda.

[SCENA SECONDA]
TORRISMONDO *solo*

Pur tacque al fine, e pur al fin dinanzi
mi si tolse costui, ch'a me parlando
quasi il cor trapassò d'acuti strali.

24 *inonda*: trabocca.
25 *padre*: di Alvida; Germondo sa che il suo piano di ottenere Alvida tramite Torrismondo lo troverà contrario (vv. 396-421).
26 *lasso*: stanco.
27 *il ragionar più lungo*: il conversare ancora.
28 *egli*: esso, se riferito al «regno».
29 *l'ufficio e 'l tempo*: il suo compito e l'occasione solenne in cui lo esercita.

O maculata[1] conscienza, or come
995 mi trafigge ogni detto! Oimè dolente,
che fia se di Germondo udrò le voci?[2]
Non a Sisifo il rischio alto sovrasta
così terribil di pendente pietra,[3]
come a me il suo venire. O Torrismondo,
1000 come potrai tu udirlo? O con qual fronte
sostener sua presenza? O con quali occhi
drizzar in lui gli sguardi? O cielo, o sole,
che non t'involvi[4] in una eterna notte?
O perché non rivolgi adietro il corso,[5]
1005 perch'io visto non sia, perché non veggia?
Misero, allora[6] avrei bramato a tempo[7]
che gli occhi mi coprisse un fosco velo
d'orror caliginoso[8] e di tenebra,
ch'io sì fissi li tenni al caro volto
1010 de la mia donna: allor traean diletto,
onde non conveniasi.[9] Or è ben dritto
che stian piangendo a la vergogna aperti,
e di là traggan noia, onde conviensi,[10]
perché la man costante il ferro adopre.[11]
1015 Ma vien l'ora fatale e 'l forte punto,[12]
ch'io cerco di fuggire; e 'l cerco indarno,
se non costringe la canuta madre
la figlia sua,[13] col suo materno impero,[14]

1 *maculata*: macchiata, peccatrice.
2 *voci*: parole.
3 *a Sisifo... pietra*: negli inferi la pena di Sisifo, re di Corinto, consisteva nel girare un sasso sul pendio d'un colle senza mai poterlo condurre in cima, perché rotolava sempre in basso.
4 *t'involvi*: sparisci.
5 *rivolgi... corso*: torni indietro, sì da nuovamente confondersi con la notte.
6 *allora*: anticipa il che del v. 1009.
7 *a tempo*: opportunamente.
8 *d'orror caliginoso*: di una nebbia folta e spaventosa.
9 *onde non conveniasi*: dal «volto» di Alvida.
10 *traggan... conviensi*: cavino dispiacere dalla presenza di Germondo.
11 *perché... adopre*: sì che io mi uccida (cfr. vv. 595-602, 739-742).
12 *'l forte punto*: cfr. v. 377, n. 51.
13 *la figlia sua*: Rosmonda.
14 *materno impero*: autorità di madre.

sì come io l'ho pregata, ella promesso.
1020 E so ch'al mio pregar fia pronta[15] Alvida.
Ma chi m'affida,[16] oimè, che di Germondo
l'alma piegar[17] si possa a novo amore?
E se fia vano il più fedel consiglio,
non ha rimedio il male altro che morte.

[SCENA TERZA]

ROSMONDA
1025 O felice colei, sia donna[1] o serva,
che la vita mortal trapassa in guisa
che tra via non si macchi, e non s'asperga
nel suo negro e terren limo palustre.[2]
Ma chi non ne n'asperge? Ahi non sono altro
1030 serve ricchezze[3] al mondo e servi onori
ch'atro fango tenace intorno a l'alma,[4]
per cui sovente in suo camin s'arresta.[5]
Io, che d'alta fortuna aura seconda[6]
portando alzò ne la sublime altezza,
1035 e mi ripose nel più degno albergo,
de' regi invitti e gloriosi in grembo,[7]
e son detta di re figlia e sorella,[8]

---

15 *fia pronta*: si presterà, accondiscenderà.
16 *m'affida*: mi assicura.
17 *di Germondo... piegar*: convincere Germondo.
1 *donna*: signora, nobile.
2 *s'asperga/... palustre*: macchi del fango dei peccati terreni; «terrestre limo» è del Petrarca, CCCLXVI, 116.
3 *serve ricchezze*: altra memoria petrarchesca, CCCVIII, 2; *serve*: perché abituano a servire.
4 *fango... alma*: cfr. n. 2.
5 *in suo camin s'arresta*: l'anima («alma»), impedita di salire verso Dio.
6 *aura seconda*: spinta propizia.
7 *nel più degno albergo/... in grembo*: nel palazzo dei re dei Goti.
8 *son detta... sorella*: più avanti (III, II), in un altro monologo, Rosmonda lascerà intendere più chiaramente di non essere «di re figlia e sorella»; ma solo nell'atto IV, scena III, lo dimostrerà a Torrismondo.

dal piacer, da l'onore e da le pompe,
e da questa real superba vita
1040 fuggirei, come augel libero e sciolto,[9]
a l'umil povertà di verde chiostro.[10]
Or tra vari conviti e vari balli
pur mal mio grado io spendo i giorni integri[11]
e de le notti a' dì gran parte aggiungo;[12]
1045 onde talor vergogna ho di me stessa,
s'a vergine sacrata a Dio nascendo,[13]
è vergogna l'amar cosa terrena;
ma chi d'amor si guarda e si difende?
o non si scalda a la vicina fiamma?[14]
1050 Misera io non volendo amo, ed avampo
appresso il mio signor,[15] ch'io fuggo, e cerco
dapoi che l'ho fuggito; indi mi pento,
del mio voler non che del suo dubbiosa.
E non so quel ch'io cerchi o quel ch'io brami,
1055 e se più si disdica e men convenga
come sorella amarlo o come serva.
Ma s'ei pur di sorella ardente amore
prendesse a sdegno, esser mi giovi ancilla,[16]
ed ancilla chiamarmi e serva umile.

[SCENA QUARTA]
REGINA MADRE, ROSMONDA.

[REGINA]
1060 A te sol forse ancora è, figlia, occulto[1]
ch'oggi arrivar qui deve il re Germondo.

---

9 *libero e sciolto*: è una coppia petrarchesca (XCVI, 12; CCXIV, 34).
10 *verde chiostro*: convento tra il verde, lontano dal palazzo di cui alla n. 7.
11 *integri*: interi.
12 *de le notti... aggiungo*: prolungo la notte, per continuare «conviti e balli».
13 *a vergine... nascendo*: la vera madre di Rosmonda l'aveva votata a Dio (vv. 2275-2276).
14 *a la vicina fiamma*: quando è vicino l'oggetto della passione.
15 *il mio signor*: Torrismondo.
16 *ancilla*: cameriera; così già Armida, con Rinaldo (*Gerusalemme liberata*, XVI, 48-49).
1 *occulto*: ignoto.

ROSMONDA

Anzi è ben noto.

REGINA

Non ben si pare.

ROSMONDA

Che deggio far? Non so ch'a me s'aspetti
1065 alcuna cura.[2]

REGINA

O figlia,
con la regina sposa[3] insieme accorlo
ancor tu dêi.[4] S'è quel signor cortese,
quel re, quel cavalier che suona il grido,[5]
ei tosto sen verrà per farvi onore.

ROSMONDA

1070 Io così credo.

REGINA

Or come dunque
sì gran re ne l'altero e festo giorno
così negletta di raccôr tu pensi?[6]
Perché non orni tue leggiadre membra
1075 di preziosa vesta? E non accresci
con abito gentil quella bellezza,
ch'il cielo a te donò cortese e largo,
prendendo, come è pur la nostra usanza,
l'aurea corona, o figlia, o l'aureo cinto?[7]
1080 Bellezza inculta e chiusa in umil gonna[8]

---

2 *ch'a me s'aspetti!... cura*: se mi tocca qualche compito, nei riguardi dell'ospite.
3 *la regina sposa*: Alvida.
4 *dêi*: devi.
5 *suona il grido*: la voce pubblica celebra (per *grido* cfr. Dante, *Purgatorio*, XI, 95).
6 *così... pensi?*: pensi di riceverlo così semplicemente, senza cure speciali per il tuo vestito?
7 *come è pur la nostra usanza,/... cinto*: corone d'oro e cinture d'oro erano parte dell'abbigliamento delle nobildonne settentrionali, ricorda Olao Magno (XIV, 1).
8 *inculta... gonna*: non coltivata e ristretta in un abito di poco valore.

è quasi rozza e mal polita gemma,
ch'in piombo vile[9] ancor poco riluce.

ROSMONDA

Questa nostra bellezza, onde cotanto
se'n va femineo stuol[10] lieto e superbo,
1085   di natura stimo io dannoso dono,
che nuoce a chi 'l possede ed a chi 'l mira.
Lo qual vergine saggia anzi[11] devrebbe
celar, ch'in lieta danza od in teatro
spesso mostrarla altrui.

REGINA

          Questa bellezza
1090   proprio ben, propria dote e proprio dono
è de le donne, o figlia, e propria laude,[12]
come è proprio de l'uom valore e forza.
Questa in vece d'ardire e d'eloquenza
ne diè natura, o pur d'accorto ingegno;
1095   e fu più liberale in un sol dono,
ch'in mille altri ch'altrui dispensa e parte;[13]
ed agguagliamo, anzi vinciam, con questa,
ricchi, saggi, facondi, industri e forti.[14]
E vittorie e trionfi e spoglie e palme
1100   le nostre sono, e son più care e belle
e maggiori di quelle onde si vanta
l'uom, che di sangue è tinto e d'ira colmo,
perch'i vinti da loro aspri nemici
odiano la vittoria e i vincitori;
1105   ma da noi vinti sono i nostri amanti,
ch'aman le vincitrici e la vittoria,
che gli fece soggetti. Or s'uomo è folle,

9 *in piombo vile*: montata su un metallo non pregiato.
10 *femineo stuol*: il genere femminile, le donne.
11 *anzi*: anticipa il «che» del verso seguente.
12 *propria laude*: gloria particolare.
13 *altrui... parte*: dispensa e distribuisce ai maschi.
14 *ricchi... forti*: signori, intellettuali, mercanti, uomini d'arme.

s'egli ricusa di fortezza il pregio,[15]
non dêi già tu stimare accorta donna
1110 quella che sprezzi il titol d'esser bella.

ROSMONDA

Io più tosto credea che doti nostre
fossero la modestia e la vergogna,
la pudicizia, la pietà, la fede,
e mi credea ch'un bel silenzio in donna
1115 di felice eloquenza il merto aguagli.[16]
Ma pur s'è così cara altrui bellezza,
come voi dite, tanto è cara, o parmi,
quanto ella è di virtù fregio e corona.[17]

REGINA

Se fregio è, dunque esser non dee negletto.

ROSMONDA

1120 S'è fregio altrui, è di se stessa adorna.[18]
E bench'io bella a mio parer non sia
sì come pare a voi, ch'in me volgete
dolce sguardo di madre, ornar mi deggio,
che sarò, se non bella, almeno ornata.
1125 Non per vaghezza nova[19] o per diletto,
ma per piacere a voi, del voler vostro
è ragion ch'a me stessa io faccia legge.[20]

REGINA

Ver dici, e dritto estimi, e meglio pensi.
E vo' sperar ch'al peregrino invitto[21]

---

15 *ricusa... il pregio*: rinuncia alla gloria che gli proviene dalla dote della forza, perché è
sconfitto dalle donne e dall'amore.
16 *di felice... agguagli*: abbia gli stessi pregi di una disposizione al parlare in maniera
elegante ed efficace; *felice eloquenza* è del Petrarca, CCXLV, 14.
17 *fregio e corona*: ornamento e decoro.
18 *S'è fregio... adorna*: se orna la virtù, orna anche se stessa.
19 *vaghezza nova*: desiderio improvviso, capriccio.
20 *a me stessa... legge*: mi metta in ordine, evitando di sembrare trascurata.
21 *peregrino invitto*: Germondo, straniero e capitano valoroso.

1130 parrai quale a me sembri; onde ei sovente
      dirà fra sé medesmo sospirando:
      — Già sì belle non son, né sì leggiadre,
      le figliuole de' principi sueci.[22]

ROSMONDA

      Tolga[23] Iddio che per me sospiri o pianga,
1135 od ami alcuno, o mostri amare.

REGINA
                              Adunque
      a te non saria caro, o cara figlia,
      che re sì degno e sì possente in guerra
      sospirasse per te di casto amore,
      in guisa tal ch'incoronar le chiome
1140 a te bramasse e la serena fronte
      d'altra maggior corona[24] e d'aureo manto,
      e farti (ascolti il cielo i nostri preghi)
      di magnanime genti alta reina.

ROSMONDA

      Madre, io no 'l vo' negar, ne l'alta mente
1145 questo pensiero è già riposto e fisso,
      di viver vita solitaria e sciolta,[25]
      in casta libertade; e 'l caro pregio[26]
      di mia virginità serbarmi integro
      più stimo, ch'acquistar corone e scettri.

REGINA

1150 Ei ben si par che, giovenetta donna,[27]
      quanto sia grave e faticoso il pondo
      de la vita mortal, a pena intendi.

22 *sueci*: svedesi.
23 *Tolga*: non voglia.
24 *altra maggior corona*: di regina (Rosmonda ora è principessa).
25 *sciolta*: libera, dal matrimonio.
26 *pregio*: onore, merito.
27 *giovenetta donna*: essendo ancora ragazza.

La nostra umanitade[28] è quasi un giogo
gravoso, che natura e 'l cielo impone,
1155   a cui la donna o l'uom disgiunto e sevro[29]
per sostegno non basta, e l'un s'appoggia
ne l'altro, ove distringa insieme amore
marito e moglie di voler concorde,[30]
compartendo[31] fra lor gli offici e l'opre.
1160   E l'un vita da l'altro allor riceve
quasi egualmente, e fan leggiero il peso,
cara la salma e dilettoso il giogo.[32]
Deh, chi mai vide scompagnato[33] bue,
solo traendo il già comune incarco,[34]
1165   stanco segnar gemendo i lunghi solchi?
Cosa più strana a rimirar mi sembra
che donna scompagnata or segni indarno
de la felice vita i dolci campi:[35]
e ben l'insegna, a chi riguarda il vero,
1170   l'esperienza, al bene oprar maestra.
Perché l'alto signore a cui mi scelse
compagna il cielo, e 'l suo co 'l mio volere,[36]
in guisa m'aiutò, mentre egli visse,
a sopportar ciò che natura o 'l caso
1175   suole apportar di grave e di molesto,
ch'alleggiata[37] ne fui; né sentì[38] poscia
cosa, onde soffra l'alma il duol soverchio.[39]

---

28 *umanitade*: condizione umana; cfr. Petrarca, xxviii, 2.

29 *disgiunto e sevro*: di per se stessi, senza unirsi fra di loro.

30 *ove distringa... di voler concorde*: se l'amore stringe, congiunge insieme, in una sola volontà, marito e moglie. Cfr. *Aminta*, vv. 1886, 1964.

31 *compartendo*: distribuendo.

32 *cara... giogo*: gradito e piacevole il carico della condizione umana (cfr. vv. 1153-1154, n. 28).

33 *scompagnato*: senza l'aiuto d'un altro bue. La medesima comparazione è nella lettera sul matrimonio a Ercole Tasso del 1585 (n. 414 ed. Guasti).

34 *il già... incarco*: l'aratro.

35 *donna... campi*: diversamente dal bue, quindi. Il confronto sottolinea la difficoltà per la donna di vivere bene senza l'appoggio del marito.

36 *'l suo... volere*: la concordia dei nostri voleri.

37 *alleggiata*: alleggerita.

38 *sentì*: l'anima, del verso appresso.

39 *il duol soverchio*: sofferenze eccessive.

Ma poiché morte ci disgiunse, ahi morte
per me sempre onorata e sempre acerba,[40]
1180 sola rimasa e sotto iniqua salma,[41]
di cadendo mancar tra via[42] pavento,
ed a gran pena, dagli affanni oppressa,
per l'estreme giornate di mia vita
trar posso questo vecchio e debil fianco.[43]

1185 Lassa, né torno a ricalcar giamai
lo sconsolato mio vedovo[44] letto,
ch'io no 'l bagni di lagrime notturne,[45]
rimembrando fra me ch'un tempo impressi
io solea rimirar cari vestigi[46]

1190 del mio signore, e ch'ei porgea ricetto[47]
a' piaceri, a' riposi, al dolce sonno,
a' soavi susurri, a' baci, a' detti,
secretario[48] fedel di fido amore,
di secreti pensier, d'alti consigli.

1195 Ma dove mi trasporti a viva forza,
memoria innamorata?[49]
Sostien[50] ch'io torni ove il dover mi spinge.
S'a me diede allegrezza e fece onore
il bene amato mio signor diletto,

1200 io spesso ancor[51] gli agevolai gli affanni;
e quanto in me adoprava il buon consiglio,[52]
tanto in lui (s'io non erro) il mio conforto,

---

40 *sempre... acerba*: così Virgilio per il giorno della morte di Anchise (*Eneide*, v, 49-50) ed il Petrarca per quello in cui vide piangere Laura (CLVII, 1).
41 *iniqua salma*: il peso, insopportabile da solo, della condizione umana (cfr. n. 32).
42 *mancar tra via*: così Petrarca di sé, LXXXI, 3.
43 *per l'estreme... fianco*: così il «vecchierel» petrarchesco, XVI, 5-6.
44 *vedovo*: perché non accoglie più il marito.
45 *lagrime notturne*: cfr. Petrarca, CCXXXIV, 3, un sonetto rivolto, anche, al «letticciuol» bagnato di lagrime dopo la morte di Laura, un tempo «requie e... conforto».
46 *vestigi*: segni, del corpo del marito vivo.
47 *ei... ricetto*: il letto dava rifugio, accoglienza.
48 *secretario*: cfr. v. 395, n. 55.
49 *memoria innamorata*: ancora Petrarca, LXXI, 99.
50 *Sostien*: lascia (si rivolge a Rosmonda).
51 *ancor*: anche.
52 *adoprava il buon consiglio*: operava la sua saggezza, del marito.

e 'l vestir seco d'un color conforme[53]
tutti i pensieri, ed il portare insieme
1205 tutto quel ch'è più grave e più noioso
nel corso de la vita.[54] E mentre intento
era a stringere il freno, a rallentarlo
a' Goti vincitori,[55] a mover l'arme,
ad infiammare, ad ammorzar gl'incendi
1210 di civil Marte[56] o pur d'estrania guerra,
sovra me tutto riposar gli piacque
il domestico peso.[57] E seco un tempo
questa vita mortal, se non felice,
che felice non è stato mortale,[58]
1215 pur lieta almeno e fortunata i' vissi;
e sventurata sol perché quel giorno
a me non fu l'estremo,[59] e non rinchiuse
queste mie stanche membra in quella tomba,
ov'egli i nostri amori e 'l mio diletto
1220 se 'n portò seco, e se gli tien sepulti.
Oh pur simil compagno e vita eguale
a te sia destinato; e tal sarebbe,
per quel che di lui stimi, il re Germondo.
Tu, s'avvien ch'egli a te s'inchini e pieghi,[60]
1225 schifa[61] non ti mostrar di tale amante.

ROSMONDA

Se ben di noi che siamo in verde etate[62]
quella è più saggia che saper men crede,
e de la madre sua canuta il senno

---

53 *'l vestir... conforme*: conformare; così il Petrarca del pensiero (CXXV, 1-3).
54 *tutto... vita*: cfr. vv. 1151-1162.
55 *a stringere... rallentarlo*: riprende la metafora del governare del v. 891, n. 30.
56 *civil Marte*: conflitti privati.
57 *sovra me... peso*: mi lasciò il governo oneroso della famiglia.
58 *questa vita mortal... mortale*: congiunge più tessere petrarchesche (VIII, 6; CCLXIII, 4; CCLXVIII, 30; CCCXXXI, 25; XCIX, 4; CCCXV, 12).
59 *a me... l'estremo*: non fu per me l'ultimo; non morii come mio marito.
60 *s'inchini e pieghi*: dia segno di sottomissione, si dimostri ossequiente e premuroso. Cfr. v. 244, n. 5.
61 *schifa*: schiva, sdegnosa.
62 *verde etate*: cfr. Petrarca, CCCXV, 1.

molto prepone al giovenil consiglio[63]
1230 nel misurar le cose, io pur fra tanto
oserò dir quel ch'ascoltai parlando.
La compagnia de l'uom più lieve alquanto
può far la noia,[64] e può temprar l'affanno,
onde la vita femminile è grave.[65]
1235 Ma s'in alcune cose ella n'alleggia,[66]
più ne preme[67] ne l'altre, e quasi atterra,
e maggior peso a la consorte aggiunge
che non le toglie in sofferendo.[68] Ed anco
molto stimar si può difficil soma
1240 il voler del marito, anzi l'impero,[69]
qualunque egli pur sia, severo o dolce.
Or non è ella assai gravosa cura
quella de' figli? A l'infelice madre
non paion gravi a la più algente bruma[70]
1245 lor notturni viaggi, e i passi sparsi[71]
ed ogni error ch'i peregrini intrica,[72]
la povertà, l'essiglio, e gli altri rischi,
e le pallide morti, e i lunghi morbi,
fianchi, stomachi, febri?[73] E s'odo il vero,
1250 la gravidanza ancora è grave pondo,
e lungo pondo, e doloroso il parto,
sì ch'il figliuol, ch'è de le nozze il frutto,
è frutto al padre, ed a la madre è peso;
peso anzi il nascer[74] grave, e poi nascendo,

---

63 *molto prepone... consiglio*: largamente antepone all'opinione immatura dei giovani (cfr. n. 52).
64 *la noia*: cfr. vv. 1205-1206.
65 *grave*: appesantita.
66 *alleggia*: cfr. n. 37. Come si vede, la risposta di Rosmonda alla madre è in termini.
67 *ne preme*: ci opprime.
68 *che... sofferendo*: di quanto non gliene toglie sopportandolo insieme.
69 *impero*: cfr. v. 1018, n. 14.
70 *a la più algente bruma*: nel freddo più rigido, secondo Petrarca, CLXXXV, 8.
71 *passi sparsi*: lunghi cammini.
72 *ogni error... intrica*: è un verso del Petrarca, CCCLX, 49, a commento delle sue peregrinazioni in Europa.
73 *fianchi... febri*: catalogazione petrarchesca dei mali fisici (*Trionfo della Morte*, II, 44); *fianchi*: coliche; *stomachi*: nausee.
74 *anzi il nascer*: prima del parto.

1255   né poi nato[75] è leggiero. E pur di questo,
di cui la vita virginale è scarca,
il matrimonio più n'aggrava e 'ngombra.[76]
Che dirò, s'egli avien che sian discordi
il marito e la moglie, o se la donna
1260   s'incontra in uom superbo e crudo[77] e stolto?
Infelice servaggio ed aspro giogo
puote allor dirsi il suo. Ma sian concordi
d'animi, di volere e di consiglio,
e viva l'un ne l'altro; or che ne segue?
1265   Forse questa non è penosa vita?[78]
Allor quanto ama più, quanto conosce
d'essere amata più la nobil donna,
tanto a mille pensieri è più soggetta,
ed agli affetti suoi gli affetti ascosi
1270   del suo fedel, come sian propi, aggiunge.
Teme co 'l suo timor, duolsi co 'l duolo,
con le lagrime sue lagrima e piange,
e co 'l suo sospirar sospira e geme.
E benché sia sicura in chiusa stanza,
1275   o 'n alto monte, o 'n forte eccelsa torre,[79]
è pur sovente esposta a' casi aversi
ed a' perigli di battaglia incerta.
Di ciò non cerco io già stranieri essempi,[80]
perché de' nostri oltra misura abondo,
1280   E da voi gli prendo io, ch'a me tal volta
contra la ragion vostra in vece d'arme
altre varie ragioni a me porgete.
Ma se 'l marito a la gran madre antica
dopo l'estremo passo al fin ritorna,[81]

---

75 *poi nato*: dopo il parto.
76 *di questo/.../'ngombra*: il partorire, peso che non aggrava la donna rimasta vergine, opprime ed ostacola la vita della donna sposata.
77 *crudo*: violento.
78 *penosa vita?*: cfr. Petrarca, XXIII, 14.
79 *in chiusa stanza/... torre*: sono i luoghi tipici dove vive la donna nobile, in tempi alto-medievali come quelli rievocati nella tragedia.
80 *stranieri essempi*: esempi fuori di qui.
81 *a la gran madre antica/... ritorna*: dopo la morte ritorna alla terra, definita così nel *Trionfo della Morte*, I, 89.

1285   ella sente il dolor d'acerba morte;
     e seco muore in un medesimo tempo
     a' piaceri, a le gioie, e vive al lutto.
     Onde conchiuderei con certe prove
     che sia noioso il matrimonio e grave,
1290   ch'in lui sterile vita o pur feconda,[82]
     l'esser amata od odiosa, apporta
     solleciti[83] pensier, fastidi e pene
     quasi egualmente. Ed io no 'l fuggo e sprezzo
     solo per ischivar gli affanni umani;
1295   ma più nobil desio, più casto zelo
     me de la vita virginale invoglia.[84]
     Ed a me gioveria[85] lanciare i dardi
     tal volta in caccia e saettar con l'arco,
     e premer[86] co' miei gridi i passi e 'l corso
1300   di spumante[87] cinghiale, e, tronco il capo,
     portarlo in vece di famosa palma:[88]
     poiché non posso il crin d'elmo lucente
     coprirmi in guerra, e sostener lo scudo
     che luna somigliò di puro argento,[89]
1305   con una man frenando alto destriero,
     e con l'altra vibrar la spada e l'asta,
     come un tempo solean feroci donne
     che da questa famosa e fredda terra
     già mosser guerra a' più lontani regni.[90]
1310   Ma se tanto sperare a me non lece,
     almen somiglierò, sciolta vivendo,
     libera cerva in solitaria chiostra,[91]
     non bue disgiunto in male arato campo.[92]

82 *sterile... feconda*: la mancanza dei figli, o la loro presenza.
83 *solleciti*: affannosi.
84 *me... invoglia*: mi attirano verso condizione di donna non sposata.
85 *a me gioveria*: mi piacerebbe.
86 *premer*: braccare.
87 *spumante*: sudato, bavoso.
88 *in vece... palma*: in luogo di trofeo.
89 *luna... argento*: assomiglia alla luna argentea.
90 *come un tempo... regni*: di questa specie di amazzoni nordiche discorre Olao Magno, v, 28-32.
91 *solitaria chiostra*: luogo lontano dal palazzo regale; così il pastore incontrato da Erminia, *Gerusalemme liberata*, VII, 11.
92 *bue... campo*: risponde alla metafora della madre, vv. 1163-1165.

REGINA

Non è stato mortal così tranquillo,
1315   quale ei si sia, del quale accorta lingua[93]
molte miserie annoverar non possa;
però lasciando i paragoni e i tempi
de le vite diverse,[94] io certo affermo
che tu sol non sei nata a te medesma.
1320   A me che ti produssi,[95] a tuo fratello
ch'uscì del ventre istesso, a questa invitta
gloriosa cittate ancor nascesti.
Or perché dunque (ah cessi il vano affetto)[96]
in guisa vuoi di solitaria fera
1325   viver selvaggia e rigida e solinga?[97]
Chiede l'utilità del nostro regno
e del caro fratel che pieghi il collo
in così lieto giorno al dolce giogo.[98]
A la patria, al germano,[99] a vecchia madre
1330   fia 'l tuo voler preposto? Ahi non ti stringe[100]
la materna pietà? Non vedi ch'io
del mio corso mortal tocco la meta?[101]
Perché dunque s'invidia[102] il mio diletto?
Non vuoi ch'io veggia, anzi ch'a morte aggiunga,[103]
1335   rinovellar[104] questa mia stanca vita
ne l'imagine mia, ne' mia nepoti,
nati da l'uno e l'altro amato figlio?

---

93 *accorta lingua*: abile parlatore.
94 *i paragoni... diverse*: i confronti di condizione (fra donne coniugate o no) e di età (fra giovani o vecchie).
95 *produssi*: generai (latinismo).
96 *vano affetto*: per la vita verginale.
97 *in guisa... solinga*: la madre volge al negativo la metafora della «cerva», v. 1312.
98 *dolce giogo*: matrimoniale, che allevia il «giogo» della condizione umana (v. 1153, n. 28).
99 *germano*: fratello; Torrismondo.
100 *stringe*: sforza.
101 *del mio corso... meta*: sto per raggiungere il traguardo della mia vita.
102 *s'invidia*: mi si priva del (latinismo).
103 *anzi... aggiunga*: prima di arrivare a morire.
104 *rinovellar*: rinnovare, rinascere.

ROSMONDA

Già non resti per me[105] che bella prole
te felice non faccia. Egli è ben dritto
1340 ch'obbedisca la figlia a saggia madre.

REGINA

Degna è di te la tua risposta, e cara.
Or va, t'adorna, o figlia, e t'incorona.

[SCENA QUINTA]
REGINA MADRE *sola*

Infelice non è dolente donna,
se ne' suoi figli il suo dolor consola
1345 e 'n lor s'appoggia, e quasi in lor s'avanza,[1]
e de la vita allunga il dubbio[2] corso;
e depone i fastidi e i gravi affanni,
a guisa di soverchio inutil fascio,
ch'impedisce il viaggio, anzi il perturba.
1350 Non si vede per lor,[3] né si conosce,
né sprezzata, né sola, né deserta,[4]
né odiosa od aborrita vecchia.
E 'l numero de' figli è caro, e basta,
se l'un maschio è di lor, femina è l'altra.
1355 In tal numero a pieno oggi s'adempie
la mia felicitade, o si rintegra
se desiosa fu già.[5] Felice madre
di prole fortunata, e lieto giorno!
Certo del sommo Dio son dono i figli;

105 *resti per me*: dipenda da me.
1 *s'avanza*: rimane; oppure, supera se stessa.
2 *dubbio*: dubbioso, pericoloso.
3 *per lor*: grazie ai figli.
4 *deserta*: abbandonata.
5 *si rintegra/... già*: si rinnova, se in precedenza è stata difettosa.

1360   ed egli che donolli ancor gli serva,[6]
      gli guarda, gli difende, anzi gli accresce,
      come ora io veggio i miei cresciuti al colmo
      di valor, di fortuna e di bellezza.
      Ma ecco il re se 'n viene: un lume io veggio
1365   degli occhi miei che d'ostro e d'or risplende,[7]
      mentre l'altro s'adorna in altra pompa.[8]

[SCENA SESTA]
REGINA MADRE, TORRISMONDO

[REGINA]
Dopo molte ragioni e molti preghi
si rende[1] al voler nostro al fin Rosmonda,
ma non in guisa che piacer dimostri.
1370   Anzi io la vidi tra dolente e lieta
      sospirando partirsi. Oh, pur congiunte
      sian nozze a nozze,[2] ond'il piacer s'accresca,
      e si doppin[3] le feste e i giuochi e i balli.
      Fia contenta (o ch'io spero) a vecchia madre
1375   d'aver creduto, ed al fratello insieme.

TORRISMONDO
Non è saggio colui ch'insieme accoppia
vergine sì ritrosa e re possente
contra 'l piacer di lei; ma, s'io non erro,
fora simil pazzia condurre in caccia

---

6 *gli serva*: li protegge.
7 *d'ostro... risplende*: è Torrismondo, col manto di porpora e la corona d'oro (cfr. vv. 251-252).
8 *l'altro... pompa*: è Rosmonda, l'altro «lume», andata a farsi bella (cfr. vv. 1071-1082).
1 *si rende*: cede, acconsente.
2 *Oh, pur congiunte/... nozze*: auspica le nozze di Alvida e Torrismondo, di Rosmonda e Germondo.
3 *doppin*: raddoppino, essendo doppie le nozze.

1380   sforzati[4] i cani. Or sia che può: se l'abbia,
        s'ei la vorrà.

REGINA
Ma con felice sorte.

TORRISMONDO
        Sia felice, se può. Ma nulla manchi
        a la nostra grandezza, al nostro merto:[5]
        abito signoril, ricchezza e pompa.
1385   S'ornin cento con lei vergini illustri
        d'aurea corona ancora e d'aureo cinto,[6]
        ed altrettante ancora illustri donne,
        pur con aurea corona ed aureo cinto,
        seguano Alvida. Ella di gemme e d'auro,
1390   come sparso di stelle il ciel sereno,
        fra le seguaci[7] sue lieta risplenda.
        Abbia scettro, monil, corona e manto,
        e s'altro novo fregio, altro lavoro
        d'abito antico in lei vaghezza[8] accresce.
1395   Ma questa è vostra cura e vostra laude,[9]
        e, in aspettando il re,[10] l'ore notturne
        tolte per sì bell'opre[11] avete al sonno.
        Ora a voi cavalieri, a voi mi volgo,
        giovani arditi. Altri sublime ed alto
1400   drizzi un castel di fredda neve e salda,
        e 'l coroni di mura intorno intorno;
        faccian le sue difese, e faccian quattro
        ne' quattro lati suoi torri superbe;

---

4 *sforzati*: contro voglia. Il paragone venatorio si riallaccia a quelli del bue e della cerva della scena quarta.
5 *merto*: dignità.
6 *d'aurea... cinto*: cfr. vv. 1078-1079, n. 7.
7 *seguaci*: dame del corteo nuziale.
8 *vaghezza*: bellezza.
9 *laude*: gloria.
10 *il re*: Germondo.
11 *bell'opre*: gli abiti nuziali di Alvida.

e da candida mole insegna negra,[12]
1405 dispiegandosi a l'aure, al ciel s'inalzi;
e vi sia chi 'l difenda, e chi l'assalga.
Altri nel corso,[13] altri mostrar nel salto
il valor si prepari, altri lanciando
le palle di gravoso e duro marmo,[14]
1410 altri di ferro, il qual sospinge e caccia
la polve e 'l foco, il magistero e l'arte.[15]
Altri si veggia in saettar maestro
ne la meta sublime;[16] e 'n alto segno,
d'una girevole asta in cima affisso
1415 quasi volante augel, balestri e scocchi
rintuzzate quadrella, in sin ch'a terra
caggia disciolto.[17] Altri in veloce schermo
percota o schivi, e 'n su l'adversa fronte
faccia piaga il colpir, vergogna il cenno
1420 de le palpebre a chi riceve il colpo.[18]
Altri di grave piombo armi la destra
e d'aspro cuoio e dur l'intorni e cinga,[19]
perché gema il nemico al duro pondo.
Altri sovra le funi i passi estenda,
1425 e sospeso nel ciel si volga e libri.[20]
Altri di rota in guisa in aria spinto

---

12 *da candida... negra*: una bandiera dal castello di neve. Il gioco descritto, come tutti gli altri seguenti, è ricavato dal libro di Olao Magno, i, 23.
13 *corso*: correre.
14 *le palle... marmo*: pietre; cfr. Olao Magno, xv, 14-15.
15 *altri di ferro... l'arte*: allude alle «palle» scagliate dalle bombarde, grazie alla polvere da sparo, alla miccia ed all'abilità del bombardiere; cfr. Olao Magno, ix, 8 e sgg.
16 *meta sublime*: il bersaglio posto in alto; sta parlando del tiro con l'arco.
17 *'n alto segno... caggia disciolto*: un altro esercizio di tiro con la balestra e con l'arco munito di frecce senza punta (*rintuzzate quadrella*): colpire un bersaglio che ha forma di un uccello, posto su un'antenna in alto, sì da farlo cadere; lo descrive diffusamente Olao Magno, xv, 6.
18 *in veloce schermo... riceve il colpo*: altro gioco: il tirar di scherma, mirando alla fronte dell'avversario; chi piega le palpebre per paura, racconta Olao Magno, è allontanato dalla sala (xv, 16).
19 *di grave piombo... cinga*: un pugilato siffatto, reso il pugno più forte dallo stringere del piombo, era già noto agli antichi (cfr. Virgilio, *Eneide*, v, 404-405); Olao Magno vi accenna rapidamente, v, 26, rinviando, a sua volta, a Virgilio.
20 *sovra le funi... libri*: allude ai funamboli, secondo Olao Magno, xv, 24; *libri*: stia in equilibrio.

si giri a torno;[21] altri di cerchio in cerchio
passi guizzando, e sembri in acqua il pesce;[22]
altri fra spade acute ignudo scherzi.[23]

1430 Altri in forma di rota o di grande arco
conduca e riconduca un lieto ballo,
d'antichi eroi cantando i fatti eccelsi
a la voce del re, ch'indrizza e regge
co 'l suon la danza;[24] e i timpani sonanti

1435 e con lieti sonori altri metalli
sotto il destro ginocchio avinte squille[25]
confondan[26] l'alte voci e 'l chiaro[27] canto.
Ed altri salti armato al suon di tromba
o di piva[28] canora, or presto or tardi,

1440 facendo risonar nel vario salto
le spade insieme e sfavillar percosse.[29]
Altri, dove in gran freddo il foco accenso
degli abeti riluce e stride e scoppia,
con lungo giro intorno a lui si volga:

1445 sì che l'estremo caggia in viva fiamma,
rotta quella catena, e poi risorto
da' compagni s'inalzi in alto seggio.[30]
Altri là dove il giel s'indura e stringe,
condurrà i suoi destrier[31] quasi volanti.

---

21 *di rota... a torno*: è il gioco di lanciare gli uomini in alto con una macchina di legno; cfr. Olao Magno, xv, 24.
22 *di cerchio in cerchio/... il pesce*: il gioco del passare attraverso i cerchi, descritto con l'identica similitudine del pesce da Olao Magno, sempre a xv, 24.
23 *fra spade... scherzi*: il saltare, nudi, fra le spade è menzionato nello stesso luogo.
24 *in forma di rota... la danza*: la danza in cerchio e semicerchio ed il canto di gesta eroiche derivano sempre dallo stesso luogo; *indrizza e regge*: guida e governa.
25 *i timpani sonanti... squille*: tamburi e campane legate alle ginocchia sono ricordati da Olao Magno fra gli strumenti che accompagnano queste danze.
26 *confondan*: si mescolino alle.
27 *chiaro*: illustre, perché di «antichi eroi».
28 *piva*: zampogna.
29 *nel vario salto/... percosse*: è il ballo delle spade, descritto, come il precedente, da Olao Magno a xv, 23. Ivi anche il riferimento a Tacito, *Germania*, 24.
30 *dove in gran freddo... in alto seggio*: la danza del fuoco, che comincia davanti a grandi falò invernali davanti alle sale dei palazzi e si conclude col sollevare in alto, come vincitore, chi, spinto nel fuoco dal rompersi della catena dei danzatori, è riuscito a venirne fuori rapidamente. Olao Magno ne parla a xv, 27.
31 *destrier*: cavalli, lanciati sul ghiaccio.

1450 Ed altri a prova su 'l nevoso ghiaccio
spinga or domite fere, e già selvagge,
c'hanno sì lunghe e sì ramose corna[32]
e vincer ponno al corso i venti e l'aura.
Ed altri armato di lorica e d'elmo
1455 percoteransi urtando il petto e 'l dorso,
di trapassar cercando il duro usbergo
e penetrare il ferro e romper l'aste.[33]
Ed io (ch'è già vicino il re Germondo
a la sede real) li movo incontra
1460 con mille e mille cavalieri adorni,
vestiti al mio color purpureo e bianco,
che già fra tutti gli altri a prova ho scelti.
L'altre diverse mie lucenti squadre
a cavallo ed a piè[34] fratanto accolga
1465 il mio buon duce[35] intorno a l'alta reggia,
e i destrier di metallo, onde rimbomba
la fiamma ne l'uscir d'ardente bocca
con negro fumo,[36] e i miei veloci carri;
e lungo spazio di campagna ingombri,[37]
1470 sotto vittoriosa e grande insegna.

IL FINE DEL SECONDO ATTO

32 *domite fere... corna*: le alci, anch'esse lanciate in corsa sul ghiaccio, come racconta Olao Magno (I, 24 e XI, 35-37).
33 *armato di lorica... romper l'aste*: tornei cavallereschi, menzionati anche da Olao Magno (XV, 18).
34 *a cavallo ed a piè*: di cavalieri e di fanti.
35 *il mio buon duce*: Germondo.
36 *destrier di metallo... fumo*: cavalli di rame, che gettano fuoco dalla bocca, descritti da Olao Magno, IX, 4.
37 *ingombri*: occupi.

Non sono estinte ancor l'eccelse leggi,
generate là su ne l'alto cielo,
de l'opre saggie e caste
e del parlar che l'onestà conservi:[1]
1475   perch'ella qui ritrova alberghi e seggi[2]
tra l'altissime nevi e 'l duro gelo,
e tra gli scudi e l'aste
vive secura, e tra ministri e servi.
Pensier vani e protervi
1480   sempre nido non fanno in nobil core;
né, perché la ragion il fren si toglia
ch'in altri regge amore,
del suo gentile ardir l'alma dispoglia,[3]
ma degli antichi essempi[4] ancor l'invoglia.

1485   E potrebbe costei gravar la fronte
di lucido elmo, e seguitar nel corso
cervo non solo, o damma,
ma de l'estranie genti ostile schiera:[5]
come Ippolita in riva al Termodonte,[6]
1490   d'un gran destrier premendo armato il dorso
con la sinistra mamma,[7]
alta regina, e di sua gloria altera.
Ma se questa è guerrera,
chi farà di sue spoglie unqua[8] trofeo?

---

* *Si loda la vergine saggia e forte, e la si raccomanda alla fama.*

1 *de l'opre... conservi*: le leggi divine che Rosmonda impersonifica, leggi di saggezza, castità, onestà; l'argomento di questo coro è un palese tentativo di dimostrare che presso i Goti non regna soltanto lo spirito di guerra, di cui al primo coro.

2 *alberghi e seggi*: sede e dimora; soggetto è l'onestà, conformemente alla n. precedente.

3 *la ragion... dispoglia*: la ragione, sebbene in Rosmonda prenda il posto di guida che presso altri ha l'amore, non priva la di lei anima del suo nobile coraggio.

4 *degli antichi essempi*: a seguire gli esempi antichi di donne caste e forti; cfr. i vv. 1307-1309 e quelli appresso.

5 *gravar la fronte... ostile schiera*: riprende i vv. 1297 e sgg.

6 *Ippolita... Termodonte*: la regina delle Amazzoni, che vivevano sulla costa del Mar Nero, lungo il fiume Termodonte (oggi Terma).

7 *con la sinistra mamma*: perché la mammella destra era stata bruciata, per poter tirare meglio l'arco.

8 *unqua*: mai.

1495   O chi potrà condurla avinta o presa?
        Quale Ercole o Teseo[9]
        avrà l'eterno onor di bella impresa,
        s'in lei non è d'amor favilla accesa?
          O de l'aurea speranza antica figlia,
1500   fama immortal, che gli anni avanzi[10] e i lustri,
        e dal sepolcro oscuro
        l'uom talvolta fuor traggi e 'l togli a morte,
        narra a costei, che tanto a lor somiglia,
        l'antiche donne e le moderne illustri,
1505   che sotto il pigro Arturo[11]
        ebbero insieme il cor pudico e forte.
        Se per le vie distorte
        da questa reggia invitta il sol disgiunge
        correndo intorno i suoi destrieri aversi,[12]
1510   non è turbato o lunge
        tanto giamai, ch'i raggi in noi conversi[13]
        non miri di valor pregi diversi.
          Vincan di casta madre
        la sua vergine figlia i casti preghi,
1515   e l'arco rea fortuna altrove or tenda.[14]
          E più si stringa e leghi
        l'una coppia con l'altra,[15] e più s'accenda,
        e più nel dubbio[16] alta virtù risplenda.

---

9 *Ercole e Teseo*: entrambi combatterono contro le Amazzoni, e le superarono; Teseo, inoltre, sposò Ippolita.
10 *avanzi*: superi.
11 *sotto il pigro Arturo*: a nord, sotto la costellazione di Boote, di cui la stella Arturo fa parte; *pigro*: lento nel movimento.
12 *disgiunge/... aversi*: tiene lontani nel suo movimento circolare i suoi cavalli, indirizzandoli da un'altra parte; fuori di metafora: illumina scarsamente.
13 *i raggi... conversi*: quando c'illumina.
14 *l'arco... tenda*: la sfortuna potrebbe colpire i Goti, se le preghiere della madre non convincessero Rosmonda a sposare Germondo.
15 *l'un coppia con l'altra*: cfr. vv. 1371-1372, n. 2.
16 *dubbio*: pericolo.

[SCENA PRIMA]

CONSIGLIERO

A molti egri mortali[1] (or mi sovviene
1520 di quel che spesso ho già pensato e letto)[2]
fedel non fu de l'amicizia il porto,
che sovente il turbò, qual nembo oscuro,
il desio d'usurpar cittati e regni,
o gran brama d'onore, o d'alto orgoglio
1525 rapido vento, o pur disdegno ed ira,
che mormorando mova altra tempesta.[3]
Ma questo, ove il mio re nel mar solcando
de la vita mortal legò la nave
tutta d'arme e d'onore adorna e carca,[4]
1530 e l'ancore il fermâr co 'l duro morso,[5]
s'àncora fu la fede e quinci e quindi;[6]
questo, dico, sì lieto e sì tranquillo
seno[7] de l'amicizia, ardente spirto[8]
d'amor sossopra volse, e non turbolla
1535 né turbar la poteva altra procella
prima né dopo. E 'l risospinse in alto

1 *egri mortali*: cfr. v. 767, n. 187.
2 *or mi sovviene/... letto*: cfr. Petrarca, LVI, 12.
3 *sovente il turbò... atra tempesta*: se l'amicizia è per metafora un «porto», ciò che la turba (desiderio di potere, culto dell'onore, orgoglio personale) è come una tempesta che da quel porto allontana.
4 *nel/mar... carca*: allude ai successi militari di Torrismondo, assecondando la diffusa metafora petrarchesca della vita come mare e della nave come esempio del governo di sé.
5 *l'ancore... morso*: proseguendo la metafora marina, anticipa la ragione (la «fede») del perché i rapporti di Torrismondo e Germondo dovrebbero essere saldamente ancorati nel porto dell'amicizia.
6 *e quinci e quindi*: da una parte e dall'altra, reciproca.
7 *seno*: «porto»; cfr. n. 3.
8 *ardente spirto*: caldo soffio; fuori di metafora (cfr. sempre n. 3), accesa passione.

166

pur il medesmo amor tra duri scogli,
talch'è vicino ad affondar tra l'onde.[9]
Io canuto nocchier siedo al governo,[10]
1540 presto di[11] navigare a ciascun vento,
sì come piace al re. Parlare io debbo
con duci di Suezia e con Germondo,
perch'ei rivolga il cor dal primo oggetto;[12]
e parlerò. Ma sinché il re s'attende,
1545 lascerò gli altri riposar. Fra tanto
molte cose fra me volgo e rivolgo.[13]
Dura condizione e dura legge
di tutti noi che siam ministri e servi!
A noi quanto è di grave qua giù e d'aspro
1550 tutto far si conviene, e diam sovente
noi severe sentenze e pene acerbe.
Il diletto e 'l piacer serbano i regi
a se medesmi, e 'l far le grazie e i doni.
Né già tentar m'incresce il dubbio guado,[14]
1555 che men torbido sembra e men sonante[15]
a chi men vi rimira e men v'attende:
che leve ogni fatica ed ogni rischio
mi farà del mio re l'amore e 'l merto.
Ma spesso temo di tentarlo indarno,
1560 s'egli medesmo o prima o poi no 'l varca.
Favorisca fortuna il mio consiglio;
ceda il re di Suezia al re de' Goti
questo amor, questo giorno e queste nozze:
che degli antichi Goti è 'l primo onore;[16]

9 '*l risospinse in alto*/.../... *tra l'onde*: soggetto del discorso è Torrismondo, che per amore di Alvida si è allontanato dal «porto» dell'amicizia con Germondo, e sta per far naufragio tradendolo.
10 *canuto... governo*: il consigliere, maturo ed esperto (*canuto*), guida Torrismondo, ma senza sostituirlo, come dichiara subito dopo; per la metafora, cfr. n. 4, insistendo sulla sua origine petrarchesca.
11 *presto di*: pronto a.
12 *rivolga... oggetto*: distolga da Alvida il suo affetto.
13 *volgo e rivolgo*: penso e ripenso.
14 *tentar... guado*: cfr. v. 88, n. 38; ma qui l'impresa è diversa, dovendo il consigliere cercare di dissuadere Germondo dal pretendere Alvida per sé.
15 *sonante*: risuonante, fragoroso (continua la metafora del «guado»).
16 '*l primo onore*: il primato, su Svevi e Norvegesi, per le ragioni esposte dopo.

1565 e pur cede a l'onore il grave e 'l forte
e 'l fortissimo ancora.[17] E bench'agguagli
l'uno de l'altro re la gloria e l'opre,
questo è maggior per dignitate eccelsa
di tanti regi e cavalieri invitti,
1570 che già l'imperio soggiogâr del mondo.[18]
Cedagli dunque l'altro. Ed è ben dritto.
Com'a l'alma stagion, ch'i frutti apporta,[19]
partendo cede il pigro e 'l freddo verno;
o come de la notte il nero cerchio
1575 concede[20] al sole, ove un bel giorno accenda
sovra i lucenti e candidi cavalli;[21]
o come la fatica al dolce sonno;
o come spesso cede, in mar che frange,[22]
quel che perturba a chi racqueta il flutto;[23]
1580 dal sole impari e da le stelle erranti,
da le sublimi cose e da l'eterne,
a ceder l'uomo a l'uom terreno e frale.[24]
Forse altre volte, e già preveggio il tempo,
al mio signor non cederà Germondo;
1585 ma ceduto gli fia. Così mantiensi
ogni amicizia de' mortali in terra.

[SCENA SECONDA]
ROSMONDA sola

O possente Fortuna, a me pur anco,
che fui dal tuo favor portata in alto,
con sembiante fallace[1] or tu lusinghi,

---

17 *il grave... ancora*: la progressione è stabilita in funzione di Germondo, l'invincibile per eccellenza; e tuttavia dovrà riconoscere anche lui la supremazia dei Goti.
18 *già l'imperio... mondo*: allude al saccheggio di Roma (410) dei Visigoti di Alarico.
19 *l'alma... verno*: la primavera.
20 *concede*: cede.
21 *sovra... cavalli*: il sole percorreva il cielo su un carro nella figurazione mitologica.
22 *in mar che frange*: dove il mare si frange; così il Petrarca, CXLVIII, 3; CCLXXVII, 7.
23 *quel che... flutto*: il vento tempestoso a quello che placa le ondate.
24 *frale*: fragile.
1 *sembiante fallace*: aspetto ingannevole.

1590   e di altezza in altezza, ov'io paventi
        la caduta maggior, portarmi accenni,[2]
        quasi di monte in monte. E veggio omai,
        o di veder pens'io, sembianze e forme[3]
        d'inganni, di timori e di perigli.
1595   Oh quanti precipizî! Appressa il tempo
        da rifiutar le tue fallaci pompe[4]
        e i tuoi doni bugiardi. A che più tardo?
        A che non lascio le mentite spoglie
        e la falsa persona e 'l vero nome,[5]
1600   se 'l mio valor non m'assicura ed arma?
        Bastava che di re sorella e figlia
        fossi creduta. Usurparò le nozze
        ancor d'alta regina,[6] audace sposa
        e finta moglie e non verace amante?[7]
1605   Potrò l'alma piegar d'un re feroce,
        ch'altrove forse è volta,[8] e vòti[9] i voti
        de la mia vera madre al fin saranno,
        a la cui tomba lagrimai sovente,
        cercando di pietà lodi non false?
1610   Ahi, non sia vero. Io rendo al fine, io rendo
        quel ch'al fin mi prestò la sorte e 'l fato.
        L'ho goduto gran tempo. Altera vissi
        vergine e fortunata, ed or vivrommi
        di mia sorte contenta in verde chiostro.[10]
1615   Altri, se più convienle, altri si prenda
        questo tuo don, Fortuna, e tu 'l dispensa
        altrui, come ti piace, o com'è giusto.

2 *di altezza... accenni*: cfr. vv. 1033-1034.

3 *forme*: immagini.

4 *Appressa... pompe*: è prossimo il tempo di rifiutare i fasti, le glorie, che tu elargisci non meritatamente, perché Rosmonda non è figlia di re.

5 *le mentite spoglie... nome*: le vesti e le insegne false, e la personalità di figlia e di sorella (nei confronti di Torrismondo) e lo stesso mio nome; per altro anche questa Rosmonda, pur non essendo la sorella del re, si chiama come lei (cfr. vv. 2231).

6 *Usurparò... regina*: usurperò il nome di regina anche nel matrimonio.

7 *audace sposa/... amante?*: non amando Germondo, se lo sposasse, Rosmonda diventerebbe una sposa sfrontata, una moglie falsa ed un'amante non sincera.

8 *altrove... volta*: difatti Germondo ama Alvida.

9 *voti*: inesauditi. Cfr. i vv. 2269-2299.

10 *verde chiostro*: cfr. v. 1041, n. 10

TORRISMONDO, GERMONDO

[TORRISMONDO]
Le nemicizie de' mortali in terra
esser devrian mortali ed aver fine;
1620 ma l'amicizie, eterne. Or siano estinte,
co' valorosi che, morendo in guerra,
tinsero già la terra e tinser l'onda
tre volte e quattro di sanguigno smalto,[1]
l'ire e gli sdegni tutti. E qui cominci,
1625 o pur si stabilisca e si rintegri,
la pace e l'union di questi regni.

GERMONDO
Già voi foste di me la miglior parte,
or nulla parte è mia, ma tutto è vostro,
o tutto fia, se pur non prende a scherno
1630 vera amicizia quanto amore agogna,[2]
ch'è d'altrui vincitor, da lei sol vinto.
Voi mi date ad Alvida. E 'nsieme Alvida
a me date voi solo. È vostro dono
il mio sì lieto amore e la mia vita.
1635 Ch'io per voi sono or vivo, e sono amante,
e sarò sposo. E s'ella ancor diviene
per voi mia donna, e sposa a' vostri preghi,[3]
raccolto amore ov'accogliea disdegno,[4]
qual fia dono maggior? Corone e scettri
1640 assai men pregio, o pur trionfi e palme.

TORRISMONDO
Anzi io pur vostro sono. E me donando,
e lei, che mia si crede, in parte adempio

1 *sanguigno smalto*: sangue, lucido e rappreso.
2 *quanto amore agogna*: accenna al desiderio di avere Alvida tramite Torrismondo, augurandosi che la loro amicizia non ostacoli il suo progetto.
3 *a' vostri preghi*: per vostra intercessione.
4 *raccolto... disdegno*: essendo io riuscito a trasformare in amore lo sdegno di Alvida nei miei confronti.

il mio dever; ma non fornisco il dono,
che me d'obligo tragga e voi d'impaccio.[5]
1645 Sì darvi potessi io di nobil donna
il disdegnoso cor, ch'a me riserba,[6]
come farò ch'il mio veggiate aperto.[7]
Perché vane non sian tante promesse,
per me la bella Alvida ami Germondo,
1650 ami Germondo me. S'aspetta indarno
da me vendetta pur d'oltraggio e d'onta.[8]
Vendicatela voi, ch'ardire e forza
ben avete per farlo.

GERMONDO
I vostri oltraggi
son pronto a vendicar.[9] Dal freddo carro
1655 mover prima vedrem Vulturno ed Austro,
e spirar Borea da l'ardenti arene,[10]
e 'l sol farà l'occaso in oriente,
e sorgerà da la famosa Calpe
e da l'altra sublime alta colonna,[11]
1660 ed illustrar d'Atlante il primo raggio
vedrassi il crine e la superba fronte,[12]
e l'ocean nel salso ed ampio grembo
darà l'albergo oltre il costume a l'Orse,[13]

5 *fornisco... impaccio*: completo il dono, disobbligandomi e liberando voi dall'imbarazzo.
6 *a me riserba*: riserva a me.
7 *aperto*: si riferisce a «il mio» cuore. Torrismondo lascia capire a Germondo che Alvida non lo ama così come ama lui.
8 *da me... d'onta*: cfr. vv. 87-90; la vendetta, che Alvida si aspetta da Torrismondo, è su Germondo, per la morte del fratello.
9 *vostri oltraggi... vendicar*: Germondo non intende bene di quale «oltraggi» si tratti; più avanti ricorda che ha scambiato con Torrismondo la promessa di vendicare l'uno per l'altro gli «oltraggi» subiti (vv. 2140-2143).
10 *Dal freddo... arene*: comincia la serie degli «adynata» (cfr. ad es. *Aminta*, vv. 132-137, n. 10), indicando l'impossibilità che spirino da settentrione i venti dell'est (*Vulturno*) e del sud (*Austro*), e che il vento del nord (*Borea*) soffi sui deserti dell'Africa.
11 *'l sol farà l'occaso... colonna*: il sole tramonterà in oriente, e sorgerà a ovest, dallo stretto di Gibilterra, indicato con le due colonne d'Ercole (Calpe ed Abila).
12 *ed illustrar... fronte*: e si vedrà il primo raggio di sole illuminare il crine e la superba fronte di Atlante, nome della montagna africana nord-occidentale.
13 *l'ocean... l'Orse*: l'oceano accoglierà nelle sue acque salate e vaste le due Orse, contro quello che accade in natura (rimangono sulla linea dell'orizzonte).

       e torneranno i fiumi a' larghi fonti,[14]
1665   e i gran mostri del mare in cima a' faggi
       si vedran gir volando o sopra agli olmi,
       e co' pesci albergar ne l'acqua i cervi,[15]
       prima che tanta amicizia io tuffi in Lete[16]
       per novo amore. A' merti, al nome, a l'opra,
1670   debita è quasi la memoria eterna,
       ed io questa[17] rimembro e l'altre insieme;
       però che grazia ognor grazia produce.

[SCENA QUARTA]
TORRISMONDO *ed* ALVIDA

[TORRISMONDO]
       Regina, ad onorar le vostre nozze
       venuto è di Suezia il re Germondo,
1675   invitto cavaliero e d'alta fama,
       e, quel che tutto avanza,[1] è nostro amico,
       né men vostro che mio; né tante offese
       fece a' Norvegi mai la nobil destra,[2]
       quanti farvi servigi ei brama e spera.
1680   Porger dunque la vostra a lui vi piaccia,
       pegno di fede e di perpetua pace.
       Fatelo perch'è mio, e perch'è vostro,
       e perché tanto ei v'ama, e perch'il merta.

ALVIDA
       Basti ch'è vostro amico; altro non chiedo.
1685   Perché sol dee stimar la donna amici

---

14 *torneranno... fonti*: i fiumi risaliranno i loro letti. È già nel luogo citato dell'*Aminta*, vv. 134-135.
15 *i gran mostri... cervi*: si sconvolgeranno le abitudini di vita degli animali di mare e di terra.
16 *tuffi in Lete*: scordi (il Lete è il fiume infernale le cui acque aiutavano a dimenticare).
17 *questa*: l'azione («opra») di cedergli Alvida.
1 *avanza*: supera.
2 *la nobil destra*: la mano del re Germondo.

quei che 'l marito estima. E 'l merto e 'l pregio
e 'l valor e l'amor, per me soverchio,[3]
m'è sol caro per voi: che vostra io sono,
e sol quanto a voi piace a me conviensi.

TORRISMONDO

1690   Questa del vostro amor, del vostro senno,
ho fede e speme.[4] Oggi memoria acerba[5]
non perturbi l'altero e lïeto giorno,
e la sembianza vostra, e 'l vostro petto.[6]

ALVIDA

Nel mio petto giammai piacere o noia
1695   non entrerà, che non sia vostro insieme.
Che vostro è 'l mio volere, ed io ve 'l diedi,
quando vi die' me stessa; e vostra è l'alma.
Posso io, s'a voi dispiaccio, odiar me stessa;
posso, se voi l'amate, amar Germondo.

TORRISMONDO

1700   Estingua tutti gli odii il nostro amore,
e nessuno odio il nostro amore estingua.

[SCENA QUINTA]
CAMERIERA, ALVIDA.

[CAMERIERA]

Questi doni a voi manda, alta regina,
il buon re mio signore e vostro servo;
ch'al servir non estima eguale il regno,[1]

---

3 *soverchio*: eccessivo; Alvida intuisce che l'amore di Germondo, esibitogli da Torrismondo, è fuor di misura.
4 *questa... speme*: ripongo questa fede, questa speranza nel vostro amore e nel vostro discernimento.
5 *memoria acerba*: brutto ricordo.
6 *petto*: cuore.
1 *al servir... il regno*: non ritiene l'esercizio del potere pari al servire per amore.

1705 né stimeria bench'il superbo scettro
i Garamanti e gli Etiopi e gli Indi[2]
tremar facesse, e 'nsieme Eufrate e Tigre,
Acheloo, Nilo, Oronte, Idaspe e Gange,[3]
Ato, Parnaso, Tauro, Atlante, Olimpo,[4]
1710 e s'altro sorge tanto o tanto inaspra[5]
lunge da noi famoso orribil monte.

REGINA

Di valoroso re leggiadri e ricchi
doni son questi, e portator cortese.

CAMERIERA

Non aguagli alcun dono il vostro merto;
1715 ma non aggiate[6] il donatore a sdegno,
ch'or vi presenta[7] e la corona e 'l manto
e questa imago[8] in preziosa gemma
scolpita.

ALVIDA

A prova la ricchezza e l'arte
contende,[9] o l'opra la materia avanza;[10]
1720 e la sua cortesia sì tosto aguaglia
del suo chiaro valor la fama illustre;
né mi stimò di tanto onore indegna.
Ma quai lodi o quai grazie al signor vostro
rendere io posso? O chi per me le rende?

CAMERIERA

1725 È grazia l'accettarli; e 'l don gradito
il donator d'obligo eterno astringe.[11]

---

2 *i Garamanti... Indi*: popoli africani ed asiatici, ai confini del mondo.
3 *Eufrate... Gange*: fiumi asiatici, greci e africani, a indicare le terre corrispondenti.
4 *Ato... Olimpo*: monti greci, asiatici e africani; cfr. n. 3.
5 *inaspra*: si alza scosceso, difficile.
6 *aggiate*: abbiate.
7 *presenta*: offre.
8 *imago*: figura, nella quale appresso Alvida si riconoscerà (vv. 1728-1731).
9 *A prova... contende*: gareggiano fra loro la ricchezza della «preziosa gemma» e l'arte di chi l'ha lavorata.
10 *l'opera... avanza*: il valore del lavoro supera quello della gemma.
11 *astringe*: lega.

[ALVIDA]
Quai doni io veggio? E quai parole ascolto?
Quale imagine è questa? A chi somiglia?
A me. Son io, mi raffiguro al viso,
1730   a l'abito non già. Norvegio o goto
a me non sembra.¹ E perch'a' piedi impresse
calcata la corona e 'l lucido elmo,²
e di strale pungente armò la destra?³
E 'l leon coronato al ricco giogo,
1735   qual segno è d'altra parte,⁴ e 'l fregio intorno,
ch'è di mirto e di palma insieme avvinto?⁵
Questi nel manto seminati e sparsi
sono strali e facelle e nodi involti,⁶
mirabile opra; e di mirabil mastro⁷
1740   maraviglioso onor d'alta corona
come riluce di vermiglio smalto!
Sono stille di sangue.⁸ Il don conosco.
De la dolce vendetta il caro pregio
e del mio lacrimare insieme i segni

1 *Norvegio... sembra*: e difatti è svedese, chiaro auspicio di Germondo che Alvida accetti di diventare sua moglie.
2 *a' piedi... elmo*: sono raffigurati sulla gemma i simboli del potere regale, posto ai piedi di Alvida in senso di sottomissione. È un altro artificio di Germondo per dichiarare la sua passione alla donna.
3 *di strale... destra?*: nella figurazione simbolica, incisa sulla gemma, Alvida porta nella mano l'arma che ferisce d'amore, secondo la rappresentazione convenzionale, nella specie petrarchesca, di questo sentimento (cfr., ad es., *Aminta*, vv. 49-52).
4 *'l leon... parte*: sull'altra faccia della gemma c'è un altro simbolo dell'innamoramento del re Germondo, quello del leone coronato e pure sottomesso ad un ricco giogo.
5 *'l fregio intorno/... avvinto*: il fregio, che circonda la figura del leone, è formato dai rami del mirto e della palma, che significano amore e vittoria.
6 *strali... involti*: altri segni (e metafore poetiche) della passione amorosa (cfr. n. 3); *involti*: avviluppati, stretti.
7 *mirabil mastro*: l'artigiano di cui ai vv. 1718-1719, nn. 9 e 10.
8 *riluce... di sangue*: l'associazione cromatica si spiega subito dopo, avendo la corona di Germondo evocato ad Alvida il ricordo del di lei fratello, ucciso da Germondo (cfr. vv. 419-720; 1770-1788).

1745   rimiro,[9] e mi rammento il tempo e 'l loco.
        E tu conosci di famosa giostra,
        nutrice, il dono? È questo il prezzo, è questo,
        e questa è la corona in premio offerta
        al vincitor del periglioso gioco,[10]
1750   ch'era poscia invitato ad altra pugna.[11]
        Ed io la diedi, e così volle il padre
        mio sfortunato e del fratello anciso.

NUTRICE

        La corona io conosco, e 'l dì rimembro
        de le famose prove, e 'l dubbio arringo[12]
1755   ch'al suon già rimbombò di trombe e d'armi;
        ma l'altre cose, che 'l parlare accenna,[13]
        parte mi son palesi, e parte occulte.
        Perch'ancor non passava il primo lustro
        vostra tenera età, che 'l vecchio padre,
1760   accioch'io vi nutrissi, a me vi diede,
        dicendo: — Nudrirai nel casto seno
        la mia vendetta e del mio regno antico,
        de' tributi e de l'onte e degl'inganni
        e de l'insidie.[14] È destinata in sorte.[15]
1765   Egli più non mi disse, io più non chiesi.

---

9 *De la dolce vendetta... rimiro*: nella corona color del sangue Alvida legge un altro messaggio di Germondo: il gradito onore della vendetta, in quanto Germondo, uccisore di suo fratello, è ora a lei sottomesso per amore; inoltre vi legge la ragione stessa del suo pianto, cioè la morte del fratello.

10 *periglioso gioco*: la «giostra» cavalleresca, nella quale Germondo aveva visto Alvida e si era innamorato di lei (cfr. vv. 375-380).

11 *àltra pugna*: la battaglia dove ha ucciso il fratello di Alvida; meno probabilmente, la battaglia d'amore nei di lei confronti.

12 *dubbio arringo*: il campo della giostra, pericolosa ed incerta (quanto all'esito).

13 *'l parlare accenna*: alle quali hai accennato nelle tue parole. La nutrice non ha colto il perché della «dolce vendetta» riportata da Alvida (cfr. n. 9).

14 *la mia vendetta... de l'insidie*: cercando di capire quello che non ha capito, la nutrice pensa che Alvida abbia accennato alla vendetta di se stessa e del suo popolo affidatale da suo padre, quando aveva meno di cinque anni, sui Goti e sugli Svedesi.

15 *È destinata in sorte*: ad Alvida è toccato il destino di vendicare il re suo padre ed i Norvegesi.

Seppi dapoi ch'i più famosi magi[16]
predicevano al re l'alta vendetta.

ALVIDA

Ma prima[17] nuova ingiuria il duolo accrebbe,
e fe' maggior ne l'orbo[18] padre il danno.
1770 Perché a' Dani[19] mandando aiuto in guerra
co 'l suo figliuol, che di lucenti squadre
troppo inesperto duce allor divenne,
contra i forti Sueci, a cui Germondo,
già ne l'arme famoso, ardire accrebbe,
1775 vi cadde il mio fratello al primo assalto,
dal feroce nemico oppresso e stanco.[20]
Ei di seriche adorno e d'auree spoglie,[21]
ch'io di mia propria mano avea conteste,[22]
tutto splendea, sovra un destrier correndo,
1780 lo qual nato parea di fiamma e d'aura;[23]
e la corona ancor portava in fronte,
che 'l possente guerrier gli ruppe e trasse;
e gli uccise il cavallo e sparse l'armi,
e fe' caderlo in un sanguigno monte,[24]
1785 dove, ahi lassa, morì nel fior degli anni.
E de le spoglie il vincitor superbo[25]
indi partissi; e 'l suon[26] dolente e mesto
si sparse intorno, e 'l lagrimoso grido.[27]
Altri danni, altre guerre, altre battaglie,

16 *magi*: indovini.
17 *prima*: della «vendetta» preconizzata dagli indovini.
18 *orbo*: privato di una figlia (cfr. vv. 2667-2669).
19 *Dani*: Danesi.
20 *oppresso e stanco*: sopraffatto e spossato; è una coppia di attributi del Petrarca, CXCVIII, 14.
21 *di seriche... spoglie*: ornato di vesti di seta e d'oro.
22 *conteste*: intessute.
23 *di fiamma e d'aura*: dal fuoco e dal vento.
24 *sanguigno monte*: cumulo di cadaveri. Di qui la precedente associazione in Alvida del colore del sangue alla morte del fratello (vv. 1739-1745).
25 *de le spoglie... superbo*: il vincitore vantandosi per avere ottenuto le vesti di cui al v. 1777, n. 21; oppure, vantandosi sulle spoglie mortali, sul cadavere dell'ucciso.
26 *suon*: notizia.
27 *lagrimoso grido*: pianto funebre.

1790   altre morti seguiro in picciol tempo;
       né poi successe certa e fida[28] pace,
       né fur mai queti i cori, o l'ira estinta.
       Ecco a la giostra i cavalieri accoglie
       il re mio padre, e com'altrui divolga
1795   publico bando in questa parte e 'n quella,[29]
       al vincitor promesso è 'l ricco pregio.[30]
       Vengon da' regni estrani[31] al nostro regno
       e da lontane rive a' lidi nostri
       famosi cavalieri, a prova[32] adorni
1800   di fino argento e d'or, di gemme e d'ostro,
       d'altri colori e di leggiadre imprese.[33]
       Tutto d'arme e d'armati il suol risplende
       de l'ampia Nicosia.[34] Risuona intorno
       di varii gridi e varii suoni il campo.
1805   Fuor de l'alta cittade il re n'alberga.
       co' suoi giudici assiso in alto seggio;
       io fra nobili donne, in parte opposta.
       Si rompon mille lance in mille incontri,
       e mille spade fanno uscir faville
1810   dagli elmi e dagli usberghi; il pian s'ingombra
       di caduti guerrieri e di cadenti;
       è dubbia la vittoria, e 'l pregio[35] incerto.
       E mentre era sospesa ancor la palma,[36]
       apparve un cavalier con arme negre,
1815   ch'estranio mi parea, con bigie penne[37]
       diffuse a l'aura ventillando e sparse,
       che parve al primo corso[38] orribil lampo,

---

28 *fida*: tale da fidarsi.
29 *altrui... quella*: il pubblico bando annuncia la giostra da ogni parte, a tutti.
30 *ricco pregio*: la corona d'oro; cfr. vv. 1739-1740, 1746-1752.
31 *estranei*: stranieri.
32 *prova*: gara.
33 *leggiadre imprese*: eleganti figure simboliche, ricamate sulla veste del cavaliere (il Tasso traveste i cavalieri settentrionali secondo il gusto del suo tempo).
34 *Nicosia*; città della Norvegia (per Olao Magno, Nidrosia).
35 *pregio*: premio (cfr. n. 30).
36 *palma*: vittoria.
37 *bigie penne*: penne color cenere, poste sul cimiero dell'elmo.
38 *corso*: scontro.

a cui repente segua atra tempesta.[39]
Rotte già nove lance, il re m'accenna
1820 che mandi in dono al cavaliero un'asta.
Con questa di feroce e duro colpo
quel che gli altri vincea[40] gittò per terra.
Né men possente poi vibrando apparse
la fera spada in varii assalti. Ei vinse,
1825 e poi fu coronato al suon di trombe.
Io volea porli in testa aurea corona,
ma non la volle a noi mostrare inerme;[41]
ond'io la posi, ei la pigliò su l'elmo.
Cortesia ritrovò, che 'l volto e 'l nome
1830 poté celarne,[42] e si partì repente.[43]
Né fu veduto più. Ma fur discordi,
ragionando di lui guerrieri e donne.
Io seppi sol, ben mi rimembra il modo,
che si partiva il cavalier dolente
1835 mio servo, e di fortuna aspro nemico.[44]
Or riconosco la corona e 'l pregio.
Era dunque Germondo? Osò Germondo
contra i Norvegi in perigliosa giostra
dentro Norveggia istessa esporsi a morte?
1840 Tanto ardir, tanto core in vana[45] impresa?
Poi tanta secretezza e tanto amore?
E sì picciola fede in vero amante?
E s'ei non era, onde, in qual tempo, e quando
ebbe poi la corona? A chi la tolse?
1845 Chi gliela diede? Ed or perché la manda?
Che segna[46] il manto e la scolpita gemma?
O quai pensier son questi, e quai parole?[47]

---

39 *atra tempesta*: cfr. v. 1526, n. 3.
40 *quel... vincea*: il vincitore sino a quel momento.
41 *inerme*: indifesa, scoperta (la testa).
42 *Cortesia... celarne*: trovò un modo cortese per celarci il volto ed il nome.
43 *repente*: tosto.
44 *mio servo... nemico*: Germondo da allora è legato di amore ad Alvida, ma senza fortuna.
45 *vana*: inutile, perché non porta a Germondo l'amore di Alvida.
46 *segna*: significa.
47 *parole*: quelle pronunciate dalla cameriera nella scena quinta (cfr. anche v. 1727).

NUTRICE

Non so, ma varie cose asconde il tempo,
altre rivela, e muta in parte e cangia;
1850   muta il cor, il pensier, l'usanze e l'opre.

ALVIDA

Di mutato voler[48] conosci i segni?
Son d'amante o d'amico i cari doni?
Chi mi tenta, Germondo o 'l suo fedele?[49]
Tenta moglie od amica, amante o sposa?[50]
1855   Tenerli io deggio,[51] o rimandarli indietro?
E s'io gli tengo pur, terrògli ascosi?[52]
O gli paleserò? Scoperti o chiusi[53]
al mio caro signor faranno offesa?
Il parlar gli fia grave[54] o 'l mio silenzio?
1860   Il timore o l'ardir gli fia molesto?
Gli piacerà la stima o 'l mio disprezzo?
Forse deggio io fallir perch'ei non erri?[55]
O deggio forse amar perch'ei non ami?
O più tosto odiar perch'ei non odi?

NUTRICE

1865   Quai disprezzi, quali odii e quali amori
ragioni, o figlia, e qual timor t'ingombra?

ALVIDA

Temo l'altrui[56] timor, non solo il mio;
e d'altrui gelosia mi fa gelosa

48 *mutato voler*: mutamento d'intenzioni.
49 *'l suo fedele*: Torrismondo.
50 *Tenta... sposa*: se i doni sono di Germondo, egli tenta Alvida come sua possibile «amica» ed «amante»; se sono di Torrismondo, egli tenta Alvida come «moglie» e «sposa».
51 *deggio*: devo.
52 *ascosi*: senza mostrargli a Torrismondo, che potrebbe ingelosirsi.
53 *chiusi*: celati.
54 *fia grave*: infastidirà, turberà.
55 *fallir... erri*: sbagliare, nel nascondere i doni di Germondo, perché Torrismondo non sbagli, ingelosendosi?
56 *altrui*: di Torrismondo.

solo il sospetto;[57] anzi il presagio, ahi lassa!
1870   Se troppa fede il mio signore inganna,
in lui manchi la fede, o in me s'accresca,
o pur creda a me sola; a me la serbi,
perch'è mia la sua fede, a me fu data.
A me chi la ritoglie o chi l'usurpa?
1875   O chi la fa commune o la comparte?[58]
O come la sua fede alcun m'aguaglia?
Ma forse ella non è soverchia fede.
È forse gelosia, che si riscopre
sotto false sembianze. Oimè dolente,
1880   deh, qual altra cagione ha 'l mio dolore,
se non è il suo timor? S'egli non teme,
perché mi fugge?

NUTRICE

Il timor vostro il suo timor v'adombra,
anzi ve 'l finge;[59] e se 'l timor lasciate,
1885   non temerà, non crederò che tema.

ALVIDA

Quale amante non teme un altro amante?
Quale amor non molesta un altro amore?

NUTRICE

L'amor fedele, io credo, e 'l fido amante.

ALVIDA

Ma fede si turbò talor per fede,
1890   non ch'amor per amor. S'amò primiero
Germondo re possente e re famoso,
cavalier di gran pregio e di gran fama,
e, come pare altrui, bello e leggiadro;

---

57 *d'altrui... sospetto*: il semplice sospetto che Torrismondo sia geloso mi rende gelosa a
mia volta. Il gioco di parole non sembra sufficientemente maturato: l'oggetto della gelosia
di Alvida potrebbe essere il suo onore, macchiato dall'ingiusta gelosia di Torrismondo.
58 *la fa... comparte?*: ce l'ha in comune con me o la condivide?
59 *v'adombra, anzi ve 'l finge*: vi fa apparire, anzi ve lo crea.

s'amò nemico, o pur nemica amando
1895   tenne occulto l'amor al proprio amico,[60]
non è lieve cagion d'alto sospetto.

NUTRICE

Rara beltà, valore e chiara fama
del cavalier, che fece i ricchi doni,
se far non ponno[61] or voi, regina, amante,
1900   già far non denno[62] il vostro re geloso.
Deh, sgombrate del cor l'affanno e l'ombra,
ch'ogni vostro diletto or quasi adugge.[63]
Dianzi vi perturbava il sonno il sogno
fallace, che giamai non serva intere
1905   le sue vane promesse o le minacce,
e spavento vi diè notturno orrore
di simolacri erranti o di fantasmi;[64]
or desta, nove larve a voi fingete,[65]
e gli amici temete e 'l signor vostro;
1910   e paventate i doni, e chi gli porta,
e chi gli manda, e le figure e i segni,[66]
voi sola a voi cagion di tema indarno.[67]

ALVIDA

A qual vendetta adunque ancor mi serba
il temuto destino? E quale inganno
1915   o quali insidie vendicare io deggio?[68]
Ov'è l'ingannatore? Ov'è la fraude?[69]
Chi la ricopre, ahi lassa, o chi l'asconde?
O tosto si discopra, o stia nascosta

60 *nemica... amico*: celò a Torrismondo, suo amico, l'amore per me sua nemica.
61 *ponno*: possono.
62 *denno*: debbono.
63 *adugge*: soffoca.
64 *Dianzi... fantasmi*: cfr. vv. 25-54; *simolacri*: ombre.
65 *nove... fingete*: vi create altri fantasmi.
66 *le figure e i segni*: della «gemma» inviatale da Germondo (vv. 1727-1745).
67 *cagion... indarno*: fonte d'inutile timore.
68 *A quel vendetta... io deggio?*: Alvida ripensa alle parole del padre, riferitele dalla nutrice (vv. 1758-1767).
69 *fraude*: inganno.

eternamente. Io temo, io temo, ahi lassa!
1920 E se del mio timor io son cagione,
par che me stessa io tema. E sol m'affida[70]
del mio caro signore il dolce sguardo,
e la sembianza lieta, e 'l vago aspetto.[71]
Egli mi raconsoli e m'assicuri.
1925 Egli sgombri il timor, disperda il ghiaccio.[72]
Egli cari mi faccia i doni, e i modi,
e i donatori, e i messi, e i detti, e l'opre;[73]
e se vuole, odiosi. A lui m'adorno.[74]

[SCENA SETTIMA]
ALVIDA, REGINA MADRE.

[ALVIDA]
Son doni di Suezia. Il re Germondo
1930 me gli ha mandati, al figliuol vostro amico,
ed a me, quanto ei vuole.[1] Ed io gradisco
ciò ch'al re mio signor diletta e piace.

REGINA
Ne 'l donare un gentile alto costume[2]
serba l'amico re; ma i ricchi doni
1935 son belli oltre il costume, oltre l'usanza,
e convengon, regina, al vostro merto.
E noi corone avremo e care gemme
per donare a l'incontra.[3] Onore è il dono;
onorato esser dee com'egli onora,

70 *m'affida*: mi dà sicurezza.
71 *vago aspetto*: il bell'aspetto.
72 *disperda il ghiaccio*: allenti l'oppressione che mi stringe.
73 *i doni... l'opre*: la gemma, la corona, il manto; il modo del dono; la cameriera che me l'ha porto, le sue parole; quel che seguirà.
74 *A lui m'adorno*: mi faccio bella (coi doni di Germondo) per Torrismondo.
1 *quanto ei vuole*: nei limiti in cui Torrismondo acconsente.
2 *gentile... costume*: nobile e significativa tradizione.
3 *a l'incontra*: a nostra volta.

1940   perch'è ferma amicizia e stabil fede,[4]
        se da l'onor comincia; ogni altra, incerta.

ALVIDA

        Certo è l'amor, certo è l'onor ch'io deggio
        a l'alto mio signor, certa è la fede,
        ch'i suoi più cari ad onorar m'astringe.

REGINA

1945   S'onora negli amici il re sovente,
        e ne' più fidi. Oggi è solenne giorno,
        giorno festo ed altero,[5] e l'alta reggia
        adorna già risplende, e 'l sacro tempio.
        Venuto è 'l re Germondo e i duci illustri
1950   del nostro regno e i cavalieri egregi,
        d'Eruli[6] un messo, un messaggier degli Unni;[7]
        mandati ha 'l re di Dacia[8] i messi e i doni.

4 *stabil fede*: fedeltà solida.
5 *festo ed altero*: di una splendida cerimonia.
6 *Eruli*: popolazione germanica.
7 *Unni*: cfr. v. 347.
8 *Dacia*: nome classico della Romania e medievale della Dania, ovvero della Danimarca.

Amore, hai l'odio incontra e seco giostri,[1]
seco guerreggi, Amore,
1955   e con un giro alterno
questo distruggi, e nasce il mondo eterno.[2]
Altro è, che non riluce agli occhi nostri,
più sereno splendore,
altre forme più belle
1960   di sol lucente e di serene stelle.
Altre vittorie in regno alto e superno,[3]
altre palme tu pregi,
che spoglie sanguinose o vinti regi,
altra gloria, senza ira e senza scherno.[4]
1965   Amore invitto in guerra,
perché non vinci e non trionfi in terra?
    Perché non orni, o vincitor possente,
de' felici trofei
questa chiostra terrena,
1970   con lieta pompa, ov'è tormento e pena?[5]
Perch'il superbo sdegno e l'ira ardente
qua giuso e fra gli dei[6]
non si dilegua e strugge,
se divo od uom non ti precorre e fugge?[7]
1975   Ciò che l'ira ne turba, or tu serena:[8]
spengi le sue faville,
accendi le tue fiamme e fa tranquille.[9]

---

* S'invoca l'Amore, domatore d'odio e signore della fortuna, perché non voglia contrastare con l'Amicizia, che si identifica con lui.

1 *seco giostri*: combatti con lui, con l'odio.
2 *con un giro... eterno*: quando Amore, nella lotta con l'odio, ha il sopravvento, il mondo celeste prende la sua forma eterna.
3 *regno... superno*: cielo.
4 *senza... scherno*: le manifestazioni dei vincitori in guerra (cfr. vv. 1786-1787).
5 *orni... pena?*: adorni, decori, la terra, dove regnano dolori e sofferenze, coi trofei della tua vittoria celeste e con apparati di gioia. Amore è metaforicamente chiamato ad organizzare in terra la festa per la sua vittoria in cielo sull'odio.
6 *qua... dei*: in terra ed in cielo.
7 *se... fugge?*: dal momento che nessun essere celeste o terreno ti precede e si sottrae a te.
8 *Ciò che... serena*: rasserena, pacifica, i turbamenti provocati in noi dall'ira.
9 *fa tranquille*: ma falle bruciare pacatamente.

Stringi d'antica i nodi, Amor, catena,
ond'anco è 'l mondo avinto,[10]
1980   catenato il furore e quasi estinto.[11]
            Deh, non s'aguagli a te nemico indegno,[12]
perché[13] volga e rivolga
queste cose la sorte,
co 'l tornar[14] dolce vita od atra morte.
1985   Diagli pur l'incostante instabil regno,[15]
annodi i lacci o sciolga,[16]
in alte parti o 'n ime[17]
già non adegua[18] il tuo valor sublime.
Tu, nel diletto e nel dolor più forte,
1990   miglior fortuna adduci,
e queste sfere o quelle orni e produci.[19]
Tale, apra o serri in ciel lucenti porte,[20]
o vada il sole o torni,
han possanza inegual le notti e i giorni.[21]
1995   Contra fera discordia, Amor, contendi,
come luce con l'ombra.
Ma come l'arme hai prese
contra amicizia? Ahi, chi primier l'intese?
S'offendi lei, pur te medesmo offendi;
2000   s'il tuo valor la sgombra,[22]
te scacci, e sechi in parti,[23]
s'amicizia da te dividi e parti.

---

10 *avinto*: legato; cfr. vv. 1955-1960.
11 *catenato... estinto*: dopo avere domato e quasi spento il furore, manifestazione dell'odio e dell'ira.
12 *nemico indegno*: l'odio.
13 *perché*: per quanto.
14 *co 'l tornar*: alternando.
15 *Diagli... regno*: assegni pure la fortuna all'odio un successo momentaneo.
16 *annodi... sciolga*: sia pure l'odio ad unire o sciogliere i legami tra gli uomini.
17 *alte... ime*: in cielo o in terra.
18 *adegua*: eguaglia.
19 *queste... produci*: adorni e crei la terra e il cielo.
20 *apra... morte*: albeggi o tramonti in cielo il sole (cfr. v. 1993).
21 *han... i giorni*: la superiorità del giorno sulla notte è metafora di quella dell'amore sull'odio.
22 *sgombra*: scaccia.
23 *sechi in parti*: tagli a pezzi.

Stendi[24] l'arco per lei, signor cortese:
ella per te s'accinga,[25]
2005 e la spada per te raggiri e stringa.[26]
Non cominci nova ira e nove offese,
né l'uno e l'altro affetto[27]
turbi a duo regi il valoroso petto.
    Deh, rendi, Amore, ogni pensiero amico.
2010 Amor, fa teco pace,
perch'è vera amicizia amor verace.

---

24 *Stendi*: allenta, posa.
25 *s'accinga*: si armi.
26 *raggiri e stringa*: brandisca.
27 *l'uno... affetto*: amore e amicizia.

[SCENA PRIMA]
CONSIGLIERO, GERMONDO

[CONSIGLIERO]
Il venir vostro al re de' Goti, al regno,
a la reggia, signor, la festa accresce,
aggiunge l'allegrezza, i giochi addoppia,[1]
2015   pace conferma in lei;[2] spietata guerra,
il furore, il terror rispinge e caccia[3]
oltre gli estremi e più gelati monti,
e 'l più compresso e più stagnante ghiaccio,[4]
e i più deserti e più solinghi campi.[5]
2020   Oggi Goti e Sueci, amiche genti,
non sol Norvegi e Goti, aggiunte[6] insieme
ponno pur stabilir la pace eterna.
Oggi la fama vostra al ciel s'inalza,
e quasi da l'un polo a l'altro aggiunge.[7]
2025   Oggi par che paventi al suon de l'arco[8]
l'Europa tutta, e l'Occidente estremo,
e contra Tile ancor l'ultima Battro.[9]
Perché non fan sì forti i nostri regni

---

1 *i giochi addoppia*: secondo gli intenti della regina (v. 1373).
2 *lei*: essa, la «reggia».
3 *rispinge e caccia*: la venuta di Germondo.
4 *'l più compresso... ghiaccio*: i ghiacci artici.
5 *i più deserti... campi*: adatta un celebre verso petrarchesco, XXXV, 1.
6 *aggiunte*: unite.
7 *aggiunge*: arriva.
8 *suon de l'arco*: sibilare delle frecce; più avanti, v. 2088, definisce Goti, Svedesi e Norvegesi «tre popoli arcieri».
9 *contra... Battro*: all'opposto di Tule, cioè all'estremità settentrionale (cfr. v. 904, n. 36), anche, a mezzogiorno, l'estrema capitale della Battriana (Afghanistan): tutto il mondo, insomma. Le due località, accoppiate dal Petrarca (CXLVI, 10), appaiono congiunte nella *Gerusalemme liberata*, VII, 69.

stagni, paludi, monti e rupi alpestri
2030 e città d'alte mura intorno cinte
e moli e porti e l'ocean profondo,
come il vostro valor, ch'in voi s'aguaglia
a la vostra grandezza, e 'l nome vostro,
e i cavalieri egregi, e i duci illustri.
2035 Lascio[10] tanti ministri e tanti servi,
tante vostre ricchezze antiche e nove.
Ben senza voi, sì grandi e sì possenti,
l'umil plebe saria difesa inferma
di fragil torre,[11] e voi le torri eccelse
2040 sete di guerra e i torreggianti scogli.
Chi voi dunque congiunge,[12] a queste sponde
nova difesa fa e novo sostegno
del vostro onore, e l'assicura ed arma
contra l'insidie e i più feroci assalti.
2045 Non tememer che da remota parte
venga solcando il mar rapace turba[13]
per depredarne, o ch'alto incendio infiammi
le già mature spiche, o i tetti accenda.
Perché vostra virtù represse e lunge
2050 poté scacciar da noi gli oltraggi e l'onte.
Voi minacciando usciste, o regi invitti,
e l'un corse a l'Occaso e l'altro a l'Orto,[14]
prima diviso e poi congiunto in guerra,
come duo gran torrenti a mezzo il verno,
2055 o duo fulmini alati appresso a' lampi,
quando fiammeggia il cielo e poi rimbomba.
Ma del raro valor vestigia sparse
altamente[15] lasciaste, offesi, estinti,
domi, vinti, feriti, oppressi e stanchi,

---

10 *Lascio*: cfr. v. 666, n. 158.
11 *difesa... torre*: debolmente difesa, come accade quando ci si arrocca in una torre poco guernita.
12 *Chi... congiunge*: chi fa in modo che Goti, Svedesi e Norvegesi si uniscano; non allude tanto a se stesso, ma a Rosmonda, qualora Germondo la prendesse in moglie.
13 *rapace turba*: non necessariamente pirati; anche i nemici evocati in seguito.
14 *l'un... Orto*: l'uno si diresse ad occidente, l'altro ad oriente (cfr. v. 871, n. 20).
15 *altamente*: eccelse (da riferirsi a «vestigia», v. 2057).

2060   duci, guerrieri, regi, eroi famosi.
Ed in mille alme ancor lo sdegno avampa,
e 'l desio d'alto imperio[16] e di vendetta,
lo qual tosto s'accende e tardi estingue,
e si nasconde a' più sereni tempi,
2065   ne' turbati si scopre, e fuor si mostra
tanto maggior quanto più giacque occulto.
Or che pensa il Germano, o pensa il Greco?[17]
O qual nutre sdegnando orribil parto
gravida d'ira la Panonia e d'arme?[18]
2070   Queste cose tra me sovente io volgo.[19]
E già non veggio più sicuro scampo,
o più saggio consiglio, inanzi al rischio,
ch'unire insieme i tre famosi regni,[20]
che 'l gran padre Ocean quasi circonda
2075   e dagli altri scompagna e 'n un congiunge.[21]
Perch'ogni stato per concordia avanza,[22]
e per discordia al fin vacilla e cade.
Duo[23] già ne sono uniti; e questo giorno,
ch'Alvida e Torrismondo annoda e stringe,
2080   stringer potriasi ancor a voi Rosmonda,
ch'aguaglia[24] a mio parer. Ma fia gran merto
non lasciar parte in tanta gloria al senso.[25]
Molti sono tra voi legami e nodi
d'amicizia, d'amor, di stabil fede;
2085   e nessun dee mancarne. Aggiunto a' primi

---

16 *alto imperio*: potere superiore a quello manifestato da Goti e Svedesi.

17 *che pensa... Greco?*: quali reazioni preparano Germani e Greci, popolazioni minacciate, se non già aggredite, dalle azioni militari di Germondo e Torrismondo?

18 *qual nutre... d'arme?*: qual tremenda reazione preparano i Pannoni (l'attuale popolazione ungherese), rabbiosi e bene armati?

19 *volgo*: rimugino.

20 *i tre... regni*: Gotia, Svezia e Norvegia.

21 *dagli altri... congiunge*: l'Oceano Artico, sul quale si affacciano Gozia, Svezia e Norvegia, accomuna questi «tre regni» e li distacca dagli altri.

22 *per concordia avanza*: progredisce nella pace.

23 *Duo... uniti*: Gozia e Norvegia, grazie al matrimonio di Torrismondo e Alvida.

24 *aguaglia*: vale Alvida.

25 *senso*: solo apprezzamento delle bellezze di Rosmonda, come ha appena fatto il Consigliero. Dopo, difatti, riepiloga gli altri significati dell'eventuale matrimonio di Rosmonda e Germondo.

sia questo novo e caro. E nulla or manchi
a lieta pace, or che dal ciel discende
a tre popoli arcieri e 'n guerra esperti.
Fra' quai nessuno in amar voi precorse
2090   me d'anni grave.[26] E questo ancor m'affida,[27]
e la vostra bontà, la grazia, e 'l senno:
talché primiero a ragionarne ardisco.
Ma non prego solo io. Congiunta or prega
questa, canuta e venerabil madre,
2095   antica terra,[28] e di trionfi adorna.
E son queste sue voci e sue preghiere:
— O miei figli, o mia gloria, o mia possanza,
per le mie spoglie e per l'antiche palme,
per le vittorie mie famose al mondo,
2100   per l'alte imprese ond'è la gloria eterna,
per le corone degli antichi vostri,
che fur miei figli e non venuti altronde,
questa grazia vi chiedo io vecchia e stanca;
e grazia, a giusta età[29] concessa, è giusta.

GERMONDO

2105   Pensier canuto e di canuta etade[30]
è quel ch'in voi si volge, e i detti lodo,
e gradisco il voler, gli affetti e l'opre.
Ma sì vera, sì ferma e sì costante
è la nostra amicizia, e strinse in guisa
2110   amor, fede, valor duo regi errando,[31]
che non si stringeria per nove nozze
con più tenace nodo o con più saldo.

CONSIGLIERO

Se nodo mai non s'allentò per nodo,

26 *precorse/... grave*: anticipò me, pur vecchio.
27 *m'affida*: cfr. v. 1921, n. 70.
28 *questa... terra*: la Gozia, ma anche la Svezia e la Norvegia, visto che tutte e tre potrebbero formare una terra unica (cfr. vv. 2071-2075, nn. 20-21).
29 *giusta età*: l'età «antica» cui la «terra» settentrionale è giunta (cfr. v. 2095).
30 *Pensier... etade*: cfr. vv. 19-20, n. 11.
31 *errando*: nelle loro peregrinazioni (cfr. vv. 340-364).

ma s'un simil per l'altro abonda e cresce,[32]
2115 per legitimo amor non fia disciolta
vera amicizia, anzi sarà più salda.

GERMONDO

Amor, che fare il pò, confermi e stringa
amicizia fedel.

CONSIGLIERO
Migliori estimo
le nozze assai che l'amicizia ha fatte:
2120 l'altre pericolose.

GERMONDO
Ivi sovente
si ritrova gran lode ov'è gran rischio.

CONSIGLIERO

Lodato spesso è lo schifar periglio,
quando si schifa altrui.[33]

GERMONDO
L'ardir più stimo,
se pò far gli altri arditi un solo ardito.

CONSIGLIERO

2125 Or de l'ardire è tempo, or del consiglio,[34]
e s'ardire e consiglio in un s'accoppia,
fortuna ingiuriosa in van contrasta[35]
a magnanima impresa, o lei seconda.[36]
Ma questo ancor sereno e chiaro tempo
2130 providenza veloce[37] in voi richiede.

32 *un simil... cresce*: un nodo, rinforzato da uno simile, diviene più stretto di uno solo.
33 *schifar... altrui*: evitare un pericolo quando lo si evita ad altri.
34 *consiglio*: prudenza.
35 *fortuna... contrasta*: all'incirca così il Petrarca, LIII, 86.
36 *o lei seconda*: o persino la favorisce.
37 *providenza veloce*: decisioni preveggenti e rapide.

Congiunta ha 'l re norvegio al re de' Goti
la figlia. Ed oggi è lieto e sacro giorno,
ch'apre di stabil pace agli altri il varco,
già aperto a voi. Nozze giungete[38] a nozze,
2135 né siate voi tra tanto amor l'estremo.[39]

GERMONDO

Primo sono in amare. Amai l'amico,
di valor primo e 'n riamar secondo,[40]
ed amerò finché 'l guerrero spirto
reggerà queste pronte o tarde membra.[41]
2140 E mi rammento ancor ch'a lui giurando
la fede i' diedi, ed egli a me la strinse,[42]
che l'un de l'altro a vendicar gli oltraggi
pronto sarebbe. Or non perturbi o rompa
nuovo patto per me[43] gli antichi patti.
2145 E s'ei per liete nozze è pur contento
di pacifico stato e di tranquillo,
io ne godo per lui. Per lui ricovro
ne la pace e nel porto,[44] e lascio il campo
e l'orrida tempesta e i venti aversi.[45]
2150 Vera amicizia dunque il mar sonante
mi faccia, o queto, il ciel sereno, o fosco;
e di ferro m'avolga e mi circondi,[46]
e mi tinga in sanguigno[47] i monti e l'onde,
se così vuole, o 'l sangue asciughi e terga,

---

38 *giungete*: congiungete, accoppiate.
39 *l'estremo*: l'ultimo, ad unirvi.
40 *di valor... secondo*: che mi supera in valore, ma non nell'affetto che ho per lui; si riferisce a Torrismondo, ovviamente.
41 *'l guerrero spirto/... membra*: «gentil» è, invece, lo «spirto» che opera analogamente ad inizio della canzone petrarchesca citata alla n. 36.
42 *la fede... strinse*: c'impegnammo reciprocamente, con la parola o con una stretta di mano.
43 *per me*: da parte mia.
44 *ricovro/... porto*: mi rifugio nell'amicizia, se vale per Germondo la medesima concezione che dell'amicizia ha il Consigliero (cfr. vv. 1519-1538 e relative note).
45 *lascio il campo/... aversi*: fuori di metafora: rinuncio a contendere con Torrismondo per Alvida, entrando su un terreno dove si scatenano passioni pericolose.
46 *di ferro... circondi*: mi armi di tutto punto e mi protegga.
47 *mi tinga in sanguigno*: cfr. Dante, *Inferno*, v, 90.

2155   e mi scinga la spada al fianco inerme.[48]
Vera amicizia ancor mi faccia amante,
e se le par, marito;[49] e tutte estingua
d'Amore e d'Imeneo le faci ardenti,[50]
o di Marte le fiamme e 'l foco accresca.[51]
2160   Così direte al re: — Lodo e confermo
che 'l vero amico mi disciolga o leghi.—[52]

[SCENA SECONDA]

GERMONDO *solo*

Giusto non è che sia stimato indarno
malvagio il buono, o pur buon il malvagio,
perché perdita far di buono amico
2165   e de la cara vita è danno eguale;
ma tai cose co 'l tempo altri conosce,[1]
che sol pò il tempo dimostrar l'uom giusto.
Però[2] se i giorni e l'ore e gli anni[3] e i lustri
Torrismondo mostrâr verace amico,
2170   parer non muto e di mutar non bramo,
anzi le vie del core io chiudo e serro

---

48 *mi scinga... inerme*: mi disarmi e mi privi di difesa. Attraverso queste richieste enfatiche alla «vera amicizia» Germondo esprime sì la decisione di serbare comunque l'amicizia a Torrismondo, ma nel contempo lascia trapelare il turbamento profondo che gli ha cagionato la proposta di sposare Rosmonda.
49 *amante/... marito*: amico di Torrismondo e, se a lui (in quanto legato a me da «vera amicizia») pare, marito di Alvida.
50 *tutte estingua/... ardenti*: annulli in me qualsiasi desiderio d'amare e di sposarmi (Imeneo, il dio delle nozze, era rappresentato con fiaccole accese nelle mani).
51 *di Marte... accresca*: aumenti in me gli spiriti bellicosi. Qui Germondo sembra contraddire alle richieste del primo coro alla Sapienza, vv. 839-854.
52 *Lodo... leghi*: sia che Torrismondo non mi congiunga ad Alvida, sia che lo faccia (oppure: sia che non mi tenga unito a lui, non dimostrandosi mio «vero amico», sia che lo faccia), approvo e faccio mio il suo operato.
1 *altri conosce*: si conoscono.
2 *Però*: perciò.
3 *i giorni... anni*: rimescola una progressione petrarchesca («gli anni e i giorni e l'ore», XII, 11).

quanto m'è dato;[4] e le ragioni incontra
al sospettar, ch'è sì leggiero e pronto
per sì varia cagion, raccolgo a' passi.[5]
2175 Oh pur questa mia vera e stabil fede
non solo questo dì, ma un lungo corso
più mi confermi ancor d'anni volanti,[6]
perché sian d'amicizia eterno essempio
l'invitto re de' Goti e 'l suo Germondo.
2180 Pur l'accoglienza e 'l modo ancor mi turba,
assai diverso, e men sereno aspetto
che non soleva, e de la fé promessa
e di nostra amicizia e degli errori
e de l'amata donna e del suo sdegno,[7]
2185 dopo breve parlar, lungo silenzio,
e breve vista dopo lunghi affanni.[8]
Così peso di scettro e di corona
fa l'uom più grave,[9] e con turbata fronte
spesso l'inchina,[10] e di pensier l'ingombra.
2190 Solo amor non invecchia, o tardi invecchia.
A me sperato o posseduto regno,
o fatto danno, o minacciata guerra,
tanto da sospirar giamai non porge,
ch'amor non tragga al tormentoso fianco[11]
2195 altri mille sospiri. O liete giostre,
o cari pregi[12] miei, corone ed arme,
o vittorie, o fatiche, o passi sparsi,[13]
al pensier non portate ora tranquilla[14]
senza la donna mia. Saggi consigli,

---

4 *le vie... dato*: per quanto mi è concesso, non permetto che il mio cuore lasci passare il sospetto che non mi sia amico.

5 *raccolgo a' passi*: dispongo in quei luoghi da dove possono entrare nel cuore, e turbarlo.

6 *volanti*: perché il passare del tempo è concepito come una corsa.

7 *suo sdegno*: per lo «sdegno» di Alvida si cfr. i vv. 1645-1646.

8 *breve... affanni*: Germondo è insospettito anche dalla rapidità dell'incontro con Torrismondo, incontro che viene dopo un lungo e doloroso distacco.

9 *grave*: serio.

10 *inchina*: lo fa andare chino; lo rende meno spontaneo, più pensieroso.

11 *tormentoso fianco*: così Petrarca (CXXV, 57), per indicare il corpo che soffre.

12 *pregi*: cfr. v. 1796, n. 30.

13 *passi sparsi*: altro riferimento alle peregrinazioni di cui al v. 2110, n. 31.

14 *ora tranquilla*: è del Petrarca, CCCLX, 61.

2200 altre paci, altre nozze, ed altri modi
di vero amore, e d'amicizia aggiunte[15]
lodo ben io. Ma per unirci insieme,
sorella a me non manca, o stato, od auro.[16]
Ma faccia Torrismondo. A lui commesso
2205 ho 'l governo de l'alma, ed egli il regga.[17]

[SCENA TERZA]
ROSMONDA, TORRISMONDO

[ROSMONDA]

È semplice parlar quel che discopre
la verità. Però, narrando il vero,
con lungo giro di parole adorne
or non m'avolgo.[1] O re, son vostra serva;
2210 e vostra serva nacqui e vissi in fasce.

TORRISMONDO
Non sei dunque Rosmonda?

ROSMONDA
Io son Rosmonda.

TORRISMONDO
Non sei sorella mia?

---

15 *d'amicizia aggiunte*: altri vincoli di amicizia; oppure, se riferito a «paci» e «nozze», rinforzate dall'amicizia.
16 *sorella... auro*: Germondo capisce l'opportunità di stringere altri rapporti con Torrismondo oltre a quelli dell'amicizia, e s'impegna da parte sua ad offrire lui a Torrismondo la propria sorella in moglie, con terre e capitali in dote.
17 *A lui... regga*: ho affidato il governo del mio cuore a Torrismondo, ed egli lo amministri.
1 *con lungo... m'avolgo*: non mi perdo in un lungo giro di belle parole.

ROSMONDA

Né d'esser niego,[2]
alto signor.

TORRISMONDO

Troppo vaneggi, ah folle!
Qual timor, quale error così t'ingombra,
2215 che di stato servil tanto paventi?[3]
Da tal principio a ricusar cominci?[4]

ROSMONDA

Se femina ci[5] nasce, or serva nasce
per natura, per legge e per usanza,
del voler di suo padre e del fratello.
2220 Ma fra tutte altre in terra o prima o sola
è dolce servitù servire al padre
ed a la madre, a cui partir l'impero
de' figli si devria.[6] Né gli anni o 'l senno
fanno ogni imperio del fratel superbo.[7]

TORRISMONDO

2225 Obbedisci a tua madre, ove ti piaccia.

ROSMONDA

Io non ho madre, ma regina e donna.[8]

2 *Né d'esser niego*: Rosmonda non ammette subito di non essere sorella di Torrismondo, valendosi del fatto che porta lo stesso nome della sorella vera; ma ben presto rivelerà l'equivoco (cfr. v. 1037, n. 8).
3 *di stato... paventi*: Torrismondo pensa che l'affermazione di Rosmonda di essere in condizioni d'inferiorità (per nascita) nei suoi riguardi (cfr. vv. 2209-2210) non sia vera e sia frutto di «timor» e di «error», perché nasce dalla paura di dovere sposare Germondo (cfr. vv. 1376-1381).
4 *Da tal... cominci?*: cominci a rifiutare (le nozze con Germondo) avanzando, come prima ragione, la tua pretesa condizione non nobile?
5 *ci*: nel mondo.
6 *a cui partir... devria*: fra i quali si dovrebbe equamente ripartire l'autorità sui figli.
7 *Né gli anni... superbo*: l'età e la maturità del fratello maggiore rendono sovente tollerabile alla sorella la sua autorità, che si aggiunge a quella dei genitori.
8 *donna*: signora, padrona. Evidentemente Rosmonda ha deciso di sottrarsi agli indugi e di confessare la sua vera identità (cfr. n. 2).

TORRISMONDO

Non sei tu di Rusilla⁹ unica figlia?

ROSMONDA

Né unica, né figlia esser mi vanto
de la regina de' feroci Goti.

TORRISMONDO

2230   E pur sei tu Rosmonda, e mia sorella?

ROSMONDA

Io sono altra Rosmonda, altra sorella.¹⁰

TORRISMONDO

Distingui¹¹ omai questo parlar, distingui
questi confusi affanni.

ROSMONDA

                    A me fu madre
la tua nutrice, e poi nutrì Rosmonda.¹²

TORRISMONDO

2235   Nova cosa mi narri e cosa occulta,
e cosa che mi spiace e mi molesta.
Ma pur vizio è 'l mentir d'alma servile,¹³
talché serva non sei, se tu non menti.

ROSMONDA

Serva far mi poté fortuna aversa
2240   de l'uno e l'altro mio parente antico.¹⁴

9 *Rusilla*: ecco finalmente il nome della regina, madre di Torrismondo, ma non di Rosmonda.
10 *altra sorella*: sorella d'altri.
11 *Distingui*: chiarisci.
12 *nutrì Rosmonda*: fece da balia a Rosmonda, la sorella di Torrismondo che si chiama come la Rosmonda che sta parlando.
13 *Vizio... d'alma servile*: Torrismondo, turbato dalla rivelazione, non ha più dubbi sulla precedente dichiarazione di Rosmonda di non essere nobile, e quindi capace di mentire.
14 *fortuna... antico*: il destino ostile che ha colpito i miei vecchi genitori, nobili in realtà (cfr. vv. 2366-2369).

TORRISMONDO

La tua propria fortuna il fallo emenda
de la sorte del padre, anzi il tuo merto.[15]

ROSMONDA

Il merto è nel dir vero, il premio attendo
di libertà, se libertà conviensi.[16]

TORRISMONDO

2245   S'è ciò pur vero, è con modestia il vero,
e men si crederia superbo vanto,[17]
se dee credere il mal l'accorto e 'l saggio,
ove il non creder giovi.[18]

ROSMONDA

                    È picciol danno
perder l'opinion, ch'è quasi un'ombra,[19]
2250   e di finta sorella un falso inganno;[20]
anzi gran pro'[21] mi pare ed util certo.

TORRISMONDO

Quasi povero sia de' Goti il regno,[22]
cui può sì ricco far guerrera stirpe,
le magnanime donne e i duci illustri.
2255   Ma deh, come sei tu vera Rosmonda,

15 *La tua propria fortuna... merto*: la buona sorte, che ha fatto di te una principessa, e soprattutto i tuoi meriti hanno riscattato la sfortuna di tuo padre. La rivelazione della nobiltà fa sì che Torrismondo rettifichi l'opinione negativa su Rosmonda di cui alla n. 12.
16 *libertà conviensi*: la libertà si addice a chi dice il vero.
17 *men si crederia... vanto*: si darebbe credito minore a chi sostiene la verità superbamente.
18 *dee credere... giovi*: se l'uomo accorto e saggio deve credere il male che la verità reca con sé, quando farebbe piacere non credervi. Quel che Torrismondo richiede a Rosmonda non è di non dirgli la verità, sebbene dolorosa, ma di sapergliela dire senza menarne vanto.
19 *un'ombra*: un'apparenza inconsistente.
20 *di finta... inganno*: l'essere stato ingannato sull'identità vera di tua sorella.
21 *pro'*: vantaggio.
22 *Quasi... il regno*: quasi che il regno dei Goti sia povero, e quindi si possa perdere senza rimpianti. Torrismondo riprende l'ultima battuta di Rosmonda, quasi tra sé e sé, evidentemente pensa alle conseguenze politiche della verità di Rosmonda.

e finta mia sorella, e falsa figlia
de la regina degli antichi Goti?
Chi fece il grande inganno, o 'l tenne ascosto
tanti e tanti anni? E qual destino o forza[23]
2260   la fraude e l'arte a palesar t'astringe?[24]

ROSMONDA

Per mia madre e per me breve io rispondo.
Fe' l'inganno gentil pietà, non fraude,
e 'l discopre pietà.

TORRISMONDO

      Tu parli oscuro,
perché stringi gran cose in picciol fascio.

ROSMONDA

2265   Da qual parte io comincio a fare illustre[25]
quel ch'oscura il silenzio e 'l tempo involve?

TORRISMONDO

Quel che ricopre, al fin discopre il tempo.
Ma de le prime tu primier comincia.[26]

ROSMONDA

Sappi che grave già per gli anni, e stanca
2270   dopo la morte d'uno e d'altro figlio,
dopo la servitù che d'ostro e d'oro
ne l'alta reggia altrui sovente adorna,[27]
la madre mia di me portava il pondo,[28]
con suo non leggier duolo e gran periglio.
2275   Onde quel che nascesse a Dio fu sacro[29]

23 *qual destino o forza*: comincia così un sonetto del Petrarca, il CCXXI.
24 *la fraude... t'astringe?*: ti costringe a rivelare l'inganno e gli espedienti che lo permisero?
25 *fare illustre*: illustrare, chiarire.
26 *Ma... comincia*: ma comincia proprio dall'inizio.
27 *la servitù... adorna*: l'aver servito a corte, servizio che spesso ricopre i cortigiani di porpora e d'oro; ma non è il caso della vera madre di Rosmonda.
28 *portava il pondo*: era incinta.
29 *sacro*: consacrato.

da lei nel voto; ed egli accolse i preghi,
talch'il descender mio nel basso mondo[30]
non fu cagione a lei d'aspra partenza,[31]
né 'l chiaro dì ch'io nacqui a lei funebre.

TORRISMONDO

2280 Dunque i materni e non i propi[32] voti
tu cerchi d'adempir, vergine bella?

ROSMONDA

Son miei voti i suoi voti; e poi s'aggiunse
al suo volere il mio volere istesso
quel sempre acerbo ed onorato giorno[33]
2285 che giacque esangue e rendé l'alma al cielo,
mentre io sedea dogliosa in su la sponda
del suo vedovo letto,[34] e lagrimando
prendea la sua gelata e cara destra
con la mia destra. E le sue voci estreme,
2290 ben mi rammento, e rammentar me 'n deggio,
tra freddi baci e lagrime dolenti
fur proprio queste: — È pietà vera, o figlia,
non ricusar[35] la tua verace madre,
che madre ti sarà per picciol tempo.

2295 Io ti portai nel ventre e caro parto
ti diedi al mondo, anzi a quel Dio t'offersi
che regge il mondo e mi salvò nel rischio.
Tu, se puoi, de la madre i voti adempi,
e disciogliendo lei, sciogli te stessa.[36]

---

30 *descender... mondo*: la mia nascita, platonicamente concepita come una caduta dell'anima dal cielo in terra.
31 *aspra partenza*: morte crudele; ma è implicita l'idea di un ritorno al cielo, nella chiave di cui alla n. 30.
32 *propi*: tuoi, personali.
33 *quel... giorno*: cita l'intero primo verso del sonetto CLVII del Petrarca.
34 *vedovo letto*: cfr. v. 1186, n. 4.
35 *non ricusar*: ubbidire; allude al rispetto del voto formulato prima del parto (vv. 2275-2276).
36 *disciogliendo... te stessa*: sciogliendo me dall'impegno preso, votandoti a Dio, acquisti la tua libertà; già sappiamo Rosmonda essere convinta che rimanere nubile rappresenta per la donna la libertà (cfr. vv. 1033-1049).

TORRISMONDO

2300 La tua vera pietà conosco e lodo.
Ma qual pietoso o qual lodato inganno
te mi diè per sorella, e l'altra ascose
che fu vera sorella e vera figlia,
di magnanimo re, d'alta regina?

ROSMONDA

2305 Fe' mia madre l'inganno, anzi tuo padre:
e pietà fu de l'una, e fu de l'altro
o consiglio, o fortuna, o fato, o forza.

TORRISMONDO

A chi si fece la mirabil[37] fraude?

ROSMONDA

A la regina tua pudica madre,
2310 la qual mi stima ancor diletta figlia.

TORRISMONDO

In tanti anni del ver delusa[38] vecchia
non s'accorge, non l'ode, e non conosce
la sua madre la figlia, o pur s'infinge?[39]

ROSMONDA

Non s'infinse d'amar, né d'esser madre,
2315 se fa madre l'amor, che spesso adegua
le forze di natura, e quasi avanza.[40]
Né di scoprire osai l'arte pietosa
che le schifò già noia[41] e diè diletto,
ed or porge diletto e schiva affanno.

---

37 *mirabil*: straordinaria, per la concezione e l'esecuzione.
38 *del ver delusa*: ingannata, sulla vera identità di Rosmonda.
39 *s'infinge?*: fa finta.
40 *spesso adegua... avanza*: spesso eguaglia l'istinto naturale che fa sì che le madri amino i loro figli, e quasi lo supera.
41 *schifò già noia*: prima aveva evitato fastidi.

TORRISMONDO

2320 Ma come ella primiera al novo[42] inganno
dié così stabil fede, e non s'accorse
de la perduta figlia, e poi del cambio?

ROSMONDA

La natura e l'età,[43] che non distinse
me da la tua sorella, e 'l tempo, e 'l luogo,
2325 dove in disparte ambe nutriva e lunge
la vera madre mia da l'alta reggia,
tanto ingannâr la tua; ma più la fede,
ch'ebbe ne la nutrice e nel marito.

TORRISMONDO

Se la fede ingannò, l'inganno è giusto.
2330 Ma dove ella nutrivvi?

ROSMONDA

                    Appresso un antro,
che molte sedi ha di polito sasso[44]
e di pumice rara[45] oscure celle
dentro non sol, ma bel teatro e tempio,
e tra pendenti rupi alte colonne,
2335 ombroso, venerabile, secreto.[46]
Ma lieto il fanno l'erbe e lieto i fonti,
e l'edere seguaci[47] e i pini e i faggi,
tessendo i rami e le perpetue fronde,
sì ch'entrar non vi possa il caldo raggio.
2340 Ne le parti medesme entro la selva

---

42 *novo*: cfr. v. 2235.
43 *La natura e l'età*: l'essere, le due Rosmonde, del medesimo sesso e nate contemporaneamente.
44 *sedi ... di polito sasso*: sedili di pietra levigata, o marmo.
45 *pumice rara*: roccia porosa.
46 *ombroso... secreto*: epiteti di «antro».
47 *seguaci*: rampicanti.

sorge un palagio al re tra i verdi chiostri.[48]
Ivi tua suora[49] ed io giacemmo in culla.

TORRISMONDO

La cagion di quel cambio ancor m'ascondi.

ROSMONDA

La cagion fu del padre alto consiglio,[50]
2345 o profondo timor che l'alma ingombra.

TORRISMONDO

Qual timore, e di che?

ROSMONDA

D'aspra ventura,[51]
che 'l suo regno passasse ad altri regi.

TORRISMONDO

E come nacque in lui questa temenza[52]
di sì lontano male? O chi destolla?

ROSMONDA

2350 Il parlar la destò d'accorte ninfe,
ch'altrui soglion predir gli eterni fati.[53]

TORRISMONDO

Dunque ei diede credenza al vano incanto,
ch'effetto poi non ebbe in quattro lustri?[54]

---

48 *i verdi chiostri*: radure alberate. Rosmonda proietta nella sua infanzia la scelta di una
vita libera dal matrimonio (cfr. v. 1312 e, soprattutto, 1614).
49 *suora*: sorella.
50 *del padre... consiglio*: decisione imperscrutabile di tuo padre.
51 *D'aspra ventura*: di un'intollerabile disgrazia.
52 *temenza*: paura.
53 *accorte ninfe... fati*: maghe, indovine, esperte del futuro; identica funzione attribuisce
loro Olao Magno, III, 10.
54 *vano... lustri?*: ad un incantesimo, la cui vanità è dimostrata dal fatto che son passati
vent'anni, e non si è ancora realizzato.

ROSMONDA

Diede, e diede la figlia ancora in fasce
2355   a l'alpestre donzelle, o pur selvagge,[55]
e tra quell'ombre in quell'orror nutrita
la fanciulletta fu d'atra spelunca.[56]

TORRISMONDO

Perché si tacque a la regina eccelsa?

ROSMONDA

Quel palagio, quell'antro, e quelle ninfe,
2360   e quelle antiche usanze, e l'arti maghe[57]
eran sospette a la pietosa madre;
a cui mostrata fui, volgendo il sole
già de la vita mia il secondo corso,[58]
pur come figlia sua, né mi conobbe;
2365   e 'l re fece l'inganno, e 'l tenne occulto.
E per voler di lui s'infinse e tacque
la vera madre mia, che presa in guerra
fu già da lui ne la sua patria Irlanda,
ov'ella nata fu di nobil sangue.

TORRISMONDO

2370   Vive l'altra sorella ancor ne l'antro?

ROSMONDA

Vi stette a pena infino a l'anno istesso,
e poi d'altri indovini altri consigli
crebbero quel timore e quel sospetto,[59]
talché mandolla in più lontane parti
2375   per un secreto suo fedel messaggio;[60]
né seppi come, o dove.

---

55 *l'alpestre... selvagge*: le «ninfe» di cui sopra (n. 53), classicamente concepite come abitatrici dei monti e dei boschi.
56 *d'altra spelunca*: specifica le «ombre» e l'«orror».
57 *arti maghe*: cfr. Petrarca, CI, 11.
58 *volgendo... corso*: quando avevo due anni.
59 *quel timore e quel sospetto*: dei pericoli che correva l'eredità del regno di Gozia, accennati ai vv. 2346-2349.
60 *messaggio*: messaggero.

TORRISMONDO

Il servo almeno
conoscer tu devresti.[61]

ROSMONDA

Io no 'l conosco,
né so ben anco, s'io n'intesi il nome;
ma spesso udia già ricordar Frontone,
2380 e 'l nome in mente or serbo.

TORRISMONDO

Il re celato
tenne sempre a la moglie il cambio e l'arte?[62]

ROSMONDA

Tenne sinché 'l prevenne[63] acerba morte,
facendo lui co' Dani aspra battaglia.
Così narrò la mia canuta ed egra
2385 madre languente, e lui seguì morendo.

TORRISMONDO

Cose mi narri tu d'alto silenzio
veracemente degne, e 'n cor profondo
serbar le devi e ritenerle ascoste;
ch'i secreti de' regi al folle volgo
2390 ben commessi non sono,[64] e fuor gli sparge
spesso loquace fama, anzi buggiarda.
A me chiamisi il Saggio,[65] e poi Frontone.

---

61 *Il servo almeno/... devresti*: così Edipo al Messo (Sofocle, *Edipo re*, 1041; Seneca, *Edipo*, 819). Per le citazioni da queste tragedie cfr. Introduzione, p. XXXI sgg.
62 *il cambio e l'arte*: la sostituzione della figlia e il modo con cui fu eseguita.
63 *'l prevenne*: lo colse prematuramente.
64 *i secreti... non sono*: i segreti dei re non vanno affidati agli altri uomini, impreparati a capirli, disposti a violarli.
65 *Saggio*: l'indovino per eccellenza; solo «accorte» sono le «ninfe», v. 2350.

[TORRISMONDO]

Lasso, quinci fortuna e quindi amore
mille pungenti strali ognor m'aventa,[1]
2395 né scocca a voto mai, né tira indarno.[2]
I pensier son saette, e 'l core un segno,[3]
de la vittoria è la mia vita il pregio,
giudici il mio volere e 'l mio destino,
né l'un né l'altro arciero[4] ancora è stanco.
2400 Che fia, misero me? Per caso od arte
quasi mi si rapisce e mi s'invola
una sorella, e d'esser mia ricusa,
e l'altra, oimè, non trovo e non racquisto,
e non ristoro o ricompenso il danno,
2405 e 'l cambio manca ove mancò la fede,[5]
acciocch'offrir non possa al re Germondo
cosa degna di lui, ma vano in tutto
sia come l'impromessa altro consiglio.[6]
Sorella per sorella, o sorte iniqua,
2410 già supponesti[7] ne la culla e 'n fasce,
ed or me la ritogli anzi la tomba,[8]
e l'altra non mi rendi. O speco,[9] o selve,
in cui già la nutrîr leggiadre ninfe,
o de la terra algente orridi monti,
2415 o gioghi alpestri, o tenebrose valli,
ove s'asconde? O 'n qual deserta piaggia,
in qual isola tua solinga ed erma,

---

1 *Lasso... m'aventa*: Torrismondo si esprime petrarchescamente (cfr., in specie, LXXXVI, 2).
2 *scocca... indarno*: così anche l'Amore del Petrarca, CCLXX, 104.
3 *I pensier... segno*: cfr. Petrarca, CXXXIII, 9 ed 1.
4 *l'un... arciero*: amore e fortuna. Torrismondo lamenta di essere colpito da entrambi.
5 *'l cambio... fede*: il tradimento dell'amicizia con Germondo non è superato dal dargli un'altra moglie rispetto a quella promessa.
6 *l'altro consiglio*: la decisione di dargli Rosmonda in cambio di Alvida.
7 *supponesti*: sostituisti.
8 *anzi la tomba*: prima che me la tolga la morte, come sarebbe naturale.
9 *speco*: l'antro dove le due Rosmonde sono state allevate, vv. 2330-2342.

o gran padre Ocean, nel vasto grembo
tu la circondi? Andrò pur anco errando,
2420 andrò solcando il mare, andrò cercando
non la perduta fede e chi l'insegna,
ma come possa almen coprire il fallo?

CORO

Ecco, signore, a voi già viene il Saggio,
a cui sol fra' mortali è noto il vero
2425 da caligini occulto e da tenebre.[10]

TORRISMONDO

O Saggio, tu che sai (pensando a tutto
quel che s'insegna al mondo o si dimostra)
i secreti del cielo e de la terra,[11]
dimmi se mia sorella è in questo regno.

INDOVINO

2430 Ahi, ahi, quanto è 'l saper dannoso e grave,
ove al saggio non giovi. E ben previdi
ch'io veniva a trovar periglio e biasmo.[12]

TORRISMONDO

Per qual cagion tu sei turbato in vista?

INDOVINO

Lasciami, no 'l cercar,[13] nulla rileva[14]
2435 che 'l mio pensier si scopra o si nasconda.

TORRISMONDO

Dimmi se mia sorella è in questo regno.

10 *a cui sol fra' mortali... da tenebre*: cfr. *Edipo re*, vv. 297-299; *da caligini occulto*: nascosto da nebbie.
11 *O Saggio... de la terra*: cfr. *Edipo re*, 300-301.
12 *Ahi, ahi quanto... periglio e biasmo*: cfr., innanzitutto, i vv. 2246-2247. Ma la prima battuta suona analoga a quella di Tiresia ad Edipo, nell'*Edipo re* di Sofocle, dopoché è stato chiamato dal sovrano ad aiutare Tebe, infestata da un grave contagio (vv. 316-317).
13 *Per qual cagion... no 'l cercar*: scambio di battute sofoclee (*Edipo re*, 319-320).
14 *rileva*: importa.

INDOVINO

È dove nacque, e dove nacque or posa,
se pur ha posa,[15] e non ha posa in terra.

TORRISMONDO

Dunque in terra non è?

INDOVINO

                    Non posa in terra,
2440 ma poserà dove tu avrai riposo.[16]

TORRISMONDO

Quale agli oscuri detti oscuro velo
intorno avolgi,[17] o quale inganno od arte?
Dimmi se mia sorella è in questo regno.

INDOVINO

Tu medesmo t'inganni. È tua la frode,
2445 perché tu la facesti e teco alberga.[18]

TORRISMONDO

Se non è il tuo saper vano com'ombra,
discopri tu l'inganno, e tu rivela
se la sorella mia tra Goti or vive.

INDOVINO

Vive tra Goti.

TORRISMONDO

                    Ed in qual parte, e come?
2450 È quella forse che stimava, od altra?
S'altra, dove s'asconde o si ritrova?

---

15 *posa*: pace. Il Saggio, o Indovino, gioca sulle parole e parla oscuramente, perché tale è
il suo linguaggio.
16 *dove... riposo*: nella morte.
17 *Quale... avolgi*: cfr. *Edipo re*, 439.
18 *Tu medesmo... alberga*: t'inganni da solo; tu hai tradito Germondo, ed il tradimento te
lo porti dentro di te. Qualcosa del genere nell'*Edipo re*, quando Tiresia rimprovera al
sovrano la sua ostinazione nel voler sapere di sé quello che non dovrebbe sapere, vv.
337-338.

INDOVINO

È l'altra, ed u'[19] si trova ancor s'asconde,
e la ritroverai da te partendo
e servando la fede.[20]

TORRISMONDO

Intrichi ancora
2455 gli oscuri sensi di parole incerte,[21]
per accrescer l'inganno e 'nsieme il prezzo
de le menzogne tue. Parlar conviensi,
talché si scopra in ragionando il falso.

INDOVINO

È certo il tuo destin, la fede incerta.[22]
2460 Ma se quanto oro entro le vene asconde
l'avara terra a me nel prezzo offrissi,
altro non puoi saper, ch'il fato involve
l'altre cose, che chiedi, al nostro senso,[23]
e lor nasconde entro profonda notte.
2465 Ma pur veggio nascendo il gran Centauro
saettar fin dal cielo e tender l'arco,
e la belva crudel, ch'irata mugge,
con terribil sembianza uscir de l'antro,
e paventare il Vecchio, e 'l fiero Marte
2470 oppor lo scudo e fiammeggiar ne l'elmo,
e con la spada e fulminar con l'asta.[24]
Veggio, o parmi veder, del vecchio Atlante

---

19 *u'*: dove (latinismo).
20 *da te... la fede*: allontanandoti (con la morte) e mantenendo la parola data a Germondo.
21 *Intrichi... di parole incerte*: di nuovo copri le parole con oscuri significati. La resistenza di Torrismondo all'Indovino trova riscontro in quella di Edipo a Tiresia.
22 *la fede incerta*: perché morendo Torrismondo potrebbe ricuperare l'amicizia di Germondo; cfr. i vv. 2453-2454 e la n. 20.
23 *nostro senso*: mie facoltà divinatorie.
24 *veggio nascendo... fulminar con l'asta*: il Saggio ricava dalla posizione delle costellazioni e dei pianeti un responso negativo per Torrismondo. Comincia col Centauro, costellazione australe, poi accenna al Toro (*belva*), all'Acquario figurato come un *Vecchio* che tiene un vaso d'acqua inclinato, ed infine al pianeta Marte.

appresso il cerchio,[25] e 'l gran Delfino ascoso,[26]
e stella minacciar più tarda e pigra.[27]
2475 E la Vergine[28] io veggio amica a l'arti
turbata in vista, e la celeste Libra[29]
con men felici e men sereni raggi.
E cader la Corona[30] in mezzo a l'onde.
Né dimostrar benigno e lieto aspetto
2480 chi scote da le nubi il ciel tonando,[31]
o pur la mansueta e gentil figlia,[32]
Ma 'l superbo guerrier[33] la mira e turba.
E i lascivi animali ancora io sguardo,
a cui vicino è Marte,[34] e vibra il ferro;
2485 e i duo pesci,[35] lucenti il dorso e il tergo,
l'uno a Borea inalzarsi, e l'altro scendere
a l'Austro,[36] e di tre giri e di tre fiamme
acceso il cielo,[37] e da quel nodo avinto
tre volte intorno e minacciando, appresso,
2490 il fero dio che regge il quinto cerchio;[38]
e, pien d'orrore ogni altro e di spavento,
de' segni o degli alberghi empio tiranno[39]
girando intorno ir con veloce carro,
o signoreggi a sommo il cielo, o caggia.[40]

25 *del vecchio... il cerchio*: la volta celeste, sostenuta da Atlante. Prosegue il responso astrale.
26 *'l gran... ascoso*: costellazione boreale.
27 *stella... pigra*: Arturo (cfr. v. 1505, n. 11).
28 *la Vergine*: altra costellazione.
29 *Libra*: Bilancia.
30 *Corona*: costellazione boreale.
31 *chi... tonando*: il pianeta Giove.
32 *la mansueta... figlia*: la Luna probabilmente (Diana). La coppia degli attributi è petrarchesca (XXVII, 9).
33 *'l superbo guerrier*: richiama nuovamente Marte (cfr. n. 24).
34 *i lascivi animali... Marte*: le costellazioni dell'Ariete e del Capricorno.
35 *i duo Pesci*: la costellazione omonima.
36 *l'uno a Borea... a l'Austro*: l'uno alzarsi a nord, l'altro sparire a sud.
37 *di tre giri... il cielo*: infiammato il cielo da tre cerchi di fuoco; circondano, inoltre, Marte, come appare appresso.
38 *il fero... cerchio*: altra perifrasi del pianeta Marte (cfr. nn. 24 e 33).
39 *de' segni... tiranno*: padrone feroce delle costellazioni e delle loro case zodiacali.
40 *caggia*: tramonti. L'Indovino ha messo sull'avviso Torrismondo che, prevalendo Marte, gli astri gli sono sfavorevoli.

CORO

2495 Vero o falso che parli, ei solo intende
le sue parole, e 'l suo giudicio è incerto
non men del nostro. E se l'uom dar potesse
per sapienza sapienza in cambio,[41]
aver potrebbe accorgimento e senno
2500 quanto bastasse a ragionar co' regi.

TORRISMONDO

Lasciamlo. Or trovi le spelunche e i monti,
ove nulla impedir del ciel notturno
gli pò l'aspetto.[42] Ivi a sua voglia intenda[43]
a misurarlo, a numerar le stelle,
2505 e con danno minor se stesso inganni,
se così vuole.

INDOVINO

Anzi ch'al fine aggiunga
una di quelle omai fornite parti,
de le cui note ho questo legno impresso;[44]
a cui la stanca mia vita s'appoggia,[45]
2510 i miei veri giudìci or presi a scherno,
o superba Aarana,[46] o reggia antica
ch'or da te mi discacci, a te fian conti.[47]

---

41 *Vero o falso... in cambio*: una meditazione in parte analoga svolge il coro nel primo canto dell'*Edipo re*, 499-503.
42 *aspetto*; osservazione, per cavarne responsi.
43 *intenda*: si volga, dedichi.
44 *Anzi... impresso*: prima che finisca uno di quei periodi, ormai al termine, i cui caratteri ho inciso su questo bastone. È un uso nordico: si tratta di caratteri astrali, incisi su bastoni che funzionavano da calendari della luna e del sole, come informa Olao Magno, I, 34.
45 *la stanca... s'appoggia*: così Petrarca, CXXVII, 61.
46 *Aarana*: la città di cui al v. 99, n. 40.
47 *fian conti*: saranno noti.

[FRONTONE]
Qual fortuna o qual caso or mi richiama
dopo tanti anni di quiete amica
2515 a la tempesta del reale albergo?
La qual sovente ella perturba e mesce.[1]
O felice colui che vive in guisa
ch'altrui celar si possa, o 'n alto monte,
o 'n colle, o 'n poggio, o 'n valle ima e palustre.[2]
2520 Ma dove ella non mira? Ove non giunge?
Qual non ritrova ancor solinga parte?[3]
Ecco mi tragge pur da casa angusta[4]
e mi conduce al re. Sia destra[5] almeno
questa che spira a la mia stanca etade
2525 aura de la fortuna, e sia tranquilla.[6]
Al vostro comandare or pronto io vegno,
invitto re de' Goti.

TORRISMONDO
                    Arrivi a tempo,
per trarmi fuor d'inganno. Or narra il vero.
Questa, che fu creduta, è mia sorella?

FRONTONE
2530 Non nacque di tua madre.

TORRISMONDO
                    E in questo errore
ella tanti anni si rimase involta?[7]

---

1 *La qual... mesce*: sovente la fortuna sconvolge e mette sossopra le abitazioni e le famiglie
dei potenti; di qui la precedente metafora della «tempesta».
2 *o 'n poggio... palustre*: adatta un verso del Petrarca, CXLV, 10; *ima*: bassa.
3 *Qual... parte?*: in quale luogo, benché appartato, non arriva?
4 *tragge... angusta*: mi tira via dalla mia dimora, seppure umile. Frontone deve ammettere
che la fortuna non coinvolge solo i potenti.
5 *destra*: favorevole.
6 *tranquilla*: non tempestosa, com'è la fortuna coi potenti (vv. 2515-2516).
7 *involta*: avviluppata, invischiata.

FRONTONE

Così piacque a tuo padre, e piacque al fato.

TORRISMONDO

Ma, dapoi ch'ebbe me prodotto al mondo,[8]
altri produsse? O stanca al primo parto[9]
2535 steril divenne ed infeconda madre?

FRONTONE

Steril non già, ch'al partorir secondo
fece d'una fanciulla il re più lieto.

TORRISMONDO

Che avenne di lei?

FRONTONE

       Temuta in fasce
fu per fiero destin dal padre istesso.[10]

TORRISMONDO

2540 E qual d'una fanciulla aver temenza
re forte e saggio debbe?

FRONTONE

       Avea spavento
del minacciar de le nemiche stelle.
Che, lei crescendo di bellezza e d'anni,
a te morte predisse, a noi servaggio
2545 il fatal canto de l'accorte ninfe
che pargoletta la nutrîr ne l'antro.[11]

TORRISMONDO

Chi lunge la portò dal verde speco?[12]

---

8 *prodotto al mondo*: portato alla luce, partorito.
9 *stanca... parto*: spossata dopo il primo parto.
10 *Temuta... istesso*: cfr. vv. 2346-2357.
11 *il fatal... l'antro*: si ritorni ai vv. citati nella n. precedente.
12 *verde speco*: cfr. v. 2412, n. 9.

FRONTONE

Io: così volle il padre e volle il cielo.

TORRISMONDO

In qual parte del mondo?

FRONTONE

      Ove non volli,
2550 né 'l re commise.[13] Anzi portati a forza
fummo ella ed io, ch'altro voler possente
è più di quel de' regi, ed altra forza.[14]

TORRISMONDO

Ma dove la mandava il re mio padre?

FRONTONE

Sin nel regno di Dacia.[15] Ed ivi occulta[16]
2555 si pensò di tenerla al suo destino.
Ma fu presa la nave il terzo giorno,
ch'ambo ci conducea per l'onde salse,
da quattro armati legni, in cui, turbando
del profondo oceano i salsi regni,[17]
2560 gian con rapido corso e con rapace[18]
i ladroni del mar fieri Norvegi.
E fu divisa poi la fatta preda,
ed io ne l'uno, ella ne l'altro abete[19]
fu messa; io tra prigioni, ella tra donne;
2565 io di catene carco,[20] ella disciolta.
E rivolgendo in ver' Norvegia il corso,
in un seno[21] di mar trovammo ascosi
molti legni de' Goti, anch'essi avezzi

13 *commise*: dispose.
14 *altro voler... altra forza*: allude al destino, o fato.
15 *Dacia*: cfr. v. 1952, n. 8.
16 *occulta*: celata, e quindi difesa da.
17 *del... regni*: abissi oceanici.
18 *gian... rapace*: andavano corseggiando e depredando.
19 *abete*: nave (cfr. v. 2571).
20 *di catene carco*: pesantemente incatenato.
21 *seno*: insenatura.

di corseggiare i larghi ondosi campi,[22]
2570 da' quali a pena si fuggì volando,
come alata saetta, il leggier legno
ov'era la fanciulla, e fu repente
preso quell'altro ove legato[23] io giacqui.
E 'l duce allor di quelle genti infide
2575 pur in mia vece ivi rimase avinto.[24]

TORRISMONDO

Ma sai tu qual rifugio o quale scampo
avesse il legno, il qual portò per l'onde
troppo infelice e troppo nobil preda?

FRONTONE

In Norvegia fuggì, se 'l ver n'intesi
2580 da quel prigione.[25]

TORRISMONDO
                    E che di lei divenne?[26]

FRONTONE

Questo non so. Perch'in quel tempo stesso
il re prevento fu d'acerba morte,[27]
e nove morti appresso e novi affanni
turbâr de' Goti e de' Norvegi il regno.

TORRISMONDO

2585 Ma del ladro marin contezza avesti?[28]

FRONTONE

L'ebbi di lor. Perché fratelli entrambi
furo e di nobil sangue, e 'n aspro essiglio

---

22 *i larghi... campi*: il vasto oceano.
23 *legato*: cfr. v. 2565, n. 20.
24 *in mia vece... avinto*: fu incatenato al mio posto.
25 *quel prigione*: il capo dei predoni norvegesi, appena fatto prigioniero.
26 *divenne*: avvenne.
27 *prevento... morte*: morì prematuramente (cfr. v. 2382).
28 *del ladro... avesti?*: hai avuto notizia di quei predoni?

cacciati a forza. E prigionier rimase
Aldano, e lunge si ritrasse Araldo.[29]

2590 Ma quel che vi restò, fra noi dimora.

[SCENA SESTA]

MESSAGGERO, CORO, TORRISMONDO, FRONTONE

MESSAG[GERO]

Questa del nostro re[1] matura morte
affrettar dee, non ritardar le nozze.
Perch'egli, il giorno avanti, a sé raccolse
i duci di Norvegia, e i saggi e i forti,

2595 e lor pregò ch'a la sua figlia Alvida
serbassero la fede e 'nsieme il regno,
di cui fatta l'avea vivendo erede.
Talché lo mio venir non fia dolente,
ma lieto, o di piacer temprato almeno.

2600 Perocch'il bene al male ognor si mesce,
e 'l male al bene. E con sì varie tempre[2]
il dolore e la gioia ancora è mista.
Ma dove fia la bella alta regina,
figlia de la fortuna e figlia ancora

2605 del re già morto? A cui l'amiche stelle
or fan soggetti i duo possenti regni,[3]
che 'l spumante ocean circonda e bagna,
e 'l terzo, se vorrà, d'infesto, amico.[4]

---

29 *lunge... Araldo*: scappò via Araldo, che ha lo stesso nome del padre di Alvida (cfr. v. 2626). Araldo e Aldano sono nomi ricorrenti nella *Istoria* di Olao Magno; Frontone, invece, ricorre nell'*Historia* di Giovanni Magno, nel luogo di cui al v. 38, n. 19.
1 *nostro re*: re di Norvegia. Una considerazione del genere formula il messo di Corinto nell'*Edipo re*, di Sofocle, vv. 936-937.
2 *tempre*: mescolanze.
3 *duo... regni*: di Norvegia e di Gozia.
4 *'l terzo... amico*: allude al regno di Svezia, possibile alleato di quelli di Norvegia e Gozia; il messaggero norvegese, ovviamente, non sa nulla del piano del consigliero, per altro ormai fallito, di facilitare questa alleanza facendo sposare Rosmonda a Germondo.

Imparerò da voi la nobil reggia
2610 del re de' Goti invitto,[5] e dove alberghi
la sua regina?

CORO

Ecco il sublime tetto:[6]
ella dentro dimora, e fuor si spazia[7]
il re nostro signore.

MESSAG[GERO]

Siate sempre felice e co' felici,
2615 o degnissimo re d'alta regina.

TORRISMONDO

E tu, che bene auguri, e ne sei degno
per buono augurio ancor. Ma sponi[8] e narra
qual cagion ti conduca, o che n'apporti.

MESSAG[GERO]

Non rea novella[9] a questo antico regno,
2620 a questa alta regina, a queste nozze,
e buona a voi, cui tanto il cielo arrise.

TORRISMONDO

Narrala.

MESSAG[GERO]

A la regina io sono il messo.

TORRISMONDO

Quello ch'a me si spone, a lei si narra,
perché nulla è fra noi distinto e sevro.[10]

---

5 *Imparerò... invitto*: questa e le successive battute, sino al v. 2619, ricalcano abbastanza da vicino quelle scambiate nell'*Edipo re* fra il Messo di Corinto, il Corifeo e Giocasta (vv. 924-934).
6 *sublime tetto*: il palazzo reale.
7 *si spazia*: passeggia; Edipo, invece, è in casa.
8 *sponi*: esponi.
9 *rea novella*: brutte notizie.
10 *distinto e sevro*: diviso e separato; Torrismondo ed Alvida hanno tutto in comune.

MESSAG[GERO]

2625 La Norvegia lo scettro a lei riserba.

TORRISMONDO

Perché? Non regna ancora il vecchio Araldo?[11]

MESSAG[GERO]

Non certo; ma 'l sepolcro in sé l'asconde.

TORRISMONDO

È dunque Araldo morto?

MESSAG[GERO]

Il vero udisti.

TORRISMONDO

L'uccise lungo od improviso assalto
2630 de la morte crudel, che tutti ancide?

MESSAG[GERO]

Tosto gli antichi corpi[12] il male atterra.

TORRISMONDO

Ha ceduto a natura iniqua e parca,[13]
che la vita mortal restringe e serra
dentro brevi confini e troppo angusti,
2635 quando è la vita assai minor del merto.[14]

MESSAG[GERO]

A lei[15] suo corpo, a voi concede il regno.

FRONTONE

Signor, quest'è pur quello ond'or si parla,

---

11 *Non regna... Araldo?*: questa e le successive battute, sino al v. 2632, derivano dall'*Edipo re*, vv. 941-944, 960-963.
12 *Tosto... corpi*: rapidamente i vecchi.
13 *parca*: nel mantenere la vita agli uomini.
14 *merto*: meriti personali.
15 *a lei*: alla natura.

che l'antica memoria ancor non perdo
de' sembianti[16] e del nome.

TORRISMONDO

                    Ei giunge a tempo.
2640 Ma riconosce ei te, se lui conosci?

FRONTONE

D'avermi visto ti rimebra unquanco?[17]

MESSAG[GERO]

Non mi ricordo.

FRONTONE

                  Io ridurollo a mente,[18]
e di quel che non sa farollo accorto;
e ben so ch'ora il sa. Sovienti, amico,
2645 d'aver con quattro legni[19] un legno preso?
Che del mar trapassava il dubbio varco,[20]
ed a' liti di Gozia, in occidente
conversi,[21] rivolgea l'eccelsa poppa,
avendo i Dani e i lor paesi[22] a fronte.
2650 Io fui preso in quel legno: or mi conosci?

MESSAG[GERO]

Si cangia spesso la fortuna e 'l tempo,
e spesso altra cagion di nostre colpe
stata è l'avara e la maligna sorte.

FRONTONE

Ma che facesti de la nobil preda,

16 *sembianti*: tratti del volto.
17 *unquanco*: mai.
18 *ridurollo a mente*: glielo farò rammentare. Così il Messo di Corinto col mandriano nell'*Edipo re*, 1132-1133.
19 *legni*: navi (cfr. v. 2558).
20 *dubbio varco*: stretto pericoloso.
21 *in occidente/conversi*: rivolti ad ovest.
22 *i Dani e i lor paesi*: cfr. v. 1170, n. 10.

2655 de la vergine[23] dico? È muto, o morto.
Non sai ch'abbiamo il tuo fratel[24] non lunge?
Egli parli in tua vece, o tu ragiona.

MESSAG[GERO]

De le cose passate il fato accusa.
Fu quella colpa sua, ma nostro il merto
2660 ch'a la vergine diè sì nobil padre.[25]

TORRISMONDO

Oimè, ch'io tardi intendo, e troppo intendo,
e di conoscer troppo ancor pavento.
Ma 'l conoscer inanzi empio destino
è solazzo nel male.[26] Or tu racconta
2665 il ver, qualunque sia: ch'alta mercede
suol ritrovare il ver, non che perdono.[27]

MESSAG[GERO]

Diedi la verginella al re dolente
per la sua morta figlia, e die' conforto
che temprasse[28] il suo lutto e 'l suo dolore,
2670 sì che figlia si fe' la cara ancilla;[29]
che di Rosmonda poi chiamata Alvida
fu co 'l nome de l'altra,[30] ed or s'appella.
L'istoria a pochi è nota, a molti ascosa.

TORRISMONDO

Oimè, che troppo al fin si scopre, ahi lasso!
2675 Qual ritrovo o ricerco altro consiglio?

---

23 *vergine*: Alvida, ovvero Rosmonda, la «fanciulla» (v. 2572).
24 *il tuo fratel*: Aldano (v. 2589); di conseguenza il messaggero norvegese è Araldo.
25 *sì nobil padre*: il re di Norvegia (cfr. v. 2626).
26 *solazzo nel male*: sollievo nella sventura.
27 *non che perdono*: cfr. Petrarca, I, 8.
28 *temprasse*: rendesse più tollerabile.
29 *ancilla*: in quanto offertagli come preda di una scorreria, Rosmonda-Alvida era stata dapprima accolta a corte come serva, schiava, dal re Araldo.
30 *l'altra*: la «morta figlia», di cui al v. 2668.

[GERMONDO]

Altro dunque è fra noi più caro mezzo,[1]
che s'interpone e ne ristringe insieme,
o ne disgiunge? E non potrà Germondo
saper quel ch'in sé volge[2] il re de' Goti
2680 da lui medesmo?

TORRISMONDO

    Il re de' Goti è vostro,
signor, come fu sempre, e vostro il regno.
Ma l'altrui stabil voglia,[3] e 'l vostro amore,
e la sua dura sorte, il fa dolente.

GERMONDO

Perturbator a voi di liete nozze
· 2685 non venni in Gozia; e se 'l venir v'infesta,[4]
altrui[5] colpa è 'l venire e nostro errore;
e torno indietro, e non ritorno a tempo,
né duo gran falli una partenza emenda.[6]

TORRISMONDO

Fortuna errò, che volse i lieti giochi
2690 in tristi lutti[7] e inaspettata morte,
per cui, se di tal fede il messo è degno,
Norvegia ha 'l re perduto, Alvida il padre.
Voi se cedete i mesti giorni al pianto

1 *Altro... mezzo*: Germondo allude ad Alvida.
2 *volge*: medita.
3 *l'altrui stabil voglia*: la resistenza di Alvida.
4 *infesta*: dà preoccupazioni.
5 *altrui*: non mia, e perciò di Torrismondo.
6 *e torno... emenda*: anche se torno in Svezia, è tardi; il partire non rettifica il «venire» e l'«errore», di cui al vv. 2685 - 2686.
7 *volse... lutti*: all'incirca così Dante per Pier della Vigna (*Inferno*, XIII, 69), la matrice dell'azione qui non è l'invidia cortigiana, bensì, come dice subito dopo, la morte del presunto padre di Alvida, annunciata nella scena precedente.

e fuggite il dolor nel primo incontro,[8]
2695   io non v'arresto; e non vi chiudo il passo,[9]
s'al piacer vostro di tornar v'aggrada.

GERMONDO

Così noto io vi sono? Al vostro lutto
io potrei dimostrare asciutto il viso?
Io mai sottrar le spalle al vostro incarco?[10]
2700   Se 'l mio pianto contempra[11] il vostro duolo,
verserò 'l pianto; e se vendetta, il sangue.[12]

TORRISMONDO

Io conobbi, Germondo, il valor vostro,
che splendea com'un sole; or più risplende,
né sono orbo[13] al suo lume. Empia fortuna
2705   farmi l'alba potrà turbata e negra,
e l'ocean coprir d'oscuro nembo,
o pur celarmi a mezzo giorno il cielo;[14]
ma non far ch'io non veggia il vostro merto
e 'l dever mio. Volli una volta, e dissi;[15]
2710   or non muto il voler, né cangio i detti.[16]
È vostra Alvida e di Norvegia il regno;
e sarà, s'io potrò. Ma più vi deggio.
Perché non perdo il mio, né spargo e spando,[17]
come far io devrei, la vita e l'alma.

---

8 *cedete... incontro*: lasciate passare i giorni di lutto e, la prima volta che vedete Alvida, evitate di toccare tasti dolorosi. Torrismondo parla solo del dolore di Alvida per la morte del padre presunto.
9 *chiudo il passo*: trattengo a forza.
10 *incarco*: peso, preoccupazione.
11 *contempra*: tempera, allevia.
12 *se vendetta, il sangue*: se il vostro dolore può essere alleviato, consolato dalla vendetta, verserò il mio sangue per voi. È una dichiarazione enfatica.
13 *orbo*: cieco.
14 *Empia fortuna... il cielo*: un'altra serie di «adynata» (cfr. vv. 1654-1669, e relative note).
15 *Volli... dissi*: ho deciso un tempo (di darvi Alvida), e vi ho dato la mia parola.
16 *cangio i detti*: ritiro la parola data.
17 *spargo e spando*: vi do integralmente.

2715 Quale arte occulta, o qual saper adempie
da le celesti sfere
d'orror gli egri mortali e di spavento?[1]
Vi sono amori ed odii, e mostri e fere
là su spietate ed empie,[2]

2720 cagion di morte iniqua o di tormento?
Vi son là su tiranni? E l'aria e 'l vento
non ci perturban solo, e i salsi regni,
co' feri aspetti,[3] e la feconda terra,
ma più gli umani ingegni?

2725 Tante ire e tanti sdegni
movono e dentro a noi sì orribil guerra?
O son voci onde il volgo agogna ed erra,[4]
e ciò che gira intorno[5]
è per far bello il mondo e 'l cielo adorno?

2730   Ma, se pur d'alta parte[6] a noi minaccia,
e da' suoi regni in questi
di rea fortuna or guerra indìce il fato,[7]
Leon, Tauro, Serpente, Orse celesti,
qui dove il mondo agghiaccia,[8]

2735 e gran Centauro ed Orione armato,[9]
non si renda per segno in ciel turbato[10]
l'animo invitto, e non si mostri infermo,

---

* Si celebra il valore umano, trionfatore degli influssi astrali e dominatore della natura.

1 *Quale arte... spavento*: allude all'astrologia, che, muovendo dallo studio delle sfere celesti, riempie di orrore e terrore gli uomini (*egri mortali*: cfr. vv. 767 e 1519).

2 *Vi sono... empie*: degli influssi benigni e maligni dei cieli, e delle costellazioni dello zodiaco, che hanno figura animale, ha appena dato un largo esempio il Saggio, vv. 2465-2494.

3 *feri aspetti*: fenomeni minacciosi.

4 *voci... erra*: parole che denunciano i desideri e le follie degli uomini; cfr. Petrarca, *Trionfo d'Amore*, III, 81.

5 *ciò... intorno*: gli astri.

6 *d'alta parte*: dall'alto, ma non dalle «celesti sfere», v. 2716.

7 *da' suoi regni... il fato*: dall'alto il fato indice la guerra contro gli stati terrestri, dominati dalla fortuna maligna.

8 *Leon... agghiaccia*: costellazioni zodiacali poste a settentrione.

9 *gran... armato*: costellazioni australi, opposte a quelle appena citate.

10 *non si renda... turbato*: non si arrenda perché turbato dall'apparenza minacciosa di un segno zodiacale. Soggetto è «l'animo invitto» del v. seguente.

ma co 'l valor respinga i duri colpi;
che 'l destin non è fermo
2740   a l'intrepido schermo.[11]
Perch'umana virtù nulla[12] s'incolpi,
ma de l'ingiuste accuse il ciel[13] discolpi,
sovra le stelle eccelse
nata, e scesa nel core, albergo felse.[14]
2745   Che non lece[15] a virtù? Nel gran periglio
chi di lei più sicura
e presta[16] aspira al cielo e 'n alto intende?
Chi più, là dove Borea i fiumi indura,[17]
l'arme ha pronte e 'l consiglio,
2750   o dove ardente sol l'arene accende?
Non la bruma o l'ardor[18] virtute offende,
non ferro, o fiamma, o venti, o rupi averse,
o duri scogli a lei far ponno oltraggio:
perché[19] navi sommerse
2755   siano ed altre disperse,
mandi procella infesta[20] al gran viaggio,
e 'n ciel s'estingua ogni lucente raggio.
E co' più fieri spirti
sprezza fortuna ancor tra scogli e sirti.[21]
2760   Virtù non lascia in terra o pur ne l'onde
guado intentato o passo,

---

11 *non è... schermo*: chi è in grado di difendersi non ha sempre il destino contro; è possibile, insomma, reagire agli influssi degli astri.
12 *nulla*: in nulla.
13 *il ciel*: gli astri ed i loro influssi.
14 *albergo felse*: se ne fece sua dimora, del cuore cioè; è espressione petrarchesca, CCCXVIII, 7.
15 *lece*: è possibile.
16 *presta*: pronta.
17 *là dove... indura*: il vento del nord fa gelare i fiumi; eguale azione è attribuita all'inverno nella *Gerusalemme liberata*, XIV, 34.
18 *la bruma e l'ardor*: il freddo ed il caldo (riprende la contrapposizione dei versi precedenti).
19 *perché*: per quanto.
20 *infesta*: dannosa.
21 *sirti*: banchi di sabbia, pericolosi per la navigazione (metaforicamente: una delle insidie della fortuna contro la virtù umana).

od occulta latebra, o calle incerto.[22]
A lei s'apre la selva e 'l duro sasso,[23]
e ne l'acque profonde
2765 s'aperse a legni il monte al mare aperto.[24]
Al fin d'Argo la fama oscura e 'l merto
fia di Giason,[25] ch'a più lodate imprese
porteranno altre navi i duci illustri.[26]
Avrà sue leggi prese
2770 l'ocean, che distese
le braccia intorno.[27] E già volgendo i lustri[28]
averrà che lor gloria il mondo illustri,
come sol, che rotando
caccia le nubi e le tempeste in bando.
2775   Virtù scende a l'Inferno,
passa Stige secura ed Acheronte,[29]
non che l'orrido bosco o l'erto monte.
Virtude al ciel ritorna,
e, dove prima nacque, al fin soggiorna.

---

22 *occulta... incerto*: luogo oscuro e nascosto, o strada pericolosa (metaforicamente: la virtù affronta qualsiasi rischio).
23 *'l duro sasso*: la montagna (metaforicamente: uno degli ostacoli che si oppongono alla virtù). Cfr. anche v. 2777.
24 *ne l'acque... aperto*: come le montagne si aprono e lasciano passare, nelle correnti d'acque che si sono formate, le navi, così (è sottinteso) opera la virtù, che non conosce alcuna resistenza.
25 *Al fin... Giason*: alla fine finiranno per essere oscurati la fama ed i meriti di Giasone e degli Argonauti, gli eroi dell'impresa mitologica della conquista del vello d'oro.
26 *a più lodate... illustri*: allude ai grandi navigatori del suo secolo, Cristoforo Colombo in primo luogo (cfr. *Gerusalemme liberata*, xv, 30-32).
27 *Avrà sue leggi... intorno*: l'oceano, che prima di loro si credeva che circondasse e dominasse la terra, sarà regolato secondo le osservazioni dei navigatori di cui sopra.
28 *volgendo i lustri*: trascorrendo gli anni.
29 *Stige... ed Acheronte*: i fiumi dell'Inferno.

[SCENA PRIMA]
ALVIDA, NUTRICE

[ALVIDA]

2780   In qual parte del mondo or m'ha condotta
la mia fortuna, e fra qual gente avversa,
o dei sommi del cielo?

NUTRICE
                              Ancor temete,
e vi dolete ancor.

ALVIDA
                              Io più non temo,
né posso più temer, che 'l male è certo,
2785   e certo il danno e la vergogna e l'onta.
Già son tradita, esclusa, anzi scacciata,
perch'è morto in un tempo[1] il re mio padre
e del marito mio la fede estinta.
Egli da l'una parte a tutti impone
2790   ch'a me si asconda l'improvisa morte,
da l'altra ei mi conforta[2] e mi comanda
ch'io pensi a novo sposo o a novo amante,
e mi chiama sorella, e mi discaccia[3]
con questo nome.
2795   O mar di Gozia, o lidi, o porti, o reggia,
che raccogliesti le regine antiche,[4]

---

1 *in un tempo*: contemporaneamente.
2 *conforta*: esorta.
3 *discaccia*: tiene distante.
4 *raccogliesti... antiche*: allude alle tombe delle regine dei Goti (cfr. vv. 42-43).

dove ricovro,[5] ahi lassa, o dove fuggo?
Dove m'ascondo più? Nel proprio regno,
u' l'alta sede il mio nemico ingombri,
2800 perch'io vi serva?[6] O 'n più odiosa parte[7]
spero trovar pietà,[8] tradita amante,
anzi tradita sposa?

NUTRICE

È possibil giammai che tanto inganno
alberghi in Torrismondo e tanta fraude?

ALVIDA

2805 È possibile, è vero, è certo, è certa
la sua fraude e 'l mio scorno e l'altrui[9] morte;
anzi la violenza è certa, e 'nsieme
la mia morte medesma, oh me dolente!

NUTRICE

Certa la fate voi d'incerta e dubbia,
2810 or facendovi incontra al male estremo;[10]
ma pur non fu tanto importuna unquanco[11]
l'iniqua, inesorabile, superba,[12]
né con tanto disprezzo e tanto orgoglio
perturbò a' lieti amanti un dì felice.
2815 Ma son tutti, morendo il padre vostro,
seco estinti gli amici e i fidi servi
e i suoi cari parenti? E spente insieme

---

5 *ricovro*: trovo asilo.
6 *u' l'alta sede... vi serva?*: dove Torrismondo occupi il trono, e io mi riduca a servirlo?;
u': cfr. v. 2452, n. 19.
7 *'n più odiosa parte*: nella Svezia di Germondo.
8 *spero... pietà*: cfr. Petrarca, I, 8; la seconda metà di questo verso era stata annessa al v.
2666.
9 *l'altrui*: del re di Norvegia, che Alvida ritiene ancora suo padre; toccherà a Torrismondo informarla che non è così (v. 2874).
10 *facendovi... estremo*: esponendovi alla morte.
11 *unquanco*: mai.
12 *l'iniqua... superba*: la morte, identificata attraverso due epiteti («inesorabile» e «superba») dal Petrarca riferiti alla fortuna (CXXVII, 17).

l'onestà, la vergogna[13] e la giustizia?
Né secura è la fede in parte alcuna?
2820   Già tutte siam tradite e quasi morte,
se non è vano il timor vostro e 'l dubbio.

ALVIDA

O morì la giustizia il giorno istesso
co 'l giustissimo vecchio,[14] o seco sparve,
e fe' seco volando al ciel ritorno.
2825   E la forza e la fraude e 'l tradimento
presero ogni alma ed ingombrâr la terra.
Non ardisce la fede erger la destra,[15]
e l'onor più non osa alzar la fronte.
E la ragione è muta, anzi lusinga
2830   la possente fortuna. Al fato averso
cede il senno e 'l consiglio, e cede al ferro[16]
maestà di temute antiche leggi,
mentre a guisa di tuono altrui spaventa
e d'arme e di minacce alto ribombo.[17]
2835   È re chiamato il forte. Al forte il regno,
altrui malgrado,[18] è supplicando offerto,
e ciò che piace al più possente è giusto.
Io non gli piaccio, e 'l suo piacer conturbo[19]
io sola; e de' Norvegi or preso il regno,
2840   la regina[20] rifiuta il re sublime
de' magnanimi Goti.

NUTRICE

A detti falsi
forse troppo credete; e 'l dritto e 'l torto

---

13 *vergogna*: decenza.
14 *'l giustissimo vecchio*: il re-padre (cfr. n. 9).
15 *erger la destra*: sollevare la mano, in atto di protezione contro l'ingiustizia.
16 *ferro*: forza, violenza.
17 *alto rimbombo*: strepito e fracasso.
18 *altrui mal grado*: contro il sovrano legittimo, ma incapace di opporsi alla violenza;
oppure, contro la volontà dei sudditi, che desiderano un sovrano giusto.
19 *conturbo*: disturbo.
20 *la regina*: Alvida discorre di sé in terza persona.

alma turbata e mesta, egra[21] d'amore,
non conosce sovente, e non distingue
2845 dal vero il falso, e l'un per l'altro afferma.

REGINA

Siasi de la novella, e del messaggio,[22]
e de la fé norvegia,[23] e del mio regno
e degli ordini[24] suoi turbati e rotti
ciò che vuol la mia sorte, o 'l mio nemico:[25]
2850 basta ch'ei mi rifiuta; e 'l vero io ascolto
del rifiuto crudele. Io stessa, io stessa
con questi propi orecchi udii pur dianzi:
— Alvida, il vostro sposo è 'l re Germondo,
non vi spiaccia cangiar l'un re ne l'altro,
2855 e l'un ne l'altro valoroso amico,
ed al nostro voler concorde e fermo
il vostro non discordi. — In questo modo
mi concede al suo amico, anzi al nemico
del sangue mio. Così vuol ch'io m'acqueti
2860 nel voler d'uno amante e d'un tiranno.
Così l'un re mi compra e l'altro vende,
ed io son pur la serva, anzi la merce,
fra tanta cupidigia e tal disprezzo.
Udisti mai tal fede? Udisti cambio
2865 tanto insolito al mondo e tanto ingiusto?

NUTRICE

Senza disprezzo, forse, e senza sdegno
è questo cambio. Alta ragione occulta
dee movere il buon re: che d'opra incerta
sovente il buon consiglio altrui s'asconde.[26]

---

21 *egra*: malata.
22 *messaggio*: messaggero (cfr. v. 2375, n. 60); si riferisce alla morte del re-padre.
23 *fé norvegia*: lealtà dei sudditi del regno di Norvegia; risponde alla domanda della Nutrice, di cui ai vv. 2815-2817.
24 *ordini*: ordinamenti politici.
25 *'l mio nemico*: Torrismondo (cfr. n. 6).
26 *d'opra incerta/... s'asconde*: sovente le buone intenzioni di un'azione, che appare ambigua, rimangono nascoste agli uomini.

ALVIDA

2870 La ragion, ch'egli adduce, è finta e vana
e in me lo sdegno accresce, in me lo scorno,
mentre il crudel così mi scaccia e parte[27]
prende gioco di me. — Marito vostro,
mi disse, è 'l buon Germondo, ed io fratello. —
2875 Ed adornando va menzogne e fole
d'un rapto antico e d'un'antica fraude.[28]
E mi figura e finge[29] un bosco, un antro
di ninfe incantatrici. E 'l falso inganno
vera cagione è del rifiuto ingiusto,
2880 e fia di peggio.[30] E Torrismondo è questi,
questi, che mi discaccia, anzi m'ancide,
questi, ch'ebbe di me le prime spoglie,
or l'ultime n'attende,[31] e già se 'n gode;
e questi è 'l mio diletto e la mia vita.
2885 Oggi d'estinto re sprezzata figlia
son rifiutata. O patria, o terra, o cielo,
rifiutata vivrò? Vivrò schernita?
Vivrò con tanto scorno? Ancora indugio?
Ancor pavento? E che? La morte, o 'l tardi
2890 morire? Ed amo ancora? Ancor sospiro?
Lacrimo ancor? Non è vergogna il pianto?
Che fan questi sospir? Timida mano,
timidissimo cor, che pur agogni?
Mancano l'arme a l'ira, o l'ira a l'alma?[32]
2895 Se vendetta non vuoi, né vuole amore,
basta un punto[33] a la morte. Or mori, ed ama
morendo; e se la morte estingue amore,

---

27 *parte*: in parte.
28 *adornando... fraude*: abbellisce con bugie e favole il racconto di un rapimento e di un inganno di tanto tempo fa. Così Alvida recepisce il racconto della sua nascita, che Torrismondo ha appreso da Frontone (IV,V).
29 *figura e finge*: tratteggia e inventa.
30 *fia di peggio*: sarà «cagione» di peggio.
31 *ebbe di me... attende*: mi ha posseduto, e ora attende la mia morte.
32 *l'arme... l'alma?*: i mezzi e le motivazioni per uccidermi, essendo nello stato d'animo per farlo.
33 *punto*: attimo solo.

l'anima estingua ancor,[34] che vera morte
non saria, se vivesse amore e l'alma.

NUTRICE

2900 Deh, lasciate pensier crudele ed empio.
Niun vi sforza[35] ancora o vi discaccia:
ma v'onora ciascuno, ed ancor donna[36]
sete di voi medesma, e di noi tutte
sete e sarete sempre alta regina.

[SCENA SECONDA]

REGINA[1]

2905 Dopo tanti anni e lustri un dì sereno,
un chiaro e lieto dì fortuna apporta.
Ogni cosa là dentro[2] è fatta adorna
e ridente, e di gemme e d'or riluce.
Duo lieti matrimoni in un sol giorno,
2910 due regi e due regine aggiunte[3] insieme,
duo figli, anzi pur quattro; e quinci e quindi[4]
pur con sangue real misto il mio sangue,
e bellezza e valore e gloria e pompa,
e molte in una reggia amiche genti,
2915 e doni e giostre e cari e lieti balli,
oggi vedrò contenta. Ahi nostra mente,
che ti contenta o chi t'appaga in terra,
se non si può d'empio destin superbo
mutar piangendo la severa legge,

34 *ancor*: anche.
35 *sforza*: fa violenza.
36 *donna*: signora.
1 *Regina*: Rusilla, che crede ancora di essere la madre di Rosmonda.
2 *là dentro*: nella reggia.
3 *aggiunte*: unite.
4 *quinci e quindi*: da una parte e dall'altra, in tutti e due i matrimoni (Torrismondo con Alvida, Germondo con Rosmonda).

2920 né sua ragion ritorre a fera morte?⁵
Lassa, non questa fronte essangue e crespa,⁶
o questa coma che più rara imbianca,⁷
o gli umeri⁸ già curvi e 'l piè tremante
scemano il mio piacer. Ma tu sol manchi,
2925 o mio già re, già sposo, a queste nozze,
o de' figliuoli miei signore e padre.
Deh, se rimiri mai del ciel sereno
de' tuoi diletti e miei l'amato albergo,⁹
e se ritorni a consolarmi in sonno,¹⁰
2930 sii presente, se puoi. Risguarda¹¹ i figli,
o padre, e di famosa e chiara stirpe
lieto l'onor ti faccia, amico spirto.

[SCENA TERZA]
ROSMONDA *sola*

Ancor mi vivo di mio stato incerta,¹
ancor pavento e spero e bramo e taccio,
2935 e del parlar mi pento e de l'ardire,
e poi del mio pentire io mi ripento.
Quel che sarà non so, che non governa
queste cose mortali il voler nostro,
ma 'l voler di colui che tutto regge.²
2940 Però questo solenne e lieto giorno
visiterò devota i sacri altari,
ed offrirò queste ghirlande al tempio

5 *sua ragion... morte?*: privare la morte crudele dei suoi diritti?
6 *essangue e crespa*: pallida e rugosa.
7 *questa... imbianca*: questi capelli sempre più radi e bianchi.
8 *umeri*: omeri, braccia.
9 *albergo*: reggia.
10 *consolarmi in sonno*: cfr. Petrarca, CCL, 1.
11 *Risguarda*: volgi lo sguardo ai.
1 *di... incerta*: così il Petrarca, alla terza persona, CXXIX, 13,
2 *'l voler... regge*: Dio; cfr. Petrarca, CV, 42.

di vergini viole e d'altri fiori,
persi, gialli, purpurei, azurri e bianchi,[3]
2945   ch'in su l'aurora io colsi, e poi contesti[4]
gli ho di mia mano. Or degni il re del cielo
gradir la mia devota e pura mente,[5]
ed al settentrion[6] gli occhi rivolga
pietosamente e con benigno sguardo.[7]

[SCENA QUARTA]
CAMERIERO, CORO

[CAMERIERO]

2950   O Gozia, o d'Aquilone[1] invitto regno,
o patria antica, oggi è tua gloria al fondo,
oggi è 'l sostegno tuo caduto e sparso,[2]
oggi fera cagion d'eterno pianto
a te si porge.

CORO

Ahi, che dolente voce
2955   mi percote gli orecchi e giunge al core.
Che fia?

CAMERIERO

Misera madre e mesto giorno,
reggia infelice, e chi vi more e vive
infelice egualmente. Orribil caso!

3 *persi... bianchi*: cfr. Petrarca, *Trionfo d'Amore*, IV, 123, dove c'è un elenco in parte coincidente, che rinvia a Dante, *Purgatorio*, XXVIII, 55; *persi*: scuri.
4 *contesti*: intrecciati.
5 *mente*: intenzione.
6 *Settentrion*: terre del nord.
7 *gli occhi... sguardo*: si ricordi l'invocazione alla sapienza del Coro dell'atto I.
1 *Aquilone*: dal nome del vento del nord (v. 875).
2 *sparso*: abbattuto.

CORO

Narralo, e dà principio al mio dolore.

CAMERIERO

2960 Il re doglioso a la dolente Alvida
già detto avea ch'al suo fedel Germondo
esser moglie devea, con brevi preghi
stringendo lei[3] ch'in questo amor contenta,
come ben convenia, quetasse il core,
2965 che l'altre cose poi saprebbe a tempo.[4]
Ma del suo padre l'improvisa morte,
per occulta cagion tenuta ascosa,
accrebbe in lei sospetto e duolo e sdegno,
ch'in furor si converse e 'n nova rabbia,
2970 pur come fosse già schernita amante,
data in preda al nemico; onde s'ancise,
passando di sua man co 'l ferro acuto[5]
il suo tenero petto.

CORO

Ahi troppo frettolosa! Ahi cruda morte,
2975 estremo d'ogni male!

CAMERIERO

                    Il male integro[6]
non sapete anco. Il re stesso offese
nel modo istesso,[7] e giace appresso[8] estinto.

CORO

Ahi, ahi, ahi, crudel morte e crudel fato!
Quale altro più gravoso oltraggio o danno
2980 può farci la fortuna o 'l cielo averso?

---

3 *stringendo lei*: facendole forza perché.
4 *a tempo*: al tempo giusto.
5 *passando... acuto*: trafiggendosi con un pugnale, od una spada.
6 *Il male integro*: tutto il male.
7 *Il re... istesso*: il suicidio di Torrismondo è raccontato appresso, vv. 3067-3071.
8 *appresso*: vicino, al corpo di Alvida.

CAMERIERO

Non so. Ma l'un dolore aggiunge[9] a l'altro,
l'una a l'altra ruina. E 'n forte punto[10]
oggi è la stirpe sua recisa e tronca.[11]

CORO

Misera ed orba[12] madre, ove s'appoggia
2985 la cadente vecchiezza, e chi sostienla?

CAMERIERO

L'infelice non sa d'aver trovato
oggi una figlia[13] e duo perduti insieme,
e forse lieta ogni passato affanno
in tutto oblia, non sol consola e molce,[14]
2990 e di gioia e piacere ha colmo il petto.

CORO

Or chi le narrerà l'aspro destino
de' suoi morti figliuoli?

CAMERIERO

                              Io non ardisco
con questo aviso di passarle il core.
Ma già tutto d'orrore e di spavento
2995 là dentro è pieno il suo reale albergo,
e risonare i tetti e l'ampie logge[15]
s'odono intorno di femineo[16] pianto,
e di battersi il petto e palma a palma,[17]
e di meste querele e di lamenti:
3000 tanto timor, tanto dolore ingombra

9 *aggiunge*: si unisce.
10 *'n forte punto*: cfr. v. 377, n. 51.
11 *è la stirpe... tronca*: Torrismondo muore senza eredi, difatti.
12 *orba*: priva di Torrismondo.
13 *una figlia*: Alvida, non perché lo sappia, ma per il matrimonio con Torrismondo.
14 *molce*: mitiga.
15 *i tetti e l'ampie logge*: gli interni e gli esterni della reggia.
16 *femineo*: delle damigelle di Alvida, stando ai vv. 3000-3001.
17 *battersi... a palma*: cfr. *Aminta*, v. 1228, n. 21.

le femine norvegie.[18] E men dolenti
sarian, se, fatte serve[19] in cruda guerra,
fossero da nemici infesti ed empi,[20]
e temessero omai di morte e d'onta.
3005 E l'altre[21] sconsolate e meste donne
consolarne non ponno, anzi, piangendo
parte,[22] pianger fariano un cor selvaggio
del suo dolore, e lacrimar le pietre.

CORO

E noi, che parte abbiamo in tanto danno,
3010 non sapremo anco più distinti[23] i modi
d'una morte e de l'altra?

CAMERIERO

Il re trovolla
pallida, essangue, onde le disse: — Alvida,
Alvida, anima mia, che odo, ahi lasso,
che veggio? Ahi qual pensiero, ahi qual inganno,
3015 qual dolor, qual furor così ti spinse
a ferir te medesma? Oimè, son queste
piaghe de la tua mano? — Allor gravosa[24]
ella rispose con languida voce:
— Dunque viver devea d'altrui che vostra,
3020 e da voi rifiutata?
E potea[25] co 'l vostro odio e co 'l disprezzo,
se de l'amor vivea?
Assai men grave è il rifiutar la vita,
e men grave il morire.
3025 Già fuggir non poteva in altra guisa
tanto dolore.

18 *ingombra... norvegie*: cfr. n. 16.
19 *serve*: schiave.
20 *infesti ed empi*: ostili e spietati.
21 *l'altre*: le donne gote.
22 *parte*: cfr. v. 2872, n. 27.
23 *distinti*: distintamente, specificatamente.
24 *gravosa*: a fatica.
25 *potea*: è sottinteso ‹vivere›.

Ei ripigliò que' suoi dogliosi accenti:
— Tanto dolore io sosterrò[26] vivendo?
O 'n altra guisa[27] io morrei dunque, Alvida,
3030   se voi moriste? Ah, no 'l consenta il cielo!
Io vi potrei lasciare, Alvida, in morte?
Con le ferite vostre il cor nel petto
voi mi passaste, Alvida.
E questo vostro sangue è sangue mio,
3035   o Alvida sorella,
così voglio chiamarvi. — E 'l ver le disse,
e confermò giurando e lagrimando
l'inganno e 'l fallo de l'ardita destra.[28]
Ella parte credeva, e già pentita
3040   parea d'abbandonar la chiara luce
nel fior degli anni, e rispondea gemendo:
— In quel modo che lece io sarò vostra,
quanto meco potrà durar questa alma,
e poi vostra morrommi.[29]
3045   Spiacemi sol che 'l morir mio vi turbi,
e v'apporti cagion d'amara vita.[30] —
Egli, pur lagrimando,[31] a lei soggiunse:
— Come fratello omai, non come amante,
prendo gli ultimi baci. Al vostro sposo
3050   gli altri[32] pregata di serbar vi piaccia,
che non sarà mortal sì duro colpo. —
Ma in van sperò, perché l'estremo spirto
ne la bocca di lui spirava;[33] e disse:
— O mio più che fratello e più ch'amato,
3055   esser questo non pò, che morte adombra

---

26 *sosterrò*: sopporterò.
27 *'n altra guisa*: non col suicidio.
28 *l'inganno... destra*: l'errore commesso uccidendosi di sua mano; Torrismondo capisce che Alvida credeva di non essere più amata da lui.
29 *in quel... morrommi*: Alvida può riunirsi a Torrismondo nei limiti della morte imminente.
30 *cagion... vita*: così il Petrarca, CCCXXV, 105.
31 *pur lagrimando*: continuando a lacrimare.
32 *gli altri*: i «baci» di «amante».
33 *l'estremo... spirava*: così si augura Olindo nei confronti di Sofronia (*Gerusalemme liberata*, II, 35).

già le mie luci. —
Dapoi ch'ella fu morta, il re sospeso
stette per breve spazio; e muto e mesto,
da la pietate e da l'orror confuso,[34]
3060   il suo dolor premea[35] nel cor profondo.
Poi disse: — Alvida, tu sei morta, io vivo
senza l'anima? — E tacque.
E scrisse questa lettera, e la mi porse
dicendo: — Porteraila al re Germondo,
3065   e quanto avrai di me sentito e visto,
tutto gli narra, e scusa il nostro fallo. —
Così disse. E mentre io pensoso attendo,
dal suo fianco sinistro ei prese il ferro,[36]
e si trafisse con la destra il petto,
3070   senza parlar, senza mutar sembianza,
pur come fosse lieto in far vendetta.
Io gridai, corsi, presi il braccio indarno,
non anco debil fatto.[37] Ei mi respinse
con quel valor che non ha pari al mondo,
3075   dicendo: — Amico,[38] al mio voler t'acqueta,
e ne la tua fortuna. A te morendo
lascio il più caro officio[39] e 'l più lodato,
un signor più felice, un re più degno,
e la memoria mia.
3080   Ch'ognun la cara vita altrui pò tôrre,[40]
ma la morte, nessuno. —

---

34 *da la pietate... confuso*: Torrismondo sperimenta su di sé l'effetto della tragedia secondo Aristotele (cfr. *Aminta*, vv. 1634-1635, n. 2).
35 *premea*: nascondeva.
36 *il ferro*: cfr. n. 5.
37 *non... fatto*: non ancora indebolito, per la perdita del sangue.
38 *Amico*: così Clorinda a Tancredi (*Gerusalemme liberata*, XII, 66).
39 *il più caro officio*: di eseguire le sue ultime volontà.
40 *ognun... tôrre*: ognuno può togliere ad un altro uomo la vita.

[GERMONDO]

Qual suon dolente il lieto dì perturba?
E di confuse voci e d'alte strida
qual tumulto s'aggira?[1] E di temenza
3085   son questi, o di gran doglia incerti segni?
Forse è dentro[2] il nemico, o pur s'aspetta?
Ma sia che può, non sarò giunto indarno;
e dar non si potrà Norvegio o Dano[3]
del suo fallace ardir superbo vanto.
3090   Qual pazzia sì gli affida,[4] o quale inganno,
se Torrismondo ha 'l fido amico appresso?

CAMERIERO

Oimè, che Torrismondo altro nemico
non ebbe che se stesso e la sua fede.

GERMONDO

Qual nemicizia intendi, o che ragioni?

CAMERIERO

3095   Ei, signor, la vi spone, e qui la narra.
Perché questa è sua carta,[5] io fido servo.

GERMONDO

Oimè, quel ch'io leggo e quel ch'intendo!
Odi le sue parole e 'l mio dolore.
    — Scrivo inanzi al[6] morire, e tardi io scrivo,
3100   e tardi io muoio. Altri m'è corso inanzi,[7]

---

1 *qual tumulto s'aggira?*: adatta Dante, *Inferno*, III, 28.
2 *dentro*: nella reggia. Germondo interpreta la disperazione delle donne norvegesi e gote per la doppia morte di Alvida e Torrismondo come nata da un'invasione di nemici.
3 *Norvegio o Dano*: i possibili nemici di cui alla n. 2.
4 *gli affida*: li rende sicuri di avere perso.
5 *carta*: lettera (cfr. vv. 3063-3066).
6 *inanzi al*: prima di.
7 *Altri... inanzi*: Alvida mi ha preceduto, nel morire.

e la sua morte di morir m'insegna,
perch'io muoia più mesto e più dolente,
una donna seguendo, e sia l'estremo[8]
chi 'l primo esser devea spargendo il sangue,[9]
3105   non per lavar, ma per fuggir la colpa,[10]
ch'or porterò come gravoso pondo[11]
per questa ultima via. Morrò lasciando
di moglie in vece a voi canuta madre;
perché la mia sorella a me la fede
3110   o 'l poterla osservare,[12] a sé la vita,
a voi se stessa ha tolto. O vero amico,
se vero amico mi può far la morte,
vero amico sono io. Prendete il regno,
non ricusate or la corona e 'l manto,[13]
3115   e d'amico fedele il nome e l'opre.
Siate a cadente vecchia[14] alto sostegno
in vece mia. Non disprezzate i preghi,
non disdegnate in su l'orribil passo[15]
che tal[16] mi chiami e di tal nome onori
3120   l'acerba morte mia, che tutto solve,[17]
fuorché l'obbligo mio ch'a voi mi strinse.
Vivete voi, che 'l valor vostro è[18] degno
d'eterna vita, e l'amicizia e 'l merto.
Io chiedo questa grazia a voi morendo. —
3125   O dolente principio, o fin dolente![19]
Ma che pensa? Dov'è? Non vive ancora?[20]

---

8 *estremo*: ultimo.
9 *spargendo il sangue*: a versare il proprio sangue.
10 *la colpa*: di avere tradito l'amicizia di Germondo, seducendo Alvida.
11 *gravoso pondo*: grave peso; è il rimorso.
12 *'l poterla osservare*: la possibilità di rispettarla (la «fede»).
13 *la corona e 'l manto*: le insegne della regalità (cfr. vv. 1737-1741).
14 *cadente vecchia*: la madre di Torrismondo (cfr. vv. 2921-2924).
15 *in su l'orribil passo*: il momento della morte (la definizione è petrarchesca: CXXVI, 22; *Trionfo della Morte*, I, 105, e II, 52).
16 *tal*: «vero amico».
17 *solve*: distrugge; così il Petrarca per il Tempo, *Trionfo del Tempo*, 116.
18 *è*: riguarda anche l'«amicizia» e il «merto» del verso dopo.
19 *O dolente... dolente*: il chiasmo suggella l'inizio e la fine della lettera, egualmente intonati sulla morte.
20 *Non vive ancora?*: così Cavalcante del figlio Guido (*Inferno*, X, 68).

CAMERIERO

Visse, lasciò la moglie, or lascia il regno;
e l'uno è tuo, l'altro[21] pur volle il fato.

GERMONDO

Oscuro è quel che narri, e quel ch'accenna
3130 il tuo signor.

CAMERIERO

Ei riconobbe Alvida
la sua vera sorella, e poi s'uccise,
come credo io, per emendare il fallo
in voi[22] commesso.

GERMONDO

Era sorella adunque?

CAMERIERO

Era, e saprete come.

GERMONDO

Ahi, troppo a torto
3135 tanto si diffidò[23] nel fido amico,
che la mia fede, e non la sua, condanna
con la sua morte. Oimè, qual grave colpa
non perdona amicizia o non difende?
Meno offeso m'avria volgendo il ferro
3140 contra il mio petto.[24] Anzi io morir devea,
ch'a lui diedi cagion d'acerba morte.
Ahi fortuna, ahi promesse, ahi fede, ahi fede,
così t'osserva, e così dona il regno?
Così me prega?

CAMERIERO

Il ciel fe' scarso il dono,
3145 e la sua Parca e la fortuna aversa,

21 *l'altro*: evidentemente «la moglie», Alvida.
22 *in voi*: contro di voi.
23 *si diffidò*: non ebbe fiducia.
24 *volgendo il ferro... petto*: uccidendomi con lo stesso mezzo (cfr. v. 3068, n. 36).

non l'ultimo voler;[25] che tutto ei diede
quanto darvi potea.

GERMONDO

     Tutto ei mi tolse,
togliendomi se stesso. Amor crudele,
tu sei cagion del mio spietato affanno,
3150 tu mi togli l'amico e tu l'amata,
e tu gli uccidi, e mi trafiggi il petto
con duo colpi mortali. Io tutto perdo
poiché lui perdo. Oimè dolente acquisto,[26]
dannoso acquisto, in cui perde se stessa
3155 la nova sposa, e 'l re se stesso e gli altri,
e 'l suo figliuol la madre, e 'l vero amico
l'amico suo, né ritrovò l'amante;
la milizia l'onor, ch'orba divenne;[27]
questo regno, il signore; io, la speranza
3160 d'ogni mia gloria e d'ogni mio diletto.
Perdere ancora[28] il cielo il sol devrebbe,
e 'l sole i raggi, e la sua luce il giorno,
e per pietà celar l'oscura notte
il fallo altrui[29] co 'l tenebroso manto;
3165 perdere il mare i lidi, e l'alte sponde
gli ondosi fiumi, e ricoprir la terra
ingrata, or che non sente e non conosce
il danno proprio, e non s'adira e sterpe[30]
faggi, orni, pini, cerri, antiche querce,
3170 alti sepolcri, e d'infelice morte
dolente e mesto albergo,[31] o pur non crolla[32]

---

25 *Il ciel... voler*: il «dono» del regno (la trasmissione a Germondo del governo della Gotia) è parso «scarso» a Germondo, perché è costato la vita all'amico Torrismondo: ma non per colpa di lui, bensì del destino, della morte e della cattiva sorte.
26 *acquisto*: del regno, di cui alla n. precedente.
27 *orba divenne*: i guerrieri hanno perso l'onore perché privati di Torrismondo. Si badi che dal v. 3155 al v. 3160 è sempre sottinteso il verbo «perdere».
28 *ancora*: anche.
29 *fallo altrui*: colpe degli uomini.
30 *sterpe*: sradica.
31 *alti sepolcri... albergo*: la visione degli alberi sradicati suscita una grandiosa immagine sepolcrale.
32 *crolla*: fa crollare.

questa gran reggia e le superbe torri,
e non percote i monti a' duri monti,
e non rompe i lor gioghi, e i gravi sassi[33]
3175 da l'aspre rupi non trabocca al fondo,[34]
e nel suo grembo alta ruina involve
di mete, di colossi e di colonne,[35]
perché sia non angusta e 'ndegna tomba;
e da valli e da selve e da spelunche
3180 con spaventose voci alto non mugge,[36]
per far l'essequie con l'estremo pianto,
che darà al mondo ancor perpetuo affanno.

[SCENA SESTA]

REGINA, CAMERIERO, GERMONDO, ROSMONDA, CORO

[REGINA]

Deh, che si tace a me, che si nasconde?
Sola non saprò io, schernita vecchia,
3185 di chi son madre, o pur se madre io sono?

CAMERIERO

Regina, oggi la sorte il vero scopre,
ch'a tutti noi molti anni occulto giacque.
Però non accusar nostro consiglio,[1]
ch'a te non fu cagion d'alcuno inganno;
3190 ma qui si mostri il tuo canuto[2] senno.

REGINA

Se pur questa non è mia vera figlia,
qual altra è dunque?

---

33 *gravi sassi*: macigni.
34 *trabocca al fondo*: rovescia a fondo valle.
35 *nel suo grembo... colonne*: trascina rovinosamente nelle cavità, così apertesi, antiche costruzioni, come piramidi, colossi di pietra e colonne in genere.
36 *alto non mugge*: non rumoreggia profondamente.
1 *consiglio*: decisione, di non dirle nulla di ciò che è accaduto ai suoi figli.
2 *canuto*: maturo.

CAMERIERO

Partoristi un'altra,
prima Rosmonda e poi chiamata Alvida,
del buon re tuo marito e signor nostro;
3195 ma per sua poi nudrilla[3] il re norvegio.

REGINA

Tanto dolor per ritrovata figlia
e trovata sorella? Altro pavento
che disturbate[4] nozze. Altro si perde.

CAMERIERO

Oimè lasso!

REGINA

Qual silenzio è questo?
3200 Ov'è la mia Rosmonda?

CAMERIERO

Ov'ella volse.[5]

REGINA

E Torrismondo?

CAMERIERO

In quel medesmo loco,
ov'egli volle.

GERMONDO

Altre percosse in prima[6]
hai sostenute di fortuna aversa;
ora questi soffrir più gravi colpi,
3205 che già primi non sono, al fin convienti,
o mia saggia regina e saggia madre,

3 *nudrilla*: l'allevò.
4 *disturbate*: interrotte.
5 *volse*: volle.
6 *in prima*: precedentemente.

che s'altri figli avesti, or son tuo figlio:
non mi sdegnar, benché sia grave il danno.

REGINA

Ahi, ahi, ahi, dice: Avesti; io non gli ho dunque?[7]
3210 Non respiran più dunque
i miei duo cari figli?

GERMONDO

Ahi, che non caggia![8]
Deh quinci Torrismondo e quindi Alvida,[9]
quinci vera amicizia e quindi amore
fanno degli occhi miei duo larghi fonti
3215 d'amarissimo pianto, e 'l core albergo
d'infiniti sospiri. E 'n tanto affanno
e fra tanti dolori ha sì gran parte
la pietà di costei. Misera vecchia,
e più misera madre! Oimè, quel giorno
3220 ch'ella sperava più d'esser felice,
è fatta di miseria estremo essempio.
Io sarò suo conforto, anzi sostegno.
Io farò questo, lagrimando insieme,
dolente sì, ma pur dovuto officio
3225 e pieno di pietà. Consenta almeno
ch'io la sostegna.

ROSMONDA

Oh foss'io morta in fasce,
o 'n questo giorno almen, turbato e fosco,
mentre egli[10] fu sì lieto e sì tranquillo.
Bello e dolce morire era allor quando[11]
3230 io fatto non l'avea dolente e tristo.
Io misera il perturbo,[12] e l'alta reggia

---

7 *Ahi... dunque*: continua ad aver presente *Inferno*, x, 68 (cfr. v. 3126, n. 20).
8 *caggia*: cada.
9 *quinci... Alvida*: da una parte Torrismondo, dall'altra Alvida.
10 *egli*: esso, il «giorno».
11 *Bello... quando*: è un verso del Petrarca, CCCXXXI, 43.
12 *il perturbo*: lo rovino (il «giorno» sempre).

io riempio d'orrore e di spavento.
Io la corona atterro e crollo il seggio.[13]
Io d'error fui cagione, or son di morte
3235   al mio signore. Or m'offrirò per figlia
a questa orba regina ed orba madre,
la qual pur dianzi ricusai per madre.
E ricusai, misera me, l'amore,
e ricusai l'onore,[14]
3240   serva troppo infelice,
ch'era pur meglio ch'io morissi in culla,
innocente fanciulla.

CORO

A piangere impariamo il vostro affanno
nel comune dolor che tutti afflige.
3245   Al signor nostro omai quale altro onore
far possiam che di lagrime dolenti?
Al signor nostro, il qual fu lume e speglio[15]
di virtute e d'onor, chi nega il pianto?

REGINA

Ahi, chi mi tiene in vita?
3250   O vecchiezza vivace,[16]
a che mi serbi ancora?
Non de' miei dolci figli
a le bramate nozze,
non al parto felice
3255   de' nepoti mi serbi.
Al duolo amaro, al lutto,
a la morte, a la tomba
de' miei duo cari figli,
or mi conserva il fato.

13 *la corona... seggio*: faccio cadere la corona e vacillare il trono; ovvero, ho messo in crisi in Gozia la successione del potere monarchico.
14 *ricusai... l'onore*: non accettando di sposare Germondo, Rosmonda ha rifiutato l'«amore» del re e l'«onore» di divenire regina.
15 *lume e speglio*: luce e specchio, secondo Petrarca, CCCXII, 11.
16 *vivace*: vitale.

3260   Ahi, ahi, ahi, ahi,
       ch'io non gli trovo, e cerco,
       misera me dolente,
       pur di vederli in vano.
       Ahi, dove sono?
3265   Ahi, chi gli asconde?
       O vivi, o morti,
       anzi pur[17] morti.
       Oimè,
       oimè!

GERMONDO

3270   Quetate il duol, che tutto scopre il tempo.[18]

REGINA

       Signor, se dura morte
       i miei figlioli estinse,
       che non me 'l puoi negare,
       e certo non me 'l nieghi,
3275   ma co 'l pianto il confermi
       e co' mesti sospiri,
       abbi pietà, ti prego,
       di me: passami il petto,[19]
       e fa ch'io segua omai
3280   l'uno e l'altro mio figlio,
       già stanca e tarda vecchia,[20]
       e sconsolata madre
       meschina.[21]

GERMONDO

       S'io potessi, regina, i figli vostri
3285   con la mia morte ritornare in vita,
       sì 'l farei senza indugio, e 'n altro modo
       creder non posso di morir contento.
       Ma, poi che legge il nega aspra e superba

17 *pur*: di sicuro.
18 *tutto scopre il tempo*: saprete tutto col tempo. È sentenza già di Torrismondo, v. 2267.
19 *passami il petto*: come aveva fatto Alvida; cfr. vv. 2972-2973.
20 *stanca e tarda vecchia*: cfr. v. 3116, n. 14.
21 *meschina*: misera.

di spietato destin, vivrò dolente
3290   sol per vostro sostegno e vostro scampo.
E saran con funebre e nobil pompa[22]
i vostri cari figli ambo rinchiusi
in un grande e marmoreo sepolcro:
perché questo è de' morti onore estremo,
3295   benché ad invitti re, famosi in arme,
sia tomba l'universo e 'l cielo albergo.[23]
A[24] voi dunque vivrò, regina e madre:
voi sarete regina, io vostro servo,
e vostro figlio ancor, se troppo a sdegno
3300   voi non m'avete. A voi la spada io cingo,
per voi non gitto la corona o calco,[25]
non spargo l'arme sì felici un tempo,[26]
e non verso lo spirto e spando il sangue.[27]
Pronto a' vostri servigi, al vostro cenno,
3305   sinché le membra reggerà quest'alma,
sarà co 'l proprio regno il re Germondo.

REGINA

Oimè, che la mia vita
è quasi giunta al fine,
ed io pur anco vivo,
3310   perché l'amata vista
mi faccia di morire
via più bramosa
co' dolci figli,
ahi, ahi, ahi, ahi!

GERMONDO
3315   Oimè, che non trapassi. O donne, o donne,
portatela voi dentro, abbiate cura,

---

22 *con funebre... pompa*: con un solenne apparato funebre.
23 *sia... albergo*: abbiano la terra come tomba dal corpo ed il cielo come dimora dell'anima.
24 *A*: per.
25 *non gitto... o calco*: quasi contrariamente a Rosmonda (cfr. v. 3233); *calco*: calpesto.
26 *spargo... un tempo*: depongo le armi, che mi hanno dato gloria.
27 *verso... il sangue*: mi uccido, nell'anima e nel corpo, come Alvida e Torrismondo.

che 'l dolor non l'uccida, o tosco, o ferro.[28]
O mia vita non vita, o fumo, od ombra[29]
di vera vita, o simolacro,[30] o morte!

28 *o tosco, o ferro*: o veleno, o arma (cfr. v. 2972, n. 5 e v. 3068, n. 35).
29 *o fumo, od ombra*: al plurale e rovesciati questi sostantivi fanno coppia anche per il Petrarca, CLVI, 4.
30 *simolacro*: parvenza.

3320   Ahi lacrime, ahi dolore:
         passa la vita e si dilegua e fugge,
         come giel che si strugge.[1]
            Ogni altezza s'inchina, e sparge a terra
         ogni fermo sostegno,[2]
3325   ogni possente regno
         in pace cadde al fin, se crebbe in guerra.
            E come raggio il verno,[3] imbruna e more
         gloria d'altrui splendore;
            e come alpestro e rapido[4] torrente,
3330   come acceso baleno[5]
         in notturno sereno,
         come aura, o fumo, o come stral,[6] repente
         volan le nostre fame, ed ogni onore
         sembra languido fiore.
3335   Che più si spera o che s'attende omai?
         Dopo trionfo e palma,[7]
         sol qui restano a l'alma
         lutto e lamento e lagrimosi lai.[8]
         Che più giova amicizia, o giova amore?
3340   Ahi lagrime, ahi dolore!

IL FINE

---

* *Lamento sulla labilità e vanità di ogni cosa.*

1 *passa la vita... si strugge*: il lessico e la rima, in -ugge sono del Petrarca (cfr. CV, 28-29; e per l'inizio, almeno CLXXXIX, 1); *strugge*: fonde.
2 *Ogni altezza... sostegno*: ogni altezza si abbassa (cfr. Petrarca, CCXIII, 8) e si rovescia in terra ogni pilastro saldo.
3 *raggio il verno*: d'inverno i raggi del sole impallidiscono e vengono meno (i verbi appartengono al secondo termine di paragone).
4 *alpestro e rapido*: di montagna, in piena (cfr. Petrarca, CCVIII, 1).
5 *acceso baleno*: lampo.
6 *stral*: saetta.
7 *trionfo e palma*: i successi e le vittorie (militari di solito).
8 *lagrimosi lai*: gemiti.

APPENDICE

I · GALEALTO RE DI NORVEGIA
TRAGEDIA NON FINITA

SCENA PRIMA
NUTRICE, ALVIDA PRINCIPESSA

[NUTRICE]

Figlia e signora mia, deh qual cagione
sì per tempo ti sveglia? Ed or ch'a pena
desta è nel ciel la vigilante aurora,
e ch'il garrir de l'aure e degli augelli
5   dolce lusinga i matutini sonni,
dove vai frettolosa? E quai vestigi
di timore in un tempo e di desio
veggio nel tuo bel volto? Il qual per uso[1]
sì longo è noto a me, che non sì tosto
10   d'alcun novello affetto egli s'imprime,[2]
ch'io me n'avveggio. A me, che per etate,
e per officio di pietosa cura,
e per zelo d'amor madre ti sono,
e serva per volere e per fortuna,
15   non dee men noto il cor esser ch'il volto;
e nulla sì riposto, o sì secreto,
deve tenere in sé, ch'a me l'asconda.

ALVIDA

Cara nutrice e madre, è ben ragione
ch'a te si scuopra quello, onde osa a pena
20   ragionar fra se stesso il mio pensiero.
Però ch'a la tua fede ed al tuo senno,

---

1 *uso*: abitudine.
2 *d'alcun... s'imprime*: esso manifesta alcun nuovo sentimento.

canuto più che non son gli anni e 'l pelo,
meglio è commesso ogni secreto affetto
ed ogni del mio cuor tacita cura,
25 che a me stessa non è. Temo e desio,
no 'l nego; ma so ben quel ch'io desio,
quel ch'io tema non so. Tem'ombre e sogni,
e un non so che d'orrendo e d'infelice,
ch'un dolente pensiero a me figura
30 confusamente. Ohimè, giamai non chiudo
queste luci meschine[3] in breve sonno,
ch'a me forme d'orrore e di spavento
non appresenti il sonno: ora mi sembra
che dal fianco mi sia rapito a forza
35 il caro sposo, e scompagnata e sola
irne per longa e tenebrosa strada;
ed or sudar e gocciolar le mura
d'atro[4] sangue rimiro, e quanti lessi
mai ne l'istorie, o in favolose carte,[5]
40 miseri avvenimenti e sozzi amori,[6]
tutti s'offrono a me. Fedra e Iocasta[7]
gl'interrotti riposi a me perturba,
agita me Canace;[8] e spesso parmi
ferro nudo veder, e con la penna
45 sparger sangue ed inchiostro: onde, s'io fuggo
il sonno e la quiete, anzi la guerra
de' notturni fantasmi, e s'anzi tempo
sorgo del letto ad incontrar l'aurora,
maraviglia non è, cara nutrice.
50 Lassa me, simil sono a quella inferma,
cui la notte il rigor del freddo scorre,

3 *luci meschine*: occhi disgraziati.
4 *atro*: scuro, raggrumato.
5 *favolose carte*: racconti mitici.
6 *miseri... amori*: miserevoli resoconti di amori disonesti.
7 *Fedra e Iocasta*: l'amore incestuoso di Fedra per il figliastro Ippolito e la scoperta di Edipo di avere sposato la madre Giocasta, dopo avere ucciso il padre Laio, sono argomento di due celebri tragedie di Seneca (*Fedra*) e di Sofocle (*Edipo re*). Cfr. Introduzione, p. XXXI.
8 *Canace*: l'amore incestuoso di Canace per il fratello Macareo è argomento della tragedia *Canace* dello Speroni (cfr. *Aminta*, v. 161, n. 18).

e 'n su 'l mattin d'ardente febbre avvampa;
però che non sì tosto il freddo cessa
del notturno timor, che in me succede
55 l'amoroso desio, che m'arde e strugge.
Ben sai tu, mia fedel, ch'il primo giorno
che Galealto agli occhi miei s'offerse,
e che sepp'io che dal suo nobil regno
della Norvegia era venuto al regno
60 di mio padre in Suezia[9] egli medesmo
a richiedermi in moglie, io mi compiacqui
molto del suo magnanimo sembiante,
e di quella virtù per fama illustre,
sempre cara per sé ma vie più cara
65 s'ella viene in bel corpo, e se fiorisce
co 'l verde fior di giovinetta etade.[10]
E sì di quel piacer presa restai,
ch'il mio desir prontissimo precorse
l'assenso di mio padre: e prima fui
70 amante sua che sposa. Or come poi
il mio buon genitor con ricca dote
per genero il comprasse,[11] e come in pegno
di casto amor, d'indissolubil fede
la sua destra ei porgesse alla mia destra;
75 come negasse di voler le nozze
celebrare in Suezia, e corre i frutti
del dolce matrimonio in fin che fosse
giunto al paterno suo norvegio regno,
ove dicea desiar la sua madre
80 ch'il primo fior di mia virginitade
nel letto genial[12] del re norvegio
fosse colto, la 'v' ella ancora giacque
vergine intatta, e con felici auspicii

---

9 *dal suo nobil regno... in Suezia*: diversamente dal *Torrismondo*, quindi, il protagonista è re di Norvegia (e non di Gozia), Alvida è figlia del re di Svezia (e non di Norvegia), mentre re di Gozia è Torindo, il Germondo della redazione definitiva.
10 *co 'l verde fior... etade*: nella primavera della vita, la giovinezza.
11 *il comprasse*: lo prendesse.
12 *genial*: nuziale.

ne sorse poi sposa feconda e madre,
85   tutto è già noto a te. Sai parimente
che pria che dentro di Norvegia ai porti
la nave ei raccogliesse in riva al mare,
in erma riva e 'n solitarie arene,
stimulando la notte i suoi furori,
90   come sposo non già, ma come amante
rapace celebrò furtive nozze,
le quai sol vide il raggio de la luna:
e quei notturni abbracciamenti occulti
ivi restar, ch' alcun non se n'avide:
95   se non forse sol tu, che nel mio volto
ben conoscesti il rossor novo e i segni
de la perduta mia virginitade,
onde dicesti a me: — Donna tu sei. —
Ed io, tacendo e vergognando, a pieno
100   confermai le parole. Or, poi che siamo
giunti ne la cittade, ov'è la sede
real del re norvegio, ov'è l'antica
suocera, che da me nipoti attende,
che s'aspetti non so; ma veggio in lungo
105   trar de le nozze il desiato giorno.
S'è venti volte il sol tuffato e sorto
di grembo a l'Oceàn da che giungemmo,
ch'i giorni ad un ad un conto e le notti,
e pur ancor s'indugia; ed io fra tanto,
110   (debbol dir, o tacer?) lassa, mi struggo
come tenera brina in colle aprico.

NUTRICE

Alvida, anima mia, sì come folle
mi sembra il tuo timor, ch'altro soggetto
non ha che d'ombre e sogni, a cui, s'uom crede,
115   più degli stessi sogni è lieve e vano,
così giusta cagion parmi che t'arda
d'amoroso desio: che giovanetta,
che per giovane sposo in cor non senta
qualche fiamma d'amor, è più gelata

120   che dura neve in rigid'alpe il verno.
       Ma donnesca onestà temprar dovrebbe
       la tua soverchia arsura,[13] e dentro al seno
       chiuderla sì, che fuor non apparisse:
       che non conviene a giovane pudica
125   farsi incontro al desio del caro sposo,
       ma gli inviti d'amor attender deve
       in guisa tal, che schiva e non ritrosa
       se 'n mostri, e dolcemente a sé l'alletti
       con l'onesto rossor più che co' i vezzi.
130   Frena, figlia, il desio, che breve ormai
       esser puote l'indugio, e sol s'attende
       il magnanimo re de' Goti alteri,[14]
       che viene ad onorar le regie nozze.

ALVIDA

       Sollo, e questa tardanza anco molesta
135   m'è per la sua cagion. Non posso io dunque
       premer il letto marital,[15] se prima
       non vien fin dal suo regno il re de' Goti?
       forse perch'egli è del mio sangue amico?[16]

NUTRICE

       Amico è del tuo sposo, e dee la moglie
140   amar e disamar non co 'l suo affetto,
       ma con l'affetto sol del suo consorte.

ALVIDA

       Siasi, come a te par: a te concedo
       questo assai facilmente. A me fia lieve[17]
       d'ogni piacer di lui far mio piacere.
145   Così potess'io pur qualche favilla

---

13 *arsura*: calda passione.
14 *il magnanimo... alteri*: Torindo (cfr. n. 9).
15 *premer... marital*: congiungermi in matrimonio a Galealto.
16 *forse... amico?*: è anticipato in questa interrogazione l'antefatto dell'uccisione del fratello di Alvida da parte di Torindo, accennato più avanti (vv. 384-385) e sviluppato nel *Torrismondo* (vv. 61-79).
17 *fia lieve*: sarà facile.

smorzar de le mie fiamme, od a lui tanto
piacer, ch'egli sentisse uguale ardore.
Lassa, ch'invan ciò bramo. Egli mi sembra
vago[18] di me non già, ma di me schivo;
150   perché da quella notte, in cui di furto
godette del mio amor, a me dimostro[19]
non ha di sposo più segni o d'amante,
non dolce bacio nel mio volto impresso,
non pur giunta[20] la sua con la mia mano,
155   non pur fissato in me soave sguardo.
Madre, io pur te 'l dirò, benché vergogna
affreni la mia lingua, e risospinga
le mie parole indietro: io pur sovente
tutta in atto amoroso a lui mi mostro,
160   e li prendo la destra, e m'avicino
al caro fianco; egli s'arretra, e trema,
e di pallor sì fatto il volto tinge,
che mi turba e sgomenta: e certo sembra
pallidezza di morte, e non d'amore;
165   e china gli occhi a terra, e pur turbata
volge la faccia altrove; e, se mi parla,
parla in voce tremante, e con sospiri
le parole interrompe.

NUTRICE

            O figlia, segni
narri tu di fervente intenso amore.
170   Tremar, impallidir, timidi sguardi,
timide voci, e sospirar parlando,
effetti son d'affettuoso amore,
che per soverchio amor teme ed onora;
e s'or non vien a te con quello ardire,
175   che mostrò già ne le deserte arene,
sai che la solitudine e la notte
sproni son de l'audacia e de l'amore.

18 *vago*: desideroso.
19 *dimostro*: dimostrato.
20 *giunta*: unita, stretta.

Ma la luce del giorno e la frequenza
de le case reali apporta seco
180   rispettosa vergogna; e s'egli fue
già ne' luochi solinghi audace amante,
accusar non si dee, s'or si dimostra
ch'è, ne la regia[21] sua, modesto sposo.

ALVIDA

Piaccia a Dio che t'apponghi.[22] Io pur tra tanto,
185   poi ch'altro non mi lice, almen conforto
prendo dal rimirarlo; e sono uscita,
perché so che sovente ha per costume
venir tra queste spaziose loggie,
a goder del mattin il fresco e l'òra.[23]

NUTRICE

190   Figlia e signora mia, più si conviene
al decoro regale, ed a quel nome,
che di vergine ancor sostieni e porti,
a le tue regie stanze ora ritrarti,
e quindi[24] (se pur vuoi) chiusa e celata
195   dal balcon rimirarlo.

SCENA SECONDA
GALEALTO RE, CONSIGLIERE

[GALEALTO]

Ahi, qual Tana, qual Istro, e qual Eusino,[1]
qual profondo Oceàn con tutte l'acque
lavar potrà la scelerata colpa,

21 *regia*: reggia.
22 *t'apponghi*: tu colga nel segno.
23 *òra*: aura.
24 *quindi*: di qui.

1 *Eusino*: il Ponto Eusino, il Mar Nero; non è un riferimento petrarchesco (cfr. anche
Torrismondo, v. 234, n. 1).

ond'ho l'alma e le membra immonde e sozze?
200   Vivo ancor dunque, e spiro, e veggio il sole?
Ne la luce de gli uomini dimoro?
Son detto cavalier? son re chiamato?
È chi mi serve, e chi mi onora e cole?[2]
E forse ancor chi m'ama? Ah certo m'ama
205   colui che del mio amor tai frutti coglie.
Ma che mi giova, ohimè? s'esser mi pare
di vita immeritevole, e se stimo
che indegnamente a me quest'aria spiri,
e 'ndegnamente a me risplenda il sole?
210   Se l'aspetto de gli uomini m'è grave;
se 'l titol regal, se 'l nome illustre
di cavalier m'offende? e s'ugualmente
i servigi e gli onor disdegno e schivo,
e s'in guisa me stesso odio ed aborro,
215   che ne l'esser amante offesa i' sento?
Lasso, io ben me n'andrei per l'erme arene
solingo, errante, e ne l'Ercinia folta,
o ne la negra selva, o in quale speco
ha più profondo il Caucaso gelato,[3]
220   mi asconderei dagli uomini e dal cielo.
Ma che rileva[4] ciò, se a me medesmo
non mi nascondo, ohimè? Son io, son io
consapevole a me d'empio misfatto.
Di me stesso ho vergogna, ed a me stesso
225   son vile e grave ed odioso pondo.
Che pro,[5] misero me, che non paventi
i detti e 'l mormorar del volgo errante,[6]
o l'accuse de' saggi, se la voce
de la mia propria conscienza immonda
230   mi rimbonba altamente in mezzo il core?
S'ella a vespro mi grida ed a le squille,

2 *cole*: venera (latinismo).
3 *il Caucaso gelato*: gli alti monti del Caucaso.
4 *rileva*: importa, conta.
5 *pro*: vantaggio.
6 *errante*: perché non sa.

se mi turba le notti, e se mi scuote
dagli infelici miei torbidi sogni?
Misero me, non Cerbero, né Scilla
235   latrò così giamai, com'io ne l'alma
sento i latrati suoi: non can, non angue
de l'arenosa Libia, né di Lerna
Idra, né de le Furie empia cerasta,
morse giamai, com'ella morde e rode.

CONSIGLIERE

240   Signor mio, se la fè, che già più volte
si sia dimostra a manifeste prove
ne le liete fortune e ne l'averse,
porger può tanto ardire ad umil servo,
ch'egli osi di pregare il suo signore,
245   che de' secreti suoi parte li faccia,
io prego te che la cagion mi scopra
di questi novi tuoi duri lamenti,
e qual fallo commesso abbi sì grave,
che contra te medesmo ora ti renda
250   accusatore e giudice sì fiero.
Non me 'l negar, signor, perché ogni doglia
s'inasprisce tacendo, e ragionando
si mitiga e consola; ed uom, che il peso
de' suoi pensier deponga in fide orecchie,
255   molto ne sente allegerito il core.

GALEALTO

O mio fedel, a cui già il padre mio
la fanciullezza mia diede in governo,
perché informassi tu l'animo molle,[7]
e l'ancor rozza mia tenera mente
260   di bei costumi onesti e del sapere,
ch'è richiesto a color ch'il ciel destina
a grandezza di scettri e di corone,

---

7 *informassi... molle*: educassi e formassi il mio carattere di ragazzo, fragile di natura.

265

ed ad esser de' popoli pastore;[8]
ben mi sovien con quai prudenti e saggi
265 detti m'ammaestravi, e quai sovente
mi proponevi tu dinanzi agli occhi
d'onestà, di virtù mirabil forme,
e quai di regi esempi e di guerrieri,
che ne l'arte di pace e di battaglia
270 furon lodati, e con quai forti sproni
di generosa invidia il cor pongevi,
e con quali d'onor dolci lusinghe
l'allettavi a virtù. Lasso, m'accresce
quest'acerba memoria il mio dolore,
275 che quant'io dal sentier, che mi segnasti,
mi veggio traviato esser più longe,
tanto più contra me di sdegno avampo:
e s' ad alcuno[9]
asconder per rossor dovessi il fallo,
280 che la vita mi fa spiacente e grave,
esser tu quel dovresti, i cui ricordi
così male da me fur posti in opra.[10]
Ma l'amor tuo, la conosciuta fede,
l'avedimento e 'l senno e quella speme,
285 che del consiglio tuo sola mi avanza,
benché speme assai debole ed incerta,
mi confortano a dir quel che paventa
e inorridisce a raccordarsi il core,
e per duol ne rifugge, e che la lingua
290 tremante e schiva a palesar s'induce;
e per questo in disparte io t'ho qui tratto.
Ben rammentar ti dei, ch'a pena io fui
di fanciullezza uscito e da quel freno
sciolto, co 'l qual tu mi reggesti un tempo,
295 che, vago di mercar fama ed onore,
lasciai la patria, il caro padre e gli agi
de le case regali, e peregrino

8 *de' popoli pastore*: re, secondo l'immagine più antica della regalità, classica ed ebraica.
9 *e s' ad alcuno*: il verso è incompleto.
10 *i cui ricordi... in opra*: i cui consigli ed avvertimenti furono malamente realizzati da me.

vidi varii costumi e varie genti;
e sconosciuto io mi trovai sovente,
300   ove il ferro si tratta e sparge il sangue.
In quegli errori miei (come al ciel piacque)
mi strinsi d'amicizia in dolce nodo
co 'l buon Torrindo, principe de' Goti,
che giovinetto anch'egli, e dal medesmo
305   desio spronato d'onorata fama,
peregrinava per li regni estrani.
Seco i Tartari erranti e i Moschi i' vidi,
abitator de' paludosi campi,
gli uni Sarmati e gli altri e i Rossi e gli Unni,
310   e de la gran Germania i monti e i lidi,
e in somma ogni paese che si giaccia
soggetto ai sette gelidi Trioni.
De la milizia i gravi affanni seco
soffersi, e sempre seco ebbi commune
315   i perigli non men e le fatiche
che le palme e le prede. Assai sovente
ei del suo proprio petto a me fè scudo
e mi sottrasse a morte; ed io talora
la vita mia per la sua vita esposi.
320   Né dopo che moriro i padri nostri,
e ch' a la cura[11] de' paterni regni
richiamati ambo fummo, i dolci offici
cessàr de l'amicizia; ma disgiunti
di luogo, e più che mai di core uniti,
325   cogliemmo anco di lei frutti soavi.
Misero, or vengo a quel che mi tormenta.
Questo mio caro e valoroso amico,
pria che a lui fesse elezione e sorte
me de l'armi compagno e degli errori,
330   mentre ei sol giva sconosciuto attorno,
trasse in Suezia a l'onorata fama
d'un torneamento,[12] ond'ebbe poscia il pregio.

11 *cura*: governo.
12 *torneamento*: torneo cavalleresco.

Ivi in sì forte punto agli occhi suoi
si dimostrò la fanciulletta Alvida,
335   che ne la prima vista egli sentissi
l'alma avampar d'inestinguibil fiamma.
E ben ch'ei non potesse far ch'in guisa
favilla del suo ardor fuor tralucesse,
che dagli occhi di lei fosse veduta,
340   perch'essa più del tempo in casta cella
era guardata da la madre allora,
quasi in chiuso giardin vergine rosa,[13]
non di men pur nodrì nel core il foco
di memoria vie più che di speranza.
345   Né longhezza di tempo o di camino,
né rischio, né disagio, né fatica,
né il veder novi regni e nove genti,
piagge, monti, foreste, e fiumi, e mari,
né di nova beltà nova vaghezza,[14]
350   né, s'altro è che d'amor la face estingua,
intepidiro i suoi amorosi incendii;
ma qual prima gli corse ardente al core
l'imagine di lei, tal vi rimase.[15]
De le fatiche sue solo ristoro
355   era il parlar di lei meco talvolta,
talor tra se medesmo; ed involava
le dolci ore del sonno a la quiete,
per darle a' suoi pensieri, che sempre desti
tenea ne l'alma il vigilante amore.
360   Così de' suoi pensier e de' suoi detti
esca facendo al suo gradito fuoco,
che quasi face a lo spirar de' venti
s'avvivava commosso a' suoi sospiri,[16]

---

13 *quasi... rosa*: è comparazione frequente nella poesia umanistica e rinascimentale; cfr. anche *Gerusalemme liberata*, XVI, 14-15.
14 *nova vaghezza*: un altro ed improvviso desiderio.
15 *tal vi rimase*: nessun'altra «immagine» femminile ha sostituito nel cuore di Torindo quella di Alvida.
16 *quasi face... sospiri*: la passione di Torindo era tenuta viva dai suoi sospiri, come la fiaccola dallo spirare dei venti.

secretamente amò tutto quel tempo
365   che peregrino andò; e del suo core
fummo sol secretarii amore ed io.
Ma poi che, richiamato al patrio regno,
nel gran soglio degli avi egli s'assise,
e ch'a le nozze l'animo rivolse,
370   tentò con destri[17] ed opportuni mezzi
s'indur potea d'Alvida il vecchio padre
che la figliuola sua li desse in moglie;
ma indurato il trovò d'alma e di core.
Però che il vecchio re, crudo d'ingegno,
375   di natura implacabile e tenace
d'ogni proposto, e di vendetta ingordo,
ricusò di voler pace coi Goti,
non ch'amicizia o parentado alcuno,
da cui sì spesso depredato ed arso
380   vide il suo regno, violati i tempi,
profanati gli altari, e da le cune
tratti i teneri figli e da' sepolcri
le ceneri degli avi e sparse al vento;
da cui, non ch'altro, un suo figliuol su 'l fiore
385   fu de l'età miseramente estinto.
Poiché sprezzar ed aborrir si vede
il buon Torrindo, ancorché giusto sdegno
concetto[18] avesse contra il fiero veglio,
che fatto avea di lui aspro rifiuto,
390   non però per repulsa, o ver per l'ira
che l'ardea contra il padre, ei scemò dramma
di quell'amor, onde la figlia in moglie
così cupidamente aver bramava.
E ben è ver che negli umani ingegni,
395   e più ne' più magnanimi ed altieri,
per la difficoltà cresce il desio,
e ch'a quel ch'è negato, uom s'affatica
con isforzo maggior di pervenire;

17 *destri*: accorti.
18 *concetto*: concepito.

però che la repulsa e 'l nuovo sdegno
400   al vecchio[19] amor del principe de' Goti
fur quasi sferza e sproni, e confermaro
l'ostinato voler ne l'alta mente.
Dunque ei fermato di voler, malgrado
del padre, aver la figlia, e di volere
405   viver con lei, o di morir per lei,
d'acquistarla per furto o per rapina
pensava, e varii in sé modi volgea,
ora d'accorgimento ora di forza;
al fin, come al più agevole e più breve,
410   al pensier s'appigliò ch'ora udirai.
Per un secreto suo messo fedele,
e per lettere sue, con forti prieghi
mi strinse ch'io la bella Alvida al padre
per consorte del letto e de la vita[20]
415   chieder dovessi, e che, da poi ch'avuta
l'avessi in mio poter, la conducessi
a lui, che se n'ardeva e che non era
del pertinace[21] re genero indegno.
Io, se ben conoscea che quest'inganno
420   irritati gli sdegni e forse l'armi
incontra me de la Suezia avrebbe;
e se ben conoscea che tutto quello
ch'è in fraude, o c'ha di fraude almen sembianza,
brutta[22] il candido onor più ch'altra macchia,
425   perché la fraude è non pur vizio infame,
ma 'l più sozzo de' vizii e il più nocivo;
nondimen giudicai, ch'ove interviene
de la sacra amicizia il sacro nome,
quel che meno per sé sarebbe onesto
430   acquisti d'onestà sembianti e forme;
e, se ragion mai violar si deve,
sol per l'amico violar si deve;

---

19 *vecchio*: perché nato prima del rifiuto del padre di Alvida.
20 *consorte... vita*: sposa e moglie.
21 *pertinace*: ostinato, nel rifiuto.
22 *brutta*: sporca, deturpa.

ne l'altre cose poi giustizia serba.
Questa credenza dunque, e 'l creder anco
435 che 'l beneficio allor a chi 'l riceve
più grato sia, quando colui che il face
con suo periglio il fa, furon cagione
ch'io posposi al piacer del caro amico
la mia pace e del regno; e mi compiacqui
440 divenir disleal per troppa fede.
Questo fisso tra me, non per messaggi,
né con quell'arti, che tra' regi usate
sono, tentai del suocero la mente;
ma, per troncar gli indugi, io stesso a lui
445 de la mia volontà fui messaggiero.
Ei gradì la venuta e le proposte,
e per oste[23] e per genero m'accolse,
e congionse a la mia la regal destra,
e a me diede e ricevé la fede,
450 ch'io di non osservar prefisso avea.
Indi, sì com' a sposo, a me concesse
la figlia sua, che vergine matura[24]
fioria, cresciuta di bellezza e d'anni.
Ed io, tolto congedo, in su le navi
455 posta la preda mia, spiegai le vele,
e per l'alto oceàn drizzai le prore.
Noi solcavamo il mare, e la credente
mia sposa[25] al fianco mi sedeva affissa
sempre, e pendea da la mia bocca intenta;[26]
460 e dai suoi dolci sguardi e dai sospiri
ben comprendea ch'ella nel molle core
ricevuto m'avea sì fattamente,
che si struggea d'amore e di desio.
Io, che con puro e con fraterno affetto
465 rimirata l'avea, come sorella,

---

23 *oste*: ospite.
24 *vergine matura*: così Sofronia nella *Gerusalemme liberata*, II, 14.
25 *la credente... sposa*: Alvida, che si credeva mia sposa; meno probabilmente: che aveva fiducia in me.
26 *intenta*: va con «pendea».

prima che del suo amor mi fossi accorto,
quando vidi ch'amando ella ad amare
mi provocava, mi commossi alquanto;
pur ripresi de l'alma i moti audaci,
470 e posi freno ai guardi, e le parole
ritenni,[27] e tutto mi raccolsi e strinsi.
Ma 'l luogo angusto, il qual seco congiunto
mi tenea,[28] mal mio grado, e l'ozio lungo,
e i suoi d'amor reiterati inviti,
475 tanto efficaci più quanto temprati[29]
eran più di modestia e di vergogna,
vinsero al fin la combattuta fede.
Ahi, ben è ver che risospinto amore
dopo mille repulse, assai più fero
480 torna a l'assalto; ed è sua legge antica,
ch'egli a nissun amato amar perdoni.
Già con gli sguardi ai guardi e co' sospiri
rispondeva ai sospiri, e le mie voglie
a le voglie di lei si feano incontra,
485 su la fronte venendo e 'n su la lingua;[30]
ma pur anco di me signore intanto
era, ch'io contenea le mani e i detti.[31]
Quando ecco la fortuna e 'l cielo averso,
con amor congiurati, un fiero turbo
490 mosser repente, il qual grandine e pioggia
portando e cieche tenebre, sol miste
d'incerta luce e di baleni orrendi,
volser sossopra l'onde; e per l'immenso
grembo del mar le navi mie disperse,
495 e quella, ov'era la donzella ed io,
scevra[32] da tutte l'altre, a terra spinse,
sì ch'a gran pena il buon nocchiero accorto

---

27 *ritenni*: trattenni.
28 *seco... mi tenea*: mi tratteneva accanto ad Alvida.
29 *temprati*: mescolati.
30 *su la fronte... lingua*: risultando dallo sguardo e dalle parole.
31 *contenea... i detti*: trattenevo i gesti e le parole.
32 *scevra*: separata, lontana.

la salvò dal naufragio, e si ritrasse
dove si curva il lido e fra due corna,[33]
500 che stende in mar, rinchiude un cheto seno,[34]
che porto è fatto dagli opposti fianchi
d'un'isola vicina, in cui si frange
l'onda che vien da l'alto e si divide.
Quivi ricoverammo, e desiosi
505 ponemmo il piè ne le bramate arene.[35]
Mentre altri cerca i fonti, altri le selve,
altri rasciuga le bagnate vesti,
altri appresta la mensa, io con Alvida
solo lasciato fui sotto il coperto
510 d'una picciola tenda. E già sorgeva
la notte amica de' furtivi amori,
già crescea per le tenebre l'ardire,
e fuggia la vergogna; allor mi strinse
la vergine la man tutta tremante:[36]
515 questo quel punto fu...
Allor amor, furor, impeto e forza
di fatal cupidigia al cieco furto
sforzâr le membra temerarie, ingorde;
ma la mente non già, che si ritrasse
520 tutta in se stessa schiva e disdegnosa,
e dal contagio de' diletti immondi[37]
pura si conservò quanto poteva.
Ma com'esser può pura in corpo infetto?
Allor ruppi la fede, allor d'onore
525 e d'amicizia violai le leggi.
Allor, di sceleraggine me stesso
contaminando, traditor mi feci:
allor di cavalier, di rege e d'uomo
perdei l'essere e 'l nome: allor divenni
530 fero mostro odioso, esempio infame

33 corna: promontori.
34 cheto seno: tranquilla insenatura.
35 bramate arene: spiaggia desiderata durante il naufragio.
36 tutta tremante: così Paolo nel racconto di Francesca, Inferno, v, 136; il luogo è scorcia-
to nel Torrismondo (v. 564, n. 118) al solo verso seguente.
37 diletti immondi: piacere sessuale.

di mancamento[38] e di vergogna eterna.
Da indi in qua son agitato, ahi lasso,
da mille interni stimoli, e da mille
vermi di pentimento, ohimè, son roso;
535   né da le furie mie pace, né tregua
giamai ritrovo. O furie, o dire, o mille
debite pene e de' miei ingiusti falli
giuste vendicatrici, ove ch'io giri
gli occhi, o volga il pensiero, ivi dinanzi
540   l'atto, che ricoprì l'oscura notte,
mi s'appresenta, e parmi in chiara luce
a tutti gli occhi de' mortali esposto.
Ivi mi s'offre in spaventosa faccia
il mio tradito amico; odo l'accuse
545   e i rimproveri giusti, odo da lui
rinfacciarmi il suo amore, e ad uno ad uno
tutti i suoi benefici e tante prove,
che fatto egli ha d'inviolabil fede.
Misero me, fra tanti artigli e tanti
550   morsi di conscienza e di dolore,
gli amorosi martir trovan pur loco;
e di lasciar la male amata donna
(che è pur forza lasciar) m'incresce in guisa,
che di lasciar la vita anco dispongo.
555   Questo il modo più facile e più breve
mi par d'uscir d'impaccio; e poi che il nodo
onde amor e fortuna involto m'hanno
sciôr non si può, si tronchi e si recida:
ch'avrò, morendo, almen questo contento,
560   ch'in me, giudice giusto, avrò punito
io medesmo la colpa onde son reo.

CONSIGLIERE

Signor, tanto ogni mal sempre è più grave,
quanto in parte più nobile e più cara

---

38 *mancamento*: alla parola data a Torindo di cedergli Alvida.

274

adivien egli caggia;[39] e dal soggetto
565   natura e qualità prende l'offesa.
Quinci vediam che quel che leggier colpo
forse parrebbe ed insensibil male
ne la spalla e nel braccio e 'n quelle membra,
che natura formò robuste e dure,
570   quel medesmo negli occhi è grave e reca
di cecità pericolo e di morte.
Però quest'error tuo, che per se stesso
non saria di gran pondo, e lieve fora
negli uomini volgari, e 'n quelle usate
575   cittadine amicizie, che congiunge
l'utile, o in quelle che diletto unisce,
grave divien (no 'l nego) oltre misura
tra grandezza di scettri e di corone,
e tra il rigor di quelle sante leggi,
580   che la vera amistà prescrisse altrui.
Error di cavalier, di re, d'amico,
contra sì nobil cavaliero e rege,
contra amico sì caro e sì leale,
che virtude ed onor ha per oggetto,
585   fu questo tuo; ma pur chiamisi errore,
abbia nome di colpa e di peccato,
di sfrenato desio, di cieca e folle
cupidigia si dica indegno fallo:
nome di sceleragine non merta.
590   Lunge, per Dio, signor, per Dio sia lunge
da ciascun' opra tua titol sì brutto;
non sottentrar a non devuto carco:
che, s'uom non dee di falsa laude ornarsi,
non dee gravarsi ancor di falso biasmo.
595   Non sei tu no (la passion t'accieca)
scelerato, signor, né traditore.
Scelerato è colui che la ragione,
ch'è del ciel caro e prezioso dono,
data perch'ella al ben oprar sia duce,

---

39 *adivien egli caggia*: avviene che cada, finisca.

600 torce di sua natura e piega al male,
    ed incontra il voler di chi la diede
    guida a l'opre, e le fa malvage ed empie,
    e mostra ne l'insidie e ne le fraudi.[40]
    Ma quel che senza alcun fermo consiglio
605 di perversa ragion trascorre a forza,
    ove il rapisce impetuoso affetto,
    scelerato non è, quantunque grave
    sia il fallo ove il trasporta ira od amore.
    D'ira o d'amor, potenti e fieri affetti,
610 la nostra umanitade ivi più abonda
    ov'è più di vigor; e rado aviene
    che cor feroce, generoso e pieno
    d'ardimento e di spirito guerriero,
    concitato non sia da' suo' duoi moti,[41]
615 quasi da vento procelloso mare.
    Ora a memoria richiamar ti piaccia
    ciò che fanciullo udir da me solevi.
    Mira de' prischi Greci i duo più chiari,[42]
    e vedrai l'un che per concetto sdegno[43]
620 siede fra l'armi neghittoso e niega
    feroce, inesorabile e superbo,
    soccorso ai vinti e quasi oppressi amici;[44]
    l'altro ammollito da pensier lascivi
    vedi spogliarsi il duro cuoio, e involto
625 in gonna feminil torcere il fuso.[45]
    Mira Alessandro ancor, che da' conviti
    corre sovente al ferro, e talor mesce
    col vino il sangue, e su le liete mense

40 *guida... fraudi*: così nella stampa (Venezia, 1582); l'editore moderno, B. T. Sozzi, ritiene probabile che la lezione genuina fosse la seguente: «guida a l'opre la fa malvagie ed empie,/ e mastra ne l'insidie e ne le fraudi».
41 *duoi moti*: «ira» e «amor».
42 *i duo più chiari*: i due eroi più famosi, Achille ed Ercole.
43 *concetto sdegno*: sdegno concepito, da Achille, contro Agamennone, che gli aveva portato via la schiava Briseide (Omero, *Iliade*, I).
44 *feroce... oppressi amici*: adatta Orazio su Achille (*Arte poetica*, 120-122).
45 *l'altro... il fuso*: la vicenda di Ercole, caduto in servitù presso Iole (o Onfale), regina della Lidia (o Meonia), spogliato delle vesti di guerriero, travestito da donna e ridotto a filare la lana, è rammentata pure nella *Gerusalemme liberata*, XVI, 3.

           i suoi più cari furioso uccide;[46]
630   in questi esempi ti consola, o figlio.
           Vedesti bella e giovinetta donna,
           e'n tua balia l'avesti; e non ti mosse
           la bellezza ad amare, ed invitato
           non rispondesti agli amorosi inviti:
635   desti ad amor quattro repulse e sei,
           raffrenasti il desio, gli sguardi e i detti;
           al fin amor, fortuna, il tempo e 'l loco
           vinser la tua costanza e la tua fede.
           Errasti, e gravemente, in vero, errasti:
640   ma però senza esempio e senza scusa
           non è il tuo fallo, né di morte degno.
           Né morte, ch'uom di propria man si dia,
           scema commesso error, anzi l'accresce.

                        GALEALTO
           Se morte esser non può pena od emenda
645   giusta del fallo, almen de' miei martiri
           sarà rimedio e fine.

                        CONSIGLIERE
                        Anzi principio,
           e cagion fora di maggior tormento.

                        GALEALTO
           Come viver debb'io? Sposo d'Alvida?
           O pur di lei privarmi? Io ritenerla
650   non posso, che non scuopra insieme aperta
           la mia perfidia; e s'io da me la parto,
           come l'anima mia restar può meco?
           Il duol farà quel che non fece il ferro.
           Non è, questo, non è fuggir la morte,
655   ma scieglier di morir modo più acerbo.

46 *su le liete mense... uccide*: durante un banchetto Alessandro, in un impeto d'ira, uccise
l'amico Clito (Plutarco, *Vita di Alessandro*, 50-51).

CONSIGLIERE

Non è duol così acerbo e così grave,
che mitigato al fin non sia dal tempo,
consolator degli animi dolenti,
medicina ed oblio di tutti i mali.
660 Benché aspettar a te non si conviene
quel conforto ch'al volgo anco è commune,
ma prevenirlo devi, e da te stesso
prenderlo e da la tua virtude interna.

GALEALTO

Tarda incontra al dolor sarà l'aita
665 se dee il tempo portarla; e debol fia
se da la vinta mia virtù l'attendo.

CONSIGLIERE

Virtù non è mai vinta e 'l tempo vola.

GALEALTO

Vola, quando egli è apportator de' mali,
ma nel recarci i beni è lento e zoppo.

CONSIGLIERE

670 Ei con giusta misura il volo move;
ma nel moto inegual de' nostri affetti
è quella dismisura, che rechiamo
pur suso al ciel noi miseri e mortali.

GALEALTO

Or, posto pur che il tempo e la ragione,
675 ragion, misero me, frale[47] ed inerme,
mi difenda dal duolo: essere Alvida
può moglie insieme di Torindo e mia?
Se la fe', ch'io le die', fu stabilita
con l'atto (ohimè) del matrimonio ingiusto,
680 fatta è mia moglie: or, s'io la cedo altrui,

---

47 *frale*: fragile.

la cederò qual concubina a drudo.
A guisa adunque di lasciva amante
si giacerà nel letto altrui la moglie
del re norvegio; ed ei soffrir potrallo?
685 Vergognosa union, divorzio infame,
se da me la disgiungo in questa guisa,
e l'unisco a Torindo, ei non per questo
donzella goderà pura ed intatta;
tal aver non la può, ch'il furor mio
690 contaminolla, e 'l primo fior ne colsi.
Abbia l'avvanzo almen de' miei furori,
ma legitimamente; ed a lui passi
a le seconde nozze, onesta almanco,
se non vergine donna. Ah, non sia vero,
695 che, per mia colpa, d'impudichi amori
illegitima prole al fido amico
nasca, e che porti la corona in fronte
bastardo successor del regno goto.
Questo, questo è quel nodo, oh me dolente,
700 che scioglier non si può, se non si tronca,
e non si tronca insieme
il nodo ond'è la vita
a queste membra unita.

CONSIGLIERE

Veramente, or signor, ragion adduci
705 per le quai non mi par che in alcun modo,
rimanendo tu vivo, Alvida possa
unirsi in compagnia del re de' Goti;
ma non rechi tu già dritta ragione,
per la qual debba tu contra te stesso
710 armar la destra violenta, e l'alma
a forza discacciar dal nobil corpo,
ove quasi custode Iddio la pose,
onde partir non dee pria che, fornita
la sua custodia, al cielo ei la richiami.
715 Nulla dritta ragion ch'a ciò ti spinga
ritrovar si potria, che non si trova

279

d'ingiusto fatto mai giusta cagione.
Ma poi che tu senza la vita, o deve
senza l'amata rimaner Torindo,
720 senza l'amata sua Torindo resti.

GALEALTO

Egli privo d'amata, ed io d'amico,
ed insieme d'onor privo e di vita,
come vivremo? ohimè, duro partito![48]

CONSIGLIERE

Duro (no 'l nego), ma soffrir conviene
725 ciò che necessità dura commanda:
necessità degli uomini tiranna,
se non quanto è 'l voler libero e sciolto,
a cui non solo i miseri mortali
soggetti son, ma i cieli anco e le stelle;
730 e le leggi di lei ne' moti loro
serbano inviolabili ed eterne.
Ma pur consiglio io vedo, onde d'onore
privo non rimarrai; perché, s'è vero
che nel petto d'Alvida abbia sì fisse
735 l'amor tuo le radici, ella giamai
consentir non vorrà che ignoto amante,
nemico amante ed odioso, e tinto
del sangue del fratel, sposo le sia.
Ella negando di voler Torindo,
740 non piegandosi a' preghi pertinace,
ti porgerà legitimo pretesto
di ritenerla; e dir potrai: — Non lece
a cavalier far violenza a donna,
a vergine, a regina, a chi creduta[49]
745 ha ne la fede mia la vita sua.
Pregherò teco, amico, e teco insieme
co' i preghi mischierò sospiro e pianto,

48 *duro partito!*: crudele decisione.
49 *creduta*: affidata.

ed userò per persuaderla ogn'arte;
ma sforzar non la voglio —. Il buon Torindo,
750 s'egli è di cor magnanimo e gentile,
farà ch'amor a la ragion dia loco.
Così la sposa tua, così l'amico,
così l'onor non perderai.

CONSIGLIERE

GALEALTO

                L'onore
séguita il ben oprar com'ombra il corpo;
755 ed io, s'in ciò non lealmente adopro,
privo⁵⁰ non rimarrò?

CONSIGLIERE
                L'onor riposto
è ne le opinioni e ne le lingue,
esterno ben, ch'in noi deriva altronde;
né mancamento occulto infamia reca,
760 né gloria vien d'alcun bel fatto ignoto.
Ma perché con l'onor anco l'amico
conservi, e strettamente a te l'unisca,
darai d'Alvida in vece a lui Rosmonda,
sorella tua, che, se l'età canuta
765 può giudicar di feminil bellezza,
vie più d'Alvida è bella.

GALEALTO
                Amor non vuole
cambio, né trova ricompensa alcuna
donna cara perduta.

CONSIGLIERE
                Amor d'un core,
per novello piacer, così si tragge
770 come d'asse si trae chiodo con chiodo.

50 *privo*: di onore.

GALEALTO

Ma che? se mia sorella è così schiva
degli amori non sol, ma de le nozze,
come mai fusse ne l'antiche selve
rigida ninfa, o ne' rinchiusi chiostri
vergine sacra?

CONSIGLIERE

775   È casta ella, ma saggia
non men che casta; e della madre i preghi,
e i soavi conforti, e i dolci detti,
e i tuoi consigli, e le preghiere oneste,
soppor faranle al novo giogo il collo.

GALEALTO

780 O mio fedel, nel disperato caso
quel consiglio, che sol dar si poteva,
da te m'è dato. Io seguirollo; e quando
vano ei pur sia, per l'ultimo refugio
ricovrerò ne l'ampio sen di morte,
785 ch'ad alcun non è chiuso, e tutti coglie
i faticosi abitator del mondo,
e gli sopisce in sempiterno sonno.

SCENA TERZA
STRANIERO, CORO, GALEALTO, CONSIGLIERO

STRANIERO

L'errar lontan da la sua patria, e 'l gire
peregrinando per le terre esterne,[1]
790 mille disagi seco e mille rischi
suole ogni ora apportar; ma pur cotanto
è 'l piacer di veder cose novelle,

---

1 *esterne*: straniere.

paesi, abiti, usanze e genti strane,
e così ne le menti de' mortali
795 il desiderio di sapere è innato,
che del peregrinar non si pareggia
co 'l diletto l'affanno. Altri ozioso
sieda pur ne le sue paterne case,
del letto marital covi le piume,
800 e nel sen de la moglie i molli sonni
dorma securo, or sotto l'ombra al suono
d'un mormorante rivo, or dove tempri
il rigor d'Aquilon tepida stanza:
ch'io però gli ozii suoi nulla gl'invidio.
805 Me di seguir il mio signor aggrada,[2]
o de' monti canuti il ghiaccio calchi,
o le paludi pur ch'indura il verno.
Ed or, quanto m'è caro, e quanto dolce
l'esser seco venuto a l'alta pompa,
810 che s'apparecchia per le regie nozze
in quest'alma cittade! Egli mi manda
suo precursore[3] al prencippe norvegio,
perch'io gli dia del suo arrivar aviso.
Ma voglio a quel guerrier, che colà veggio,
815 chieder dove del re sia la magione.[4]
Amici, a me, che qui straniero or giongo,
chi fia di voi che l'alta regia insegni?

CORO

Vedi là quel di marmo e d'or superbo
edificio sublime: ivi è la stanza
820 del signor nostro; ed egli stesso è quello,
ch'or vedi in atto tacito e pensoso
starsi con quel canuto e saggio vecchio.[5]

2 *Altri ozioso... il mio signor aggrada*: forse rammenta un modo di contrasto oraziano
(*Odi*, 1, 1); *del letto... le piume*: si adagi nel letto nuziale; sprofondi nelle gioie matrimoniali.
3 *precursore*: messaggero.
4 *magione*: palazzo.
5 *canuto... vecchio*: il Consigliere.

STRANIERO

O magnanimo re de la Norvegia,
il buon Torindo, regnator de' Goti,
825   t'invia salute, e questa carta insieme.

GALEALTO

La lettra è di credenza. Amico, esponi
la tua ambasciata.

STRANIERO

         Il mio signor Torindo
a le tue nozze viene; e ormai non solo
dentro a' confini del tuo regno è gionto,
830   ma sì vicino l'hai, che pria ch'il sole,
che ora è ne l'orto,[6] a mezzo giorno arrivi,
dentro al cerchio sarà di queste mura.
Ed ha voluto ch'io messaggio inanti
venga a dartene aviso, ed a pregarti
835   che tu 'l voglia raccor senza solenne
publica pompa, e senza quei communi
segni d'onor che son tra regi usati;
però ch'al vostro amor foran soverchi
tutti del core i testimoni esterni.[7]
840   Ei teco usar[8] non altramente intende
di quel che già solea, quando in più verde
età ne giste[9] per lo mondo erranti.

GALEALTO

Frettolosa venuta! Oh come lieto
del mio novello amico odo novella!
845   Sarà dunque ei qui tosto? Ohimè, sospiro,
perché il piacer immenso, onde capace
non è[10] il mio cor, convien ch'in parte esali.

---

6 *è ne l'orto*: sta sorgendo.
7 *del core... esterni*: i segni esteriori dell'affetto.
8 *teco usar*: praticare con te.
9 *giste*: andaste.
10 *onde capace non è*: che non è in grado di contenere.

284

CORO

La soverchia allegrezza e 'l duol soverchio,
venti contrari a la vita serena,
850 soffian da l'alma: egualmente i sospiri.
E molti sono ancor nel core i fonti,
onde il pianto deriva: il duol, la gioia,
la pietade e lo sdegno; onde da questi
esterni segni interiore affetto
855 mal s'argomenta;[11] ed or nel mio signore
l'infinito diletto effetto adopra,
qual suole in altri adoperar la doglia.

STRANIERO

Signor, se sì con tenero ed ardente
affetto ami il mio re, giurar ben posso
860 ch'ei ne l'amar ti corrisponde a pieno.
Qual è di lui più fervido ed acceso,
o qual più fido amico?

GALEALTO

              Ohimè, che sento!
Come son dolci al cor le tue parole!

STRANIERO

Egli de le tue nozze è lieto in modo
865 ch'ogni tua contentezza in lui transfusa
sembra; s'ode lodar la bella sposa,
ne gode sé, come se sua foss'ella,
come s'a lui quella beltà dovesse
recar gioia e diletto, e spesso chiede...

GALEALTO

870 Di lei chiede, e di me: nulla di novo
narrar mi puoi, ch'il mio pensier previsto
non l'abbia; e te, che del camin sei lasso,
non vuo' che stanchi il ragionar più lungo.

11 *s'argomenta*: si deduce.

Or per risposta sol questo ti basti,
875   ch'il re Torindo qui così raccolto
sarà, com'egli vuol: che è qui signore.
Or va, prendi riposo; e tu 'l conduci
a l'ospitali[12] stanze; e sia tua cura
ch'abbia quegli agi e quegli onor riceva,
880   che merta il suo valor, e che richiede
la dignità di lui, ch'a noi lo manda.

SCENA QUARTA

GALEALTO

Pur tacque al fin, e pur al fin dagli occhi
mi si tolse costui, le cui parole
m'erano al cor avvelenati strali.
885   O maculata conscienza, or come
ti trafigge ogni detto! Ohimè, che fia,
quando poi di Torindo oda le voci?
Non al capo di Sisifo sovrasta
così terribil la pendente pietra,
890   com'a me 'l suo venire. Ahi, Galealto,
come potrai tu udirlo? o con qual fronte
sostener sua presenza? o con quali occhi
drizzar in lui lo sguardo? o cielo, o sole,
che non t'involvi in sempiterna notte,
895   perché visto io non sia, perch'io non veggia?
Misero, allor ciò desiar dovea,
per non veder,[1] quando affissar osai
nel bel volto d'Alvida i lumi[2] audaci
e baldanzosi: allor trasser diletto,
900   onde non conveniasi. È ben ragione

---

12 *ospitali*: degli ospiti.
1 *allor... non veder*: il desiderio che cielo e sole si oscurino, sì che Galealto non veda,
aveva un senso maggiore quando vide Alvida e se ne innamorò.
2 *lumi*: occhi.

ch'or siano aperti a la vergogna loro,
e di là traggan noia, onde conviensi.
Ma l'ora inevitabile s'appressa,
e fuggir non la posso; or che più tardo,
905   che non ritrovo la mia antica³ madre,
perché constringa con materno impero
la mia casta sorella a maritarsi?
Alvida so ch'a' prieghi miei fia pronta,
a recar in se stessa ogni mia colpa.
910   Ma chi m'affida, ohimè, che di Torindo
l'alma piegar si possa a novo amore?
Vano, vano, ohimè fia questo consiglio,
né rimedio ha 'l mio male altro che morte.

CORO¹

---

3 *antica*: vecchia. La correzione in «canuta» (*Torrismondo*, v. 1017) si spiega, forse, col fatto che l'espressione «antica madre» per Virgilio (*Eneide*, III, 96) e Petrarca (XXVIII, 73) è riferita all'Italia.

1 Manca la stesura del Coro.

SCENA PRIMA
ROSMONDA SOLA

[ROSMONDA]

Oh felice colui, che questa immonda
915 vita nostra mortale in guisa passa,
che non s'asperga de le sue brutture!
Ma chi non se ne asperge? e chi nel limo
suo non si volge e tuffa?[1] Ahi, non son altro
diletti, onor mondani, agi e ricchezze,
920 ch'atro fango tenace, onde si rende
sordida l'alma e 'n suo camin s'arresta.
Però, chi men di cotai cose abonda,
men nel mondo s'immerge, e più spedito
e più candido al ciel si riconduce.
925 Io, che da la fortuna alzata fui
a quella altezza che più il mondo ammira,
e son detta di re figlia e sorella,
quanto ho d'intorno, ohimè, di quel che macchia
ed impedisce un'alma![2] Oh come lieta
930 dagli agi miei, dal lusso e da' diporti,[3]
da questo regal fasto e da le pompe
de' sublimi palagi io fuggirei
a l'umil povertà di casta cella!
Or tra lascive danze e tra' conviti
935 spendo pur, mal mio grado, assai sovente
i lunghi giorni interi, e giongo[4] a' giorni

---

1 *nel limo... tuffa*: non si mescola ed immerge nell'abiezione del male.
2 *quel che macchia... un'alma*: il male, che sporca l'anima e le impedisce di elevarsi al cielo.
3 *diporti*: divertimenti.
4 *giongo*: aggiungo.

de le notti gran parte, e neghittosa
abbandono a gran dì[5] le piume e 'l letto,
ond'ho talor di me stessa vergogna.
940 E gran vergogna è pur che gli augeletti
sorgano vigilanti ai primi albori
a salutar il sole, e ch'io sì tarda
sorga a lodare il creator del sole.
La monacella al suon di sacre squille
945 desta previen l'aurora, ed umilmente
canta le lodi del signor eterno;
poscia in onesti studi e 'n bei diporti[6]
con le vergini sue sacre compagne[7]
trapassa l'ore, insin che 'l suon divoto
950 la richiami di nuovo a' sacri offici.
Oh quanto invidio lor sì dolce vita!
Ma ecco la regina a me sen' viene.

SCENA SECONDA
FILENA, ROSMONDA

FILENA
Figlia, tu sola forse ancor non sai,
ch'oggi arrivar qui deve il re de' Goti.

ROSMONDA
955 Anzi pur sollo.[1]

FILENA
Ma saper no 'l vuoi.

ROSMONDA
E chi ciò dice?

---

5 *gran dì*: giorno alto.
6 *bei diporti*: svaghi consentiti dalla vita claustrale.
7 *vergini... compagne*: le altre monache, che hanno fatto voto di castità.
1 *pur sollo*: lo so proprio.

FILENA

Tu medesma il dici.

ROSMONDA

Fatto motto non ho.

FILENA

              Né fatto hai cosa
per la qual mostri di voler saperlo.

ROSMONDA

Che debbo far? Non so ch'a me s'aspetti
960 alcuna cura.

FILENA

          Or non sai dunque, figlia,
che tu con tua cognata essere insieme
devi a raccorlo? E ch'egli è quel cortese
prencipe e cavalier che il grido suona?
Visiterà la sposa, e forse prima
965 ch'il sudor e la polve abbia deposta.

ROSMONDA

Così certo mi credo.

FILENA

          Or come dunque
così gran rege in sì solenne giorno
raccor tu vuoi così negletta e inculta?[2]
Perché non orni le leggiadre membra
970 di preziose vesti, e non accresci
con l'arte feminil quella bellezza,
onde natura a te fu sì cortese?
Beltà negletta e in umil manto avolta,
è quasi rozza e mal pulita gemma,
975 ch'avolta in piombo vil poco riluce.

---

2 *inculta?*: poco curata, nelle vesti.

ROSMONDA

Questa nostra bellezza, onde cotanto
il volgo feminil sen' va superbo,
di natura stim'io dannoso dono,
che nuoce a chi 'l possiede ed a chi 'l mira:
980   il qual vergine saggia anzi dovrebbe
celar, che farne ambiziosa mostra.

FILENA

La bellezza, figliuola, è proprio bene,
e propria dote del femineo stuolo,
com'è proprio degli uomini il valore.
985   Questa, in vece d'ardire e d'eloquenza
e di sagace ingegno, a noi natura
diede, più liberale in un sol dono
ch'in mill'altri ch'a' maschi ella dispensa.
Con questa superiamo i valorosi,
990   i facondi e gli industri; e son le nostre
vittorie più mirabili che quelle
onde va glorioso il viril sesso:
perché i vinti da lor son lor nimici,
ch'odiano la vittoria e i vincitori;
995   ove i vinti da noi son nostri amanti,
ch'aman le vincitrici, e lieti sono
de le nostre vittorie. Or s'uomo è folle,
s'egli ricusa di fortezza il pregio,
folle stimar devi colei non meno,
1000   la qual rifiuti il titolo di bella.

ROSMONDA

Io più tosto credea che doti nostre
fossero la modestia e la vergogna,
la pudicizia e la pietà devota;
e mi credea ch'un bel silenzio in donna
1005   agguagliasse le lodi de' facondi.
Ma se pur la bellezza è così cara,
come tu dici, ella è sol cara in quanto
di queste altre virtù donnesche è fregio.

FILENA

Se fregio è, dunque, esser non dee negletto.

ROSMONDA

1010 Se d'altri è fregio, adorna è per se stessa;
e benché tale a mio parer non sono,
come giudichi tu, che mi rimiri
con lo sguardo di madre, ornar mi debbo
per esser, se non bella, almen ornata;
1015 e lo farò non per piacer ad uomo,
ma per piacer a te, de le cui voglie
è ragion ch'a me stessa io faccia legge.

FILENA

Saviamente ragioni; ed a me giova
sperar, che tale al peregrino eroe
1020 parrai, quale a me sembri; ond'ei sovente
dirà fra se medesmo sospirando:
— Già sì belle non son, né sì leggiadre,
le figliuole de' prencipi de' Goti —.

ROSMONDA

Tolga Iddio, che per me sospiri alcuno.

FILENA

1025 Vaneggi? Or dunque a te saria discaro
che sì forte guerrier, re sì possente
sospirasse per te di casto amore,
in guisa tal che farti egli bramasse
de' bellicosi suoi Goti regina?

ROSMONDA

1030 Madre, io no 'l negarò: ne l'alta mente
questo pensiero è in me riposto e fitto
di viver vita solitaria e sciolta
da' maritali lacci;[3] e conservarmi

---

3 *sciolta... lacci*: libera da vincoli matrimoniali; non soggetta al marito.

de la virginitade il caro pregio
1035   stimo più ch'acquistar scettri e corone.

FILENA

Ei si par ben che, giovinetta ancora,
quanto sia grave e faticoso il pondo
de la vita mortal tu non conosci,
poi che portar sì agevolmente il credi.
1040   La nostra umanitade è quasi un giogo
gravoso, che natura e 'l ciel n'impone,
il qual ben sostentato esser non puote
da l'uom, s'egli è disgiunto, o da la donna.
Ma quando avien ch'in matrimonio uniti
1045   di conforme voler marito e moglie
compartano fra lor gli uffici e l'opre,
scambievolmente allor l'uno da l'altro
riceve vita, e fanno sì ch'il peso
lieve lor sembra e dilettoso il giogo.
1050   Deh chi mai vide scompagnato bue
segnare i solchi? o, cosa anco più strana,
che sola donna sterilmente segni
i fruttiferi campi de la vita?
Questo, ch'io ti dico or, figlia, l'insegna
1055   l'esperienza, mastra[4] de' mortali;
però che quel signore, a cui mi scelse
compagna il cielo, e 'l suo volere e 'l mio,
in guisa m'aiutò, mentre egli visse,
a sopportar ciò che natura e 'l caso
1060   suole apportar di grave e di noioso,
ch'alleggiata ne fui, né sentii mai
cosa che di soverchio il cor premesse.
Ma poi che morte ci disgiunse (ahi morte
memorabil per me sempre ed acerba),
1065   sola rimasa sotto iniqua soma,[5]
pavento spesso di cader tra via,

4 *mastra*: maestra.
5 *sola... soma*: essendo rimasta sola a sopportare il peso eccessivo della condizione umana.

oppressa dagli affanni; ed a gran pena
per l' estreme giornate di mia vita
trar posso il fianco debole ed antico.[6]

1070 Lassa, né torno a ricalcar giamai
lo sconsolato mio vedovo letto,
ch'io no 'l bagni di lacrime notturne,
rimembrando fra me ch'io già solea
vederlo impresso de' vestigi cari

1075 del mio signore, e ch'ei solea ricetto
dar a' nostri riposi ed agli onesti
piaceri, ed esser secretario fido
de' celati consigli e de le cure.[7]
Ma dove mi trasporta il mio dolore?

1080 Or, ritornando a quello onde si parla,
s'a me d'alleggiamento e di diletto
fu il ben amato mio signore, ed io
a lui sovente agevolai gli affanni;
e quant'ei co' consigli in me operava,

1085 tant'io co' dolci miei conforti in lui,
e co 'l soppormi[8] a' suoi travagli stessi,
e con piangerne seco; e mentre ei volto
era a' civili offici[9] ed a le guerre,
sovra me tutto ei riposava il peso

1090 de' domestici affari: in cotal guisa
questa vita mortal, se non felice
(che felice non è stato mortale)
contenta almeno e fortunata i' vissi;
e sventurata sol, perché quel giorno

1095 che chiuse a lui le luci, anco non chiuse
queste mie stanche membra in quella tomba,
ov'egli i nostri amori e i miei diletti
sen' portò seco, e se li tien sepolti.
Oh piaccia al ciel, ch'a te vita e consorte

---

6 *trar... antico*: cfr. *Torrismondo*, v. 1184, n. 43; l'attributo «antico» scopre ancor più la memoria petrarchesca.
7 *cure*: ansie, preoccupazioni.
8 *soppormi*: sottopormi, farmi carico di.
9 *volto... offici*: si dedicava ai suoi compiti politici.

1100   simil sia destinato; e tal sarebbe,
        per quel ch'io di lui stimo, il re de' Goti.
        Tu, s'avvien ch'egli a te l'animo pieghi,
        schiva non ti mostrar di tale amante.

ROSMONDA

        Se ben di noi, che giovinette siamo,
1105   quella è più saggia che saper men crede,
        e che le cose co 'l canuto senno
        de la madre misura, e non co' suoi
        giovenili consigli, io nondimeno
        osarò dir quel che ragion mi detta,
1110   che, scompagnata ancor da esperienza,
        suol molte volte non dettar il falso.
        Non nego io già ch'alleggerir non possa
        la compagnia de l'uom la noia in parte,
        onde la vita feminile è grave;
1115   ma parmi ben che s'in alcune cose
        ci alleggia, in alcune altre ella ci preme,
        e che di peso più che non ci toglie
        ci aggiunge. Io lasso che difficil soma
        stimar si può l'imperio de' mariti,
1120   qualunque egli si sia, severo o dolce:
        or non è ella assai gravosa cura
        la cura de' figliuoli? E non son gravi
        le morti e i morbi loro? E, s' il ver odo,
        la gravidanza ancora è grave pondo
1125   e del parto gravissimi i dolori:
        sì che il figliuol, ch' il frutto è de le nozze,
        al padre è frutto ed a la madre è peso:
        peso anzi al nascer grave, e più nascendo,
        né poi nato leggiero. E pur di questo,
1130   di cui la vita virginale è scarca,
        il matrimonio solo è che ci aggrava.
        Che dirò s'egli avvien che sian discordi
        il marito e la moglie? O se la donna
        s'incontra in uom superbo, o crudo, o stolto?
1135   Misera servitude e ferreo giogo

puote allor dirsi il suo. Ma sian concordi
d'animi e di consigli, e viva l'uno
ne la vita de l'altro; or che ne segue?
Forse questa non è gravosa vita?
1140 Allor, quanto ama più, quanto conosce
d'esser amata più, tanto la donna
a mille passioni è più soggetta,
ed agli affetti proprii aggiunge quelli
del caro sposo suo, che proprii fassi:
1145 teme co' i suoi timor, duolsi co 'l duolo,
piange con le sue lacrime e co' suoi
gemiti geme; e, benché stia sicura
in chiusa stanza, o in ben guardata rocca,[10]
esposta è seco nondimeno a' casi
1150 de le battaglie incerte ed a' perigli.
Di ciò non cerco io già stranieri esempi,
ch' abondo de' domestici, e li prendo
da te medesma; e tu stessa ragioni
contra le tue ragioni a me ministri.[11]
1155 Ma se 'l marito muor, sente la moglie
tutto ciò che di grave è ne la morte,
e seco muore, e in un medesmo tempo
vive, e sostenta de la vita i pesi.
... onde conchiudo,[12]
1160 che sia noioso il maritale stato,
in cui l'essere sterile o feconda,
l'essere amata od odiosa, apporta
solleciti pensieri, fastidi e pene
quasi egualmente. Io non però le nozze
1165 schivo, per ischivar gli affanni umani,
ma più nobil desio, più santo zelo
me de la vita virginale invoglia.
E somigliar vorrei, sciolta vivendo,
libera cerva in solitaria chiostra,
1170 non bue disgiunto in mal arato campo.

10 *rocca*: fortezza.
11 *ministri*: somministri, offri.
12 *onde conchiudo*: il verso è incompleto.

FILENA

Non è stato mortal così tranquillo,
qual ei si sia, del quale accorta lingua
molte miserie annoverar non possa.
Però, lasciando il paragon da parte
1175   de le due varietadi, io sol dirotti
che a te stessa tu sol non ci nascesti:
a me, che ti produssi, ed al fratello
ch'uscì del ventre stesso, a questa egregia
cittade ancor nascesti. Or perché dunque
1180   in guisa vuoi di scompagnevol[13] fiera
viver sola e selvaggia a te medesma?
Chiede l'utilità forse del regno
e del caro fratel che ti mariti.
Dunque al pro'[14] de la patria e del germano
1185   fia il tuo piacer preposto? Ah, non ti stringe
la materna pietà? Non vedi ch'io
del mortal corso omai tocco la meta?
Perché m'invidi quel piacer compito,[15]
ch'avrò, s'io veggio, anzi ch' a morte giunga,
1190   rinascer la mia vita e rinovarsi
ne l'imagine mia, ne' miei nipoti,
nati da l'uno e l'altro mio figliuolo?

ROSMONDA

Già non resti per me, che de' nipoti
tu felice non sia, ch'egli è ben dritto
1195   ch' a la sua genitrice ed al germano
obedisca la figlia e la sorella.

FILENA

1197   Ben è degna di te questa risposta.

[*non passò più oltre il Poeta*]

13 *scompagnevol*: non appaiata.
14 *pro'*: utile; cfr. v. 226, n. 5.
15 *compito*: completo.

II · PROLOGHI

Non son queste le stelle, ond'aureo il cielo
risplende a quei che mai non vider morte?
non è questa la terra ov'ha sì vario
l'imperio il sol, ch'or la rinfiora, or l'arde?
5   E non è questo il mondo, ov'io mi vissi
uom già di carne e d'ossa? Or non son io
in fra le pompe di superba scena?[1]
Deh! qual pietà, qual nume onnipotente
sue grazie oggi in me versa, oggi in me spiega
10   sue meraviglie? Io che a dormir fui tratto
il ferreo sonno de la morte, or gli occhi
pur riapro a la luce: io spirto ignudo
riedo oggi a respirar l'aure vitali,
pur rivestito il fral de 'l terreo manto,[2]
15   e a riveder de la mia patria cara,
accolto in bel teatro, il popol grato.
Quanto lunga stagion fra l'ombre avvolto[3]
io mi sia stato, i' non saprei ridirvi,
chè là, ov'io vivo, non si contan gli anni.
20   Ma dirò quand'io vissi; indi a voi noto
fia quanto ha scorso il sol da ch'io mi scinsi
de la gonna mortal,[4] ch'oggi ho ripresa:
grazie ch'a pochi il ciel largo destina.
Vissi a Ippolito Estense,[5] e fu mio zelo
25   d'arder a 'l nume suo face di gloria

1 *in fra le pompe... scena*: sul palcoscenico sontuosamente allestito. Chi parla è l'Ariosto medesimo, richiamato a vita da una nuova rappresentazione a Ferrara dei *Suppositi*, commedia data la prima volta il 6 febbraio 1509. Cfr. *Aminta*, vv. 597-600, n. 91.
2 *il fral... manto*: le spoglie mortali.
3 *fra l'ombre avvolto*: circondato dagli spiriti dell'Eliso (cfr. vv. 41, 56-66 e relative note).
. 4 *la gonna mortal*: così il Petrarca del corpo (CCCXLIX, 11).
5 *a Ippolito Estense*: al servizio del cardinale Ippolito d'Este (dal 1503 al 1517).

con vivo inchiostro.[6] I' son quel che cantai:
«Le donne, i cavalier, l'arme e gli amori»;[7]
quel ch'ordii anco i comici bisbigli,[8]
ond'oggi è a voi promesso onesto riso.

30   Ch'io mi morissi, e quale, è a voi palese;
ma che di me si fesse, e a quale stato
morendo io rinascessi, uom che qui viva
non puote avere inteso: or io dirollo,
e dirò come a la presenza vostra

35   ritornato mi sia, ed a che venni.
Né ora tem'io già che 'l sermon lungo
sia per noiarvi, perch'io so che messo
non vien più desiato a voi mortali,
di quel che di là viene, ond'io ne vegno.

40   Luogo è ne l'altro mondo, ov'uom qui morto
vive novella vita, e ha nome Eliso:[9]
così lo nominò la prisca etate.[10]
Siede presso a un castel, che Dite è detto,
torreggiante di fuoco e d'altri mostri;[11]

45   ma com'è quel[12] ripien d'aspro e di tristo,
così questo[13] è d'ameno e di soave.
Quivi perpetuo un zefiro inzaffira
le piagge, e su 'l smeraldo intesse l'ostro
di bei fioretti, ch' or di gelo imperla

50   ne l'alba,[14] ora a' gran dì scioglie in odore;
corron di latte i ruscelletti vaghi,
e stilla in mel dagli elci e dagli olivi:[15]
campo di gioia, se non quanto accende

---

6 *arder... inchiostro*: onorarlo ed eternarne la memoria nel mio poema.
7 *«Le donne... gli amori»*: così inizia l'*Orlando furioso*.
8 *ordii... bisbigli*: composi la trama e le battute della commedia; allude anche alle altre commedie dell'Ariosto (*La Cassaria, Il Negromante, La Lena, I Studenti*).
9 *Eliso*: nel linguaggio classico la dimora dei beati dopo la morte, qui il limbo.
10 *la prisca etate*: gli antichi.
11 *altri mostri*: le Furie e la Medusa; al riguardo e per Dite cfr. Dante, *Inferno*, IX, 34-57.
12 *quel*: il «castel» di Dite, la città infernale.
13 *questo*: l'Eliso (cfr. n. 9).
14 *su'l smeraldo... ne l'alba*: sul verde dei prati fa sorgere piccoli e belli fiori color di porpora, imperlati di brina all'alba; cfr. Dante, *Inferno*, II, 127-128.
15 *corron di latte... olivi*: sono tratti costanti nella rappresentazione dell'età dell'oro (cfr. *Aminta*, vv. 656-658).

       infinito desio de 'l paradiso,
55   E 'n questa afflizïon l'anime offende.[16]
       Tutti convengon qui d'ogni paese
       quei che vivendo in pregio ebber le Muse,
       e l'oprar dritto che natura addita;[17]
       ma quei che furo innanti a 'l cristianesmo,[18]
60   per non partirne mai[19] (tal libra in lance
       la divina giustizia il merto e 'l danno),[20]
       quei ch' adorar debitamente Dio,[21]
       qui l'alme impure purgano ed infette
       da 'l sensüale affetto, ma da poi
65   fian richiamate a la celeste reggia:
       e di questi cotai son io medesmo.
       Qui pur pensosi, a passi lenti e gravi
       van quei grandi ch' a 'l vero ebber gl'ingegni;[22]
       Aristotele il primo, e 'l divin mastro
70   de la scuola superna,[23] i' dico Plato
       con tutta la sua schiera, e con mill'altre
       che 'l furor letterato[24] in alto eresse.
       Qui cinti d' arme gli spiriti magni,
       onde rimbomban[25] sì Micene e Roma,
75   Achille, Agamennon, Cesare e Scipio,
       van trionfanti, ed han seco, o Ferrara,

16 *se non quanto accende/.../... offende*: purché non sopravvenga il desiderio del Paradiso, il rimpianto del quale tormenta le anime dell'Eliso. Si tratta, dunque, di un luogo nominato classicamente, ma concepito cristianamente: dantescamente, come si vedrà in seguito.
17 *l'oprar... natura addita*: quelli che osservano la giustizia naturale.
18 *furo innanti a 'l cristianesmo*: vissero prima della venuta di Cristo; così Dante dei personaggi illustri dell'antichità abitatori del Limbo (*Inferno*, IV, 37).
19 *per non partirne mai*: ma mai si allontanarono da una condotta di vita cristiana.
20 *tal libra... danno*: così la giustizia divina misura sui due piatti della bilancia i meriti ed il castigo; in altri termini: Dio sa valutare la vita naturalmente cristiana di quanti sono vissuti prima di Cristo e non li condanna all'inferno.
21 *quei... Dio*: cfr. *Inferno*, IV, 38, dove però la determinazione è negativa.
22 *pensosi... gl'ingegni*: somigliano agli «spiriti magni» (cfr. v. 73) che Dante ritrae nel Limbo (IV, 112-114); nel successivo elenco sono danteschi i nomi di Aristotele, Platone, Cesare.
23 *scuola superna*: la maggiore scuola filosofica è quella di Platone, mentre per Dante era quella di Aristotele.
· 24 *'l furor letterato*: l'ispirazione letteraria, concepita platonicamente come furore.
25 *rimbomban*: sono famose.

non men di ferro e di valore armati,
de' tuoi Ercoli e Alfonsi.[26] Or io mi stava
l'alte schiere ammirando in grembo ai fiori,
80   quando udii dirmi da invisibil voce:
— Oggi in teatro augusto i salsi motti
conditi da tua Musa, e le sciocchezze,
le frodi e i popolari accorgimenti[27]
debbon udirsi: ivi in regal corona
85   d'eroi s'asside il glorioso Alfonso,[28]
pieno di deità gli atti e l'aspetto,
qual Giove in fra i suoi divi. In nobil coro
di caste ninfe amorosette e care,
la sua Giunone[29] ha seco; intanto attende
90   come scaltro[30] risuoni e come piaccia,
tocca da dotta man, comica cetra.[31]
Tu va; ben degna è sì mirabil scena
di mirabil messaggio, e primo parla. —
Tacque; ed io, ratto in men che non balena,[32]
95   qui mi condussi, e non so per qual calle;
or dirò il comandato[33] e dirò breve.
Le scïenze, figliuole de la mente,
vivon soggette a le medesme leggi,
che natura ha prescritte a' figli suoi:
100   come nasce, fiorisce, invecchia e muore
l'abete, il pin, la quercia ed il cipresso,
così queste han sua vice.[34] Fu la scena[35]
infante a' primi tempi, e giovin poi

---

26 *Ercoli e Alfonsi*: nome ricorrenti nella stirpe estense.
27 *i salsi motti/.../... accorgimenti*: caratterizza i tratti dominanti della produzione comica ariostesca; *salsi*: spiritosi; *popolari accorgimenti*: forse gli espedienti dei servi, chiamati a risolvere l'azione.
28 *il glorioso Alfonso*: Alfonso II d'Este, allora regnante.
29 *la sua Giunone*: Margherita Gonzaga.
30 *scaltro*: abilmente.
31 *tocca ...comica cetra*: fuori di metafora, la poesia comica dell'Ariosto, la commedia che sta per rappresentarsi.
32 *ratto... balena*: più veloce del lampo (è paragone dantesco, *Inferno*, XXII, 24).
33 *il comandato*: il «messaggio» di cui sopra.
34 *queste... vice*: le «scienze» hanno le loro trasformazioni (dalla nascita alla morte).
35 *scena*: teatro.

fessi e matrona; or è canuta vecchia.
105 Ben quai medici accorti, che previsto
     lunge il letargo,[36] han rimedi che 'n fasce
     l'uccidan, e spess' anco anzi che nasca,
     tai gran saggi, avvertendo il fatal corso
     de 'l poetar di scena, a preservargli,
110 se non da morte, almen da presta[37] morte,
     con gran senno, arte dotta, in brevi carte
     strinsero in immutabili precetti.[38]
     E certo il lor pensier veniva intero,
     ma l'ignoranza s'è tanto ingegnata,
115 ch' i saggi avvertimenti ha torti e guasti;
     onde più ratto il buon comico iambo[39]
     è invecchiato e caduto in vil dispregio;
     così ha gran mal picciol' licenza a lato![40]
     Fu concesso il partirsi da 'l severo
120 de le leggi prescritte a la poetica,[41]
     quanto chiedeva l'uso de l'etati:[42]
     qui s'è fermato il punto; e non s'è visto
     che varia il pomo or frondi, or frutti, or fiori,
     seguendo la stagion, ma sempre è pomo,
125 non mai o fico, o pero, od aspro sorbo.
     Or s'è trascorso sì, che le commedie
     più commedie non son, ma ciance inteste
     a trar da' plebei cori infame riso,[43]
     indegne de l'orecchie cittadine

36 *lunge il letargo*: da tempo la crisi.
37 *presta*: rapida.
38 *in brevi carte/... precetti*: forse non allude tanto ai trattatisti del genere comico dei suoi
tempi (Vincenzo Maggi, Francesco Robortello, Antonio Riccaoboni), ma ai prologhi di
Terenzio, ai cenni di Cicerone nel *De oratore*, all'*Arte poetica* di Orazio.
39 *il buon comico iambo*: la migliore poesia comica, quella che si esprime nel verso tipico
delle commedie di Plauto e di Terenzio.
40 *ha... a lato*: un male grande nasce da una piccola libertà presasi. In sé e per sé non è
gran cosa il non rispettare le regole della commedia classica, ma tuttavia ha provocato la
crisi del teatro comico.
41 *il partirsi... a la poetica*: l'allontanarsi dalle rigide leggi prescritte alla poesia, comica in
specie.
42 *quanto... etati*: apportando solo le modificazioni richieste dal variare dei tempi. Il
rispetto delle regole classiche conosce, dunque, dei limiti.
43 *ciance... infame riso*: chiacchiere, discorsi che destano le risa sguaiate degli spettatori
volgari; probabilmente allude ai primi spettacoli della Commedia dell'Arte.

130   non che de le magnanime e regali.
       Io parlo per ver dire,
       non per odio d'altrui,[44] né per disdegno,
       né perch' io stimi la favola[45] mia
       esser de le perfette; là, ov'io vivo,
135   non vive odio o disdegno, ed è ognun fatto
       giusto conoscitor de' suoi difetti.[46]
       Forse, s'or vergar carte e oprare inchiostro
       mi si desse,[47] alcun neo le purgherei,
       se ben che non precetti imaginati
140   seguì mia Musa, ma gl'interi e saldi;[48]
       e s'ivi errò, qual' uom spira e non erra?
       Or questa, ch' io vivendo, a 'l primo Alfonso
       composi e posi in sontüosa scena,[49]
       e i *Suppositi* ha nome, invitto sire,
145   sacran novellamente a 'l vostro nome
       devoti questi spiriti sublimi,
       onde qui s'orna l'Academia vostra.[50]
       Voi gradite il buon zelo e la lor fede;
       là vien chi me accomiata; ed io ritorno,
150   sì come fu il destino, a l'ombre elisie.

44 *Io parlo... d'altrui*: citazione petrarchesca, CXXVIII, 63-64.
45 *favola*: commedia.
46 *conoscitor... difetti*: così Minosse per i peccati (*Inferno*, v, 9)
47 *vergar... mi si desse*: mi si desse la possibilità di tornare a scrivere (espressioni petrarchesche).
48 *gl'interi e saldi*: cfr. vv. 111-121 e nn. 38-42.
49 *questa... scena*: cfr. n. 1.
50 *l'Academia vostra*: forse l'Accademia ferrarese, inaugurata sulla fine del 1567 dal Tasso medesimo, con un discorso sull'Ozio.

Io son la Gelosia, ch'or mi rivelo
d'Amor ministra, in dar tormento a' cori;
ma non discendo già da 'l terzo cielo[1]
dove Amor regna, anzi duo son gli Amori;
5   né là su mai s'indura il nostro gelo
tra le divine fiamme e i puri ardori;
non però da l'inferno a voi ne vegno,
ch'ivi Amor no, ma sol vive odio e sdegno.

ESPOSIZIONE DE L'AUTORE

v. 1 *Io son la Gelosia, ch'or mi rivelo.* Cioè, prendo corpo, col qual posso esser veduta; e forse ha risguardo a le parole che s'apparecchia di dire, ne le quali scopre la sua natura.

v. 2 *d'amor compagna[2].* Perché segue l'Amore quasi invisibilmente. Altramente si legge: *ministra in dar tormenti*, perché fra le passioni amorose niuna è più fiera e più spiacevole de la Gelosia.

v. 3-4 *ma non discendo già da 'l terzo cielo.* Cioè, non son compagna de l'Amor celeste, ma del volgare: perché due son gli Amori, come due son le Veneri.

v. 5 *né là sù.* In cielo.

— *mai s'indura il nostro gelo.* Metaforicamente inteso per il timore, perocché in cielo non è altra temenza, né altra passione.

v. 7 *non però da l'inferno.* Dopo aver detto che non discende dal cielo, soggiunge che non viene da l'inferno: perché s'ella segue l'Amore, e l'Amore non è mai ne l'inferno, ella similmente non vi può essere. Avrebbe ciò potuto provare per altra ragione: perché ne l'inferno è disperazione, ma dov'è disperazione non è Gelosia; è dunque la Gelosia un affetto quasi di mezzo, com'è l'Amore: non buono e non cattivo, né bello, né brutto, ma tra l'uno e l'altro.

Forma invisibil sono; e mio ricetto
10   è non chiuso antro od orrida caverna,

---

1 *'l terzo cielo*: di Venere e degli spiriti amanti.
. 2 *compagna*: è la lezione delle stampe delle *Rime* di Ferrara, 1582. Cfr. la nota al testo, p.
XLIV

ma loco ombroso e verde e real tetto,
e spesso stanza de' cuor vostri interna;
e formate ho le membra e questo aspetto
d'aria ben densa; e la sembianza esterna
15 di color vari ho così adorna e mista,
che di Giunon l'ancella appaio in vista.

ESPOSIZIONE DE L'AUTORE

v. 9 *Forma invisibil sono.* Perché le passioni si diffiniscono ancora per la forma, ed ella propriamente è timore.

— *e mio ricetto.* Dimostra dove abiti, cioè nel cuore degli uomini, dove abita l'Amore; dice ancora d'avere albergo ne le selvette e ne' giardini, perch'in somiglianti luoghi da diporto spesso l'uno amante suole aver gelosia de l'altro.

v. 13 *e formate ho le membra.* Nel prender corpo, ha preso corpo aereo, come Iride, di più colori: per dimostrar le mutazioni de l'aspetto, che seguitano a le passioni de l'animo, le quali perciò son dette *passibiles qualitates.* E per simil cagione il sig. Lorenzo de' Medici disse, di lei parlando in alcune sue stanze:

 ... et uno ammanto
 d'uno incerto color cangiante aveva.

Benché il medesimo autore dia a la Speranza la vesta di nebbia in que' versi:

 È una donna di statura immensa
 la cima de' capelli al ciel par monti:
 formata e vestita è di nebbia densa,
 abita il sommo de' più alti monti.[3]

Questo, che mi ricopre, onde traluce
parte però de 'l petto bianco e terso,
d'aria è bel velo, e, posto in chiara luce,
20 prende sembiante ad or ad or diverso:
or qual piropo[4] a 'l sol fiammeggia e luce,
or nero il vedi, or giallo, or verde, or perso,[5]
né puoi certo affermar ch' egli sia tale;
e di color sì vari anco son l'ale.

ESPOSIZIONE DE L'AUTORE

v. 17 *questo che mi ricopre.* Descrive minutamente quale sia il velo de la Gelosia.

3 I versi riportati appartengono alle *Selve d'amore* di Lorenzo il Magnifico, II, 39 e 67 (ed. A. Simioni).
4 *piropo*: granato, pietra preziosa di colore rosso vivo.
5 *or nero... or perso*: cfr. *Torrismondo*, v. 2944, n. 3.

— *onde traluce*. Per dimostrar ch'i pensieri traspaiano al geloso quasi per velo.

v. 21 *or qual piropo*. Per significazione del piacere o de l'ira, per dimostrar l'altre passioni de l'animo che son congiunte con la Gelosia, e quasi effetti di lei.

v. 23 *né puoi certo affermar*. Perché ne la Gelosia non è certezza alcuna, ma tutte le cose son dubbie.

v. 24 *e di color sì vari anco son l'ale*. Finge la Gelosia alata, come si finge Amore, perché altrimenti non potrebbe seguitarlo in ciascuna parte; e ciò dimostra che i pensieri e i sospetti del geloso sian velocissimi.

> 25   Gli omeri alati, alati ho ancora i piedi,
>   sì che Mercurio e 'nsieme Amor somiglio;
>   e ciascuna mia penna occhiuta vedi,
>   d'aureo color, di nero e di vermiglio.
>   Pronta e veloce son più che non credi,
> 30   popol che miri:[6] il sa Venere e 'l figlio,[7]
>   leve fanciul, che fora un tardo veglio;[8]
>   ma se posa, o se dorme, io 'l movo e sveglio.

ESPOSIZIONE DE L'AUTORE

v. 25 *Gli omeri alati*. Descrive come sian le ali de la Gelosia, cioè simili a quelle di Mercurio e d'Amore, ma occhiute, come quelle d'Argo; dimostra ch'il geloso ha cento occhi nei suoi sospetti.

v. 29 *Pronta e veloce son più che non credi*. Perché la velocità e la vigilanza del geloso spesse volte è tenuta occulta, non altrimenti che sian gli amori de la persona di cui s'ha gelosia.

v. 31 *leve fanciul, che fora un tardo veglio*. È detto ad imitazione d'Ovidio ne' libri de l'Arte d'Amore, dove c'insegna ch'i sospetti e l'emulazioni de' rivali son cagioni che l'amor ringiovanisca; i versi son questi:

> *Dum cadat in laqueos, captus quoque nuper amator*
> *solum se thalamos speret habere tuos.*
> *Postmodo rivalem partitaque fœdera lecti*
> *sentiat. Has artes tolle, senescet Amor.*
> *Tunc bene fortis equus reserato carcere currit,*
> *cum quos prætereat, quosve sequatur, habet.*
> *Quoslibet extinctos injuria suscitat ignes;*
> *en ego, confiteor: non nisi laesus amor.*[9]

6 *popol che miri*: spettatori. Cfr. «Esposizione dell'autore», v. 70.
7 *'l figlio*: Amore, o Cupido.
8 *fora un tardo veglio*: sarebbe un vecchio tardo, lento, senza gli stimoli della Gelosia.
9 Cfr. *Arte d'amare*, III, 591-598. «Conservo la lezione del Tasso» (A. Solerti).

Questa, c'ho ne la destra, è di pungenti
spine, onde sferzo degli amanti il seno:
35   ben ho la sferza ancor d'empi serpenti
fatta e 'nfetta di gelido veneno;
ma su le disleali alme nocenti
l'adopro, quai fur già Teseo e Bireno.[10]
L'Invidia la mi diè, compagna fera
40   mia, non d'Amor; la diede a lei Megera.[11]

ESPOSIZIONE DE L'AUTORE

v. 33 *Questa c'ho ne la destra.* La Gelosia ha il flagello di spine, per dimostrar quanto siano acute e pungenti le passioni d'Amore, de le quali dice Catullo: *Spinosas Erycina serens in pectore curas.*[12]

v. 35 *ben ho la sferza ancor d'empi serpenti.* Significa, la sferza de' serpenti, le morti de le quali alcuna fiata è cagione la Gelosia.

v. 36 *fatta, e 'nfetta.* Scherza sovra questi nomi; l'ultimo de' quali è di molte significazioni: quasi la Gelosia fosse cagione di frastornar le cose fatte, come le nozze e i matrimoni»; e in questa guisa, *"facta infecta facit"*,[13] ch'in altro significato è tenuta per cosa impossibile. Laonde, *"hoc uno privatur Deus, facta infecta facere"*.[14] Nè ripugna a le cose dette la favola di Teseo o di Bireno che non uccisero Arianna e Olimpia, perché il lasciarle in un'isola deserta, quasi in preda a le fere, è simile a la morte, benché dapoi ne succedesse ancora la morte di Bireno.

v. 40 *mia, non d'Amor.* Ripugna a quello che nel *Fedro* dice Lisia, appresso Platone, de l'invidia de l'amante;[15] ma si dee intender che la invidia non è immediatamente compagna d'Amore, ma col mezzo de la Gelosia. Segue dunque la Invidia la Gelosia, la qual segue l'Amore.

Non son l'Invidia io, no, ben che simìle
le sia, com'ha creduto il volgo errante;
fredde ambe siam, ma con diverso stile:
pigra ella move, io con veloci piante,[16]

---

10 *Teseo e Bireno*: tradirono, rispettivamente, Arianna ed Olimpia, com'è spiegato sotto nell'«Esposizione dell'autore», v. 36; l'episodio di Olimpia e Bireno è narrato nell'*Orlando furioso*, IX-X.

11 *Megera*: una delle Erinni, o Furie (cfr. *Prologo ai «Suppositi»*, v. 44, n. 11).

12 È un verso, il 72, dell'*Epitalamio di Tetide e Peleo.*

13 *«facta infecta facit»*: frastorna le cose fatte, per riprendere parole del poeta medesimo.

14 *«hoc... facere»*: anche Dio non può frastornare le cose fatte, privilegio invece della Gelosia.

15 *nel Fedro... l'amante*: cfr. *Fedro*, VII.

16 *pigra... piante*: l'Invidia si muove pigramente, io (la Gelosia) velocemente.

45   e mi scaldo ne 'l volo, ella in uom vile,
       io spesso albergo in cor d' illustre amante;
       ella fêl tutta, e mista io di dolciore:[17]
       ella figlia de l'Odio, io de l'Amore.

ESPOSIZIONE DE L'AUTORE

v. 41 *Non son l'Invidia io, no.* Mette la differenza tra l'invido e il geloso, tra le quali è principalissima che noi portiamo invidia a' nemici, ma siam gelosi de l'amante; l'altre cose si dicono poeticamente.

       Me produsse la Tema, Amore il seme
50   vi sparse, e mi nudrì Cura infelice:
       fu latte il pianto, che dagli occhi or preme
       giusto disdegno, or van sospetto elice.[18]
       Così il padre e la madre assembro insieme,[19]
       e 'n parte m' assomiglio a la nutrice;
55   e 'l cibo ancor, che nutricommi in fasce,
       è quel che mi diletta e che mi pasce.

ESPOSIZIONE DE L'AUTORE

v. 49 *Me produsse la Tema.* Dice quali siano i genitori de la Gelosia, cioè l'Amore e la Timidità: perch'ella altro non è che timore per la cosa amata; la nutrice è la Cura, cioè il pensiero, perché pensando s'accrescono tutte le passioni.

v. 55 *e 'l cibo ancor.* È detto per assicurar le donne dal soverchio spavento, mostrando che de l'altro, quantunque se ne possa pascere, non ha diletto; perché il geloso è ancora amante, come si legge d'Erode:

    Vuoi veder in un cor diletto e tedio,
    dolce ed amaro? or mira il fiero Erode,
    ch'Amore e Gelosia gli han posto assedio.[20]

       Di pianto ancor mi cibo e di pensiero,
       e per dubbio m'avanzo e per disdegno;
       e mi noia egualmente il falso e il vero,

17 *ella... dolciore:* l'Invidia è tutta fiele, amarezza, ed io sono mista di dolcezza.
18 *elice:* tira fuori, cava (latinismo).
19 *assembro insieme:* sono nello stesso tempo simile a.
20 Cfr. Petrarca, *Trionfo d'Amore,* III, 67-69.

60 e quel ch'apprendo in sen fisso ritegno.[21]
  Né sì né no ne 'l cor mi suona intero,
  e varie larve a me fingo e disegno:[22]
  disegnate, le guasto e le riformo,
  e 'n tal lavoro io non riposo o dormo.

v. 57 *Di pianto ancor mi cibo*. Cibo parimente d'amore, come dice il Petrarca:
  Ch'io mi pasco di lagrime, e tu 'l sai.[23]
O vuole accennare che de la gelosia non cresciuta è cibo in pianto, ma de la cresciuta il sangue.

v. 58 *e per dubbio m'avanzo*. Dimostra l'altre proprietà de la Gelosia, la qual può esser di vero sospetto e di falso, e de l'uno e de l'altro s'affligge, né lascia l'impressione di leggieri,[24] ma tiene il geloso in continua incertitudine, e in diverse sollecitudini. Ma potrebbe alcuno dubitare, perché discordi il poeta da Lorenzo de' Medici, il quale con pochi altri ragionò de la Gelosia, dicendo:

  Nel primo tempo che Caos antico
  partorì il figlio suo diletto Amore,
  nacque questa maligna dea, ch'io dico:
  nel medesimo parto venne fore.
  Giove, padre benigno al mondo amico,
  la relegò tra l'ombre inferïore
  con Pluton, con le Furie; e stié con loro,
  mentre regnò Saturno e l'età d'oro.[25]

Al che rispondo, non esser convenevole che la Gelosia dica mal di sé stessa, quantunque quella del sig. Lorenzo sia bellissima poesia; ebbe adunque il poeta riguardo al decoro de la persona introdotta; oltre a ciò, se intendiamo de la Gelosia degli stati,[26] non è molto discorde da l'altra opinione: perché, mentre Giove consentì che 'l padre[27] regnasse, la Gelosia, nata dal timore di perdere il regno, fu relegata ne l'Inferno.

65 Sempre erro, e, ovunque vado, i Dubbi sono
  sempre a 'l mio fianco e le Speranze a lato;
  ad ogni cenno adombro, ad ogni suono,

21 *in sen... ritegno*: conservo dentro di me senza mutarlo.
22 *varie larve... disegno*: faccio nascere nella mia fantasia e mi rappresento come vere diverse cose false.
23 Cfr. Petrarca, XCVIII, 14
24 *di leggieri*: facilmente.
25 *Selve d'amore*, II, 40.
26 *degli stati*: dei suoi effetti nel governo del mondo.
27 *'l padre*: Saturno.

a un batter di palpebre, a un trar di fiato;
tale è mia qualità, quale io ragiono,
70 principi, a voi, cui di vedermi è dato;
ed ora Amor, fra mille lampi e fochi,
vuol ch'io v'appaia ne' notturni giochi.[28]

ESPOSIZIONE DE L'AUTORE

v. 65 *Sempre erro*. Non perché sempre i sospetti sian falsi, ma perché la Gelosia tiene altrui in continuo movimento; o vuol dimostrar ch'ella non sia mai senza qualche errore, eziando ne le cose certe.
v. 69 *tale è mia qualità*. Si volge a' principi ed agli altri, ch'erano spettatori.

Perché, s'avvien ch' a 'l sonno i lumi stanchi
la notte inchini[29] e la quïete alletti,
75 io vi stia sempre stimolando a' fianchi,
e co' 'l timor vi desti e co' sospetti;
perché gente a 'l teatro omai non manchi,
né sian gli altri suoi giochi in lui negletti.[30]
Ma vien chi mi discaccia; ond'io gli cedo,
80 ed invisibil qui tra voi mi siedo.

ESPOSIZIONE DE L'AUTORE

v. 73 *Perché, s'avvien*. L'officio de la Gelosia è di tener gli uomini desti: però gli è data questa cura ancora negli spettacoli.
v. 79 *Ma vien chi mi discaccia*. Non so s'intenda de la Fede, o d'altra persona introdotta a ragionare.

---

28 *giochi*: divertimenti, non solo teatrali.
29 *inchini*: pieghi.
30 *gli altri... negletti*: cfr. n. 28.

Donne, voi che superbe
di giovinezza e di beltà n'andate,
voi che l'arme sprezzate
di Venere e d'Amore,
5   voi sempre invitte e sempre vincitrici,
voi vinte pur sarete
da 'l mio sommo potere.
I gran vanti e le glorie,
le corone e le palme,
10 le spoglie di tant'alme,[1]
ond'i vostri trionfi adorni or vanno,
pur mia preda saranno:
e sarà preda insieme
questa vostra bellezza e quest'orgoglio,
15 che 'l mondo onora e teme.
Il Tempo io sono, il Tempo
vostro nemico e vostro
domatore e signore;
ché posso con la fuga
20 via più contro di voi,
ch'Amor non può con tante faci ed armi,[2]
con tante squadre e tanti assalti suoi.
    Ed or, mentre ch'io parlo,
la mia tacita forza
25 entra negli occhi vostri e ne le chiome,
e le spoglia e disarma.
Quinci rallenta i nodi,[3]

1 *le spoglie di tant'alme*: è la condizione finale degli uomini innamorati, vinti dalle donne nelle battaglie d'amore.
2 *tante... armi*: Amore è presentato, al solito, con fiaccole, archi e frecce (cfr. *Aminta*, v. 27, n. 9).
3 *rallenta i nodi*: scioglie i vincoli intrecciati dalle donne, grazie ai lori occhi e capelli.

314

quinci le faci ammorza,
quinci rintuzza i dardi[4]
30   degli amorosi sguardi:
e quinci a poco a poco
l'alta beltà disgombra,[5]
il cui raggio e il cui foco
tosto alfin diverran cenere ed ombra.
35   I' fuggo, i' corro, i' volo,
né voi vedete, ahi cieche!
la fuga, il corso, il volo.
Né men vedete come
ne porti il vostro onore e il vostro nome,
40   e come co' miei passi
ogni cosa mortal fugga e trapassi.
       Ma forse par che stia
qui neghittoso a bada.[6]
Folli! deh che vi giova
45   lusingar voi medesme
con volontario inganno,
s'aperto il vostro danno
vedrete alfin con dolorosa prova?
Tosto verrà quell'ora
50   che con piena vittoria
trionferò di voi.
Scaccerò in bando allora
Amor da l'alto seggio,
che ne' vostri occhi ei tiene,
55   ed in quel loco poi
dispiegherà le insegne
la Vecchiezza e l' Onore.[7]
       Torrò di man lo scettro
de' vostri empi pensieri
60   a l' Alterezza, che ne 'l vostro petto

---

4 *le faci... i dardi*: smorza la seduzione amorosa, rappresentata metaforicamente (cfr. n. 2).
5 *disgombra*: fa ritirare.
6 *neghittoso a bada*: ad indugiare senza far nulla.
7 *l' Onore*: cfr. *Aminta*, v. 669 sgg.

quasi reina or siede;
e poscia in quella sede
porrò la Penitenza,
la qual con la memoria
65 de' beni andati e de l'andata gloria,
quasi continuo verme,[8]
mai sempre[9] roderà le menti inferme.
Farovvi a mio volere,
come a vinte, cangiar legge e costumi:
70 lasciar il canto, le parole e il riso,
i nuovi abiti adorni;
e quante spiega in voi superbe pompe[10]
ricchezza, arte ed ingegno,
farò deporvi in segno
75 di vostra servitute,
qual uom ch' in dura sorte abito mute.[11]
        Queste cose or v'annunzio,
perché tra voi pensando
come la beltà vostra si dilegua,
80 e quel che poi ne segua,
cessi quel vostro orgoglio
pieno di feritate,
che di servirvi amando
ogni cosa mortale[12] indegna stima.
85 Ma di voi stesse fate,
come pietà vi detta
e ragion vi consiglia:
ch'io con l'istessa fretta
n'andrò seguendo il mio viaggio eterno.
90   Su, su, Stagioni, omai,
su, Giorno, Notte ed Ore,
mia veloce famiglia,
che con moto superno[13]

8 *quasi verme*: come se fosse un verme assiduo e tenace.
9 *mai sempre*: continuamente e costantemente.
10 *quante... pompe*: tutte le manifestazioni eccessive, che ci sono in voi, di.
11 *in dura... mute*: muti le sue abitudini in peggio.
12 *cosa mortale*: uomo, essere umano; ricorre sovente presso Petrarca.
13 *superno*: celeste.

ab eterno creò l'alto Fattore:[14]
95 seguite il corso antiquo
de le vostre vittorie
per lo calle de 'l ciel lungo ed obliquo.[15]

14 *l'alto Fattore*: Dio (cfr. *Inferno*, III, 4).
15 *seguite... obliquo*: ripercorrete la vostra orbita celeste, vittoriosa perché tutto muta e invecchia col succedersi del tempo.

III · INTERMEDI

I

Proteo son io, che trasmutar sembianti
e forme soglio variar sì spesso;[1]
e trovai l'arte onde notturna scena
cangia l'aspetto:[2] e quinci[3] Amore istesso
5   trasforma in tante guise i vaghi amanti,
com'ogni carme ed ogni storia è piena.
Ne la notte serena,
ne l'amico silenzio e ne l'orrore,[4]
sacro marin pastore
10   vi mostra questo coro e questa pompa;
né vien chi l'interrompa,
e turbi i nostri giuochi e i nostri canti.

II

Sante leggi d'amore e di natura;
sacro laccio,[1] ch'ordio
fede sì pura di sì bel desio;
tenace nodo e forti e cari stami;[2]

---

1 *Proteo... sì spesso*: divinità marina, capace di mutarsi in più forme e modi; custodiva il gregge di Nettuno (cfr. v. 9).
2 *onde... l'aspetto*: grazie alla quale si succedono sul palcoscenico, di notte, ambienti diversi; è l'arte della scenografia.
3 *quinci*: di qui, dall'«arte» della trasformazione in generale e da quella scenografica in specie).
4 *Ne la notte... ne l'orrore*: riecheggia e modifica celebri versi virgiliani (*Eneide*, II, 255).
1 *sacro laccio*: del matrimonio. Cfr. *Galealto*, v. 1033.
2 *stami*: fili, dell'ordito.

5 soave giogo e dilettevol salma,[3]
 che fai l'umana compagnia gradita,
 per cui regge due corpi un core, un'alma,
 e per cui sempre si gioisca ed ami
 sino a l'amara ed ultima partita;[4]
10 gioia, conforto e pace
 de la vita fugace;
 del mal dolce ristoro ed alto oblio;
 chi più di voi ne riconduce a Dio?

III

 Divi[1] noi siam, che nel sereno eterno[2]
 fra celesti zaffiri e bei cristalli
 meniam perpetui balli,
 dove non è giammai state né verno;
5 ed or grazia immortale, alta ventura
 qua giù ne tragge, in questa bella imago
 del teatro del mondo;[3]
 dove facciamo a tondo
 un ballo novo e dilettoso e vago,[4]
10 fra tanti lumi de la notte oscura[5]
 a la chiara armonia del suono alterno.

---

3 *soave... salma*: giogo sopportabile e peso non faticoso. Sta sempre discorrendo del matrimonio; analoghe le metafore impiegate nel *Galealto* (vv. 1040, 1049, 1065) e, sopratutto, nel *Torrismondo* (vv. 1153, 1162).
4 *l'amara... partita*: la morte.

1 *Divi*: dèi.
2 *sereno eterno*: paradiso.
3 *bella imago/... mondo*: è probabile che alluda a qualche raffigurazione scenografica del Mondo, ma non è escluso che si riferisca all'intera rappresentazione in corso.
4 *vago*: leggiadro.
5 *notte oscura*: cfr. I, v. 3, n. 2.

IV

Itene,[1] o mesti amanti, o donne liete,
ch'è tempo omai di placida quiete;
itene co 'l silenzio, ite co 'l sonno,
mentre versa papaveri e viole[2]
5   la notte, e fugge il sole.
E se i pensieri in voi dormir non ponno,
sian gli affanni amorosi
in vece a voi di placidi riposi;[3]
né miri il vostro pianto aurora o luna.
10   Il gran Pan[4] vi licenzia; omai tacete,
alme serve d'Amor, fide e secrete.[5]

---

1 *Itene*: Andatevene.
2 *papaveri e viole*: fiori soporiferi. Properzio mescola gigli e viole (Coro, i, 20, 37-38).
3 *sian... riposi*: sia l'amore, ed i suoi affanni, a non farvi dormire.
4 *Pan*: cfr. *Aminta*, v. 180, n. 24.
5 *alme... secrete*: l'«aurora» e la «luna».

INTERMEDI AD UNA RAPPRESENTAZIONE
NE LE NOZZE
DI CESARE D'ESTE
CON VIRGINIA DE' MEDICI
[1586]

COMPARSA PRIMA

VIRGINIA

Virgine fui, ma pur Virginia io sono;
e chi si colse il bel virgineo fiore
lasciommi il nome,[1] a ciò che il dolce suono
rimbombi intorno, e così volle Amore;
5   e s'altro nome acquisto or nova sposa,[2]
io già non perdo il virginale onore;
ma come odora più rosa per rosa,
l'una vita per l'altra[3] è più gioiosa.

COMPARSA SECONDA

FIRENZE

Io fui già Flora, ah! non sia detto invano
or che Cesare mio così mi sfiora,
e se ne porta un novo fior lontano![1]
Novo fior di bellezza e d'onestate,
5   che vince le tue rose, o bell'Aurora,

---

1 *chi si colse... il nome*: allude al marito; cfr. la *Comparsa seconda*, v. 2.
2 *s'altro nome... nova sposa*: col recente matrimonio acquisto un nuovo nome, entrando a far parte della famiglia degli Este.
3 *l'una vita...gioiosa*: dà più gioia la vita di sposa di quella di vergine.

1 *Io fui già Flora... novo fior lontano!*: gioca sull'identificazione del nome originario di Firenze (in latino «Florentia») con quello della dea dei fiori e della primavera, e rappresenta il matrimonio di Virginia, una fiorentina, con Cesare d'Este come una privazione · per la città.

teco fatte purpuree e teco nate;
e ben ch'ella mi lasci i fior vermigli,[2]
tanto lieta sarò, quanto or si duole;
e seco fiorirà con aurei gigli,[3]
10   che non distrugge il verno, o secca il sole.

COMPARSA TERZA

L'ANNO

L'anno son io, che fo sì cari balli,
e due volte ritorno
mentre da voi s'aspetta un lieto giorno.
  Un bel giorno felice, in cui s'aggiunga[1]
5   il buon Cesare insieme
e la casta Virginia. Ah! troppo è lunga
l'interna voglia e l'amorosa speme,
or che la virginella attende e teme
ne 'l suo dolce soggiorno
10   un cavalier di mille fregi adorno.
Egli i desiri, io doppio il corso[2] e miro
altri segni, altre stelle,
simile ai lumi, ond'io ne 'l ciel mi giro,
e strade ancor più belle.
15   E passa la sua gloria e queste e quelle,[3]
ed io co' 'l tempo ho scorno,[4]
mentre l'un nome e l'altro or vola intorno.

2 *i fior vermigli*: dell'Aurora; oppure il segno della sua deflorazione (cfr. v. 2).
3 *aurei gigli*: i gigli d'oro dello stemma mediceo, ad indicare che dal matrimonio nasceranno discendenti dei Medici.

1 *s'aggiunga*: si congiungano.
2 *Egli... corso*: il «cavalier», lo sposo, raddoppi il suo desiderio amoroso, io raddoppio la mia durata.
3 *e queste e quelle*: le «strade», che l'anno prolungato si apre nel cielo, e le altre «stelle» che vede.
4 *co' 'l... scorno*: sono sconfitto dal tempo.

COMPARSA QUARTA

LA TESTUDINE[1]

    Mentre per farvi onore
il Po se 'n corre a voi con cento fiumi
e 'l ciel con mille lumi,
e vola a voi con mille Amori Amore,
5   lascia Imeneo Permesso[2] e i sacri monti,
lascian seco Ippocrene
nove sorelle[3] e seggi ombrosi e foschi
e tra queste isolette e questi boschi
Muse, Ninfe e Sirene,
10   cigni, usignuoli hanno le rive e i fonti;
ma tarda e muta io sono a quel tenore,[4]
colpa de la natura e mio dolore.
    Pur così lenta Amor mi guida e scorge,
entro a 'l mio albergo[5] chiusa,
15   s'io ne son degna, per baciarvi il piede:
e s'a 'l pigro silenzio altri non crede,
parli per me la Musa,
ch'a voi, donna real, s'inchina o sorge;
ma se misuro ben l'affetto e 'l core
20   vinco le più veloci e più canore.[6]
    Dunque il vostro favore
or faccia a' casti piè, non solo in marmi,
ma ritrarre in be' carmi,
la mia guardia fedele e 'l suo valore.[7]

---

1 *Testudine*: testuggine, tartaruga.
2 *lascia Imeneo Permesso*: il dio delle nozze lascia il fiume della Beozia (scaturisce dal monte Elicona) sacro alle Muse.
3 *lascian seco... nove sorelle*: le Muse, dee della poesia, con Imeneo abbandonano la fonte dell'Elicona a loro sacra.
4 *quel tenore*: l'atteggiamento e l'espressione di tutti gli altri elementi ed esseri che fanno onore ai due sposi, per la ragione accennata (mancanza di velocità e di voce).
5 *albergo*: guscio.
6 *le più... canore*: cfr. n. 4.
7 *Or... 'l suo valore*: la testuggine chiede a Virginia di essere ricordata non solo nella statua a lei dedicata, ma nei versi; per «casti piè» cfr. v. 15, dove è palese una memoria petrarchesca (CCVIII, 12).

COMPARSA QUINTA

LA PRIMAVERA

O Primavera, in giovenil sembiante
tu Virginia somigli,
co' tuoi candidi fiori e co' vermigli.
    Ma non n'hai tanti in ramo, o tante fronde
5 da fare a lei corona,
quante virtù ne 'l suo bel petto asconde,
e scopre ove ragiona,
tal che de' propri merti or s'incorona;
e fian l' opre e i consigli
10 maturi frutti: intanto ha rose e gigli.[1]
L'accogli intanto tu de' verdi allori,
o de' bei faggi a l'ombra,
ove son, com'augei, volanti Amori;
ma un solo il cor le ingombra.[2]
15   Tal ch'ogni altro pensiero indi la sgombra,[3]
non come augel, che pigli
e poscia ancida co' veloci artigli.[4]
Spesso men cari son teatri e scuole,
e 'n logge marmi ed ostri,[5]
20 donna, ch'i verdi chiostri,[6]
perché mostrare ogni stagion li suole.
    Ma tra frondosi alberghi io sol t'accoglio,
che son de le mie gemme a te dipinti,
e ti fo seggi ombrosi[7] in verdi rive;
25 e di più bei narcisi e di giacinti,
per ornare il tuo seno, io me ne spoglio,

---

1 *intanto... gigli*: per ora ha i fiori della sua età giovanile e della sua condizione (cfr. *Comparsa seconda*, v. 9, n. 3).
2 *un solo... ingombra*: le occupi il cuore solo l'amore per lo sposo.
3 *indi la sgombra*: si allontani di lì, dal cuore.
4 *che pigli... artigli*: rapace. In altri termini: l'amore di Virginia per Cesare non deve straziarle il cuore.
5 *'n logge... ostri*: in palazzi, marmi e vesti sontuose (di porpora).
6 *verdi chiostri*: così Rosmonda, nel *Galealto*, v. 1169, e nel *Torrismondo*, v. 1312.
7 *seggi ombrosi*: sedili protetti dal sole.

e 'n questi tronchi il nome tuo si scrive.
    Né tra querele, o tra sospiri e pianto,
ma suona in dolce canto,
30   onde partir mi duole,
ché teco in terra albergo[8] e 'n ciel co 'l sole.

8 *albergo*: sto.

INTERMEDI AD UNA RAPPRESENTAZIONE
PER
MARGHERITA GONZAGA D'ESTE[1]
DUCHESSA DI FERRARA

COMPARSA PRIMA

Noi siam tra queste selve
ninfe leggiadre e belle,
e siam dive de 'l cielo e chiare stelle.
   E qui cantiamo a l'ombra
5 degli abeti e de' faggi,
là sù tra mille raggi
di pura luce e d'ogni orror disgombra.[1]
E qui balliam tra fior purpurei e gialli,
altrove fra zaffiri e sui cristalli.

COMPARSA SECONDA

   S'apre la terra e 'l cielo,
e l'una manda Pluto[1] e l'altra Amore,
perché veggiate aperto il vostro errore.
   Due vostri idoli e numi,
5 ed ambo senza lumi;[2]
ed io nacqui là sù, né 'l vero ascondo,
che ciechi dei fatti ha sua guida il mondo.

1 È la moglie del duca Alfonso II.

1 *disgombra*: libera.

1 *Pluto*: re del mondo sotterraneo, degl'inferi.
2 *senza lumi*: ciechi.

COMPARSA TERZA

Noi Satiri e Sileni,
meravigliosa turba, e noi Baccanti[1]
Bacco liete seguiamo e trionfanti.
    Né sol trionfa Amore,
5   ma 'l vincitor degl' Indi[2]
tra fiera no, ma tra benigna gente;
e quinci ha lode e quindi.[3]
    E, perché in odio ha gli empi,
né l'albergo de' pii lieto raccoglie
10 de l'anno i frutti e le frondose spoglie.

---

1 *Satiri... Baccanti*: facevano parte tutti del corteo («turba») di Bacco.
2 *vincitor degl'Indi*: Bacco si spinse fino in India, dove propagò il suo culto, e donde ritornò vittorioso in occidente.
3 *quinci... quindi*: è elogiato per la sua vittoria sia in India che in Europa.

1   Io son Tiresia,[1] de 'l piacere altrui
    e de 'l nostro piacer giudice esperto:
    ch'ora son uomo e donna un tempo fui,
    e de 'l giudicio ebbi il castigo e 'l merto.[2]
    Né cieco son, come rassembro a voi,
    però che ho l'occhio interno a 'l vero aperto;[3]
    questa è Manto mia figlia e cara scorta,[4]
    e Giove è seco, e 'l sacro augello[5] il porta.

2   E conduciamo a le famose rive
    un gentil cavalier fra gli altri erranti,
    donne leggiadre, anzi terrene dive,[6]
    per riprovar gli altrui superbi vanti;[7]
    perché, quanto il sol gira oggi,[8] non vive
    fede maggior tra valorosi amanti:
    e Venere l'affida[9] e 'nsieme il figlio,[10]
    ond'egli spera uscir d'ogni periglio.

1 *Tiresia*: celebre profeta tebano.
2 *ora son uom...'l merto*: Tiresia fu mutato in donna, e poi tornò uomo, avendo per due volte toccato due serpenti con un bastone. Per il gesto fu prima castigato, e poi ricompensato.
3 *ho l'occhio... aperto*: perché, sebbene cieco, vedo nella mente il futuro.
4 *Manto... scorta*: l'indovina ricordata da Dante (*Inferno*, xx, 40-45, 52-56). Compare accanto a Tiresia anche nell'*Edipo* di Seneca.
5 *sacro augello*: l'aquila.
6 *dive*: dee.
7 *gli altrui... vanti*: l'orgoglio di altri, non specificati.
8 *quanto ... oggi*: nel mondo presente.
9 *affida*: rassicura.
10 *il figlio*: Cupido.

IV · EPILOGO

AMOR FUGGITIVO
[EPILOGO DELL'«AMINTA»]

VENERE

Scesa dal terzo cielo,[1]
io che sono di lui regina e dea,
cerco il mio figlio fuggitivo Amore.
Quest'ier mentre sedea
5   nel mio grembo scherzando,
o fosse elezion o fosse errore,
con un suo strale aurato
mi punse il manco lato,[2]
e poi fuggì da me ratto[3] volando
10 per non esser punito;
né so dove sia gito.
Io che madre pur sono,
e son tenera e molle,
volta l'ira in pietate,
15 usat'ho poi per ritrovarlo ogn'arte.
Cerc'ho[4] tutto il mio cielo in parte in parte,
e la sfera di Marte, e l'altre rote
e correnti ed immote;[5]
né là suso ne' cieli
20 è luogo alcuno ov'ei s'asconda o celi.
Tal ch'or tra voi discendo,
mansueti mortali,
dove so che sovente ei fa soggiorno,

---

1 *terzo cielo*: il suo, quello di Venere e degli spiriti amanti.
2 *il manco lato*: dalla parte del cuore.
3 *ratto*: velocemente.
4 *Cerc'ho*: ho cercato.
5 *l'altra... immote*: i pianeti e le stelle fisse.

per aver da voi nova[6]
25 se 'l fuggitivo mio qua giù si trova.

Né già trovarlo spero
tra voi, donne leggiadre,
perché, se ben d'intorno
al volto ed a le chiome
30 spesso vi scherza e vola,
e se ben spesso fiede
le porte di pietate
ed albergo vi chiede,[7]
non è alcuna di voi che nel suo petto
35 dar li voglia ricetto,
ove sol feritate e sdegno siede.

Ma ben trovarlo spero
negli uomini cortesi,
de' quai nessun si sdegna
40 d'averlo in sua magione:[8]
ed a voi mi rivolgo, amica schiera.
— Ditemi, ov'è il mio figlio?
Chi di voi me l'insegna,
vo' che per guiderdone[9]
45 da queste labbra prenda
un bacio quanto posso
condirlo più soave;
ma chi me 'l riconduce
dal volontario esiglio,
50 altro premio n'attenda,
di cui non può maggiore
darli la mia potenza,
se ben in don li desse
tutto 'l regno d'Amore:
55 e per lo Stige io giuro

6 *nova*: notizia.
7 *fiede/.../... chiede*: batte alle porte della vostra pietà e vi chiede rifugio.
8 *magione*: casa; cuore.
9 *guiderdone*: ricompensa.

che ferme servarò l'alte promesse.[10]
Ditemi, ov'è il mio figlio?
Ma non risponde alcun: ciascun si tace.
— Non l'avete veduto?
60 Forse ch'egli tra voi
dimora sconosciuto,
e dagli omeri suoi
spiccato aver de' l'ali,[11]
e deposto gli strali,
65 e la faretra ancor depost'e l'arco,
onde sempre va carco
e gli altri arnesi alteri e trionfali.[12]
Ma vi darò tai segni
che conoscer ai segni[13]
70 facilmente il potrete,
ancor che di celarsi a voi s'ingegni.
Egli, ben che sia vecchio
e d'astuzia e d'etate,
picciolo è sì, ch'ancor fanciullo sembra
75 al viso ed a le membra;
e 'n guisa di fanciullo
sempre instabil si move,
né par che luogo trove in cui s'appaghi,[14]
ed ha giuoco e trastullo
80 di puerili scherzi;
ma il suo scherzar è pieno
di periglio[15] e di danno.
Facilmente s'adira,
facilmente si placa; e nel suo viso

---

10 *per lo Stige... l'alte promesse*: giuro per l'inferno che manterrò intatte le impegnative promesse (del bacio).
11 *dagli omeri... l'ali*: deve avere staccato dalle spalle le ali.
12 *deposto... trionfali*: cfr. *Aminta*, Prologo, v. 45; ivi, a partire dal v. 10 e ss., la dichiarazione d'Amore che giustifica il discorso e la ricerca di Venere.
13 *tai segni/...potrete*: tali indicazioni che potrete facilmente riconoscerlo ai nuovi «contrasegni». Venere intende andare oltre a quelli additati da Amore stesso nell'*Aminta*, v. 44.
. 14 *in cui s'appaghi*: nel quale trovi pace.
15 *periglio*: pericolo.

85   vedi quasi in un punto[16]
    e le lagrime e 'l riso.
    Crespe[17] ha le chiome e d'oro,
    e, 'n quella guisa appunto
    che Fortuna si pinge,[18]
90   ha lunghi e folti in su la fronte i crini,
    ma nuda ha poi la testa
    agli opposti confini.[19]
    Il color del suo volto
    più che fuoco è vivace;
95   ne la fronte dimostra
    una lascivia audace;
    gli occhi infiammati e pieni
    d'un ingannevol riso
    volge sovente in biechi;[20] e pur sott'occhio
100   quasi di furto mira,
    né mai con dritto guardo i lumi gira.[21]
    Con lingua, che dal latte
    par che si discompagni,[22]
    dolcemente favella, ed i suoi detti
105   forma tronchi e imperfetti;[23]
    di lusinghe e di vezzi
    è pieno il suo parlare,
    e son le voci[24] sue sottili e chiare.
    Ha sempre in bocca il ghigno,
110   e gl'inganni e la frode
    sotto quel ghigno asconde,
    come tra fronde e fior angue maligno.[25]

16 *in un punto*: contemporaneamente.
17 *Crespe*: ricce.
18 *pinge*: raffigura.
19 *opposti confini*: estremità del capo, nuca (così era rappresentata la Fortuna, a significare che, se non la si prende quando si offre l'occasione, non è più possibile trattenerla).
20 *volge...biechi*: trasforma sovente in occhi dallo sguardo cattivo.
21 *con dritto... gira*: guarda in faccia.
22 *al latte/... si discompagni*: infantile.
23 *tronchi ed imperfetti*: com'è tipico del linguaggio infantile. Ma cfr. anche *Aminta*, vv. 1166-1172.
24 *voci*: parole.
25 *angue maligno*: serpente pericoloso.

Questi da prima altrui[26]
tutto cortese e umile
115 ai sembianti ed al volto,[27]
qual pover peregrin albergo chiede
per grazia e per mercede:
ma, poi che dentro è accolto,
a poco a poco insuperbisce, e fassi
120 oltra modo insolente;
egli sol vuol le chiavi
tener de l'altrui core,
egli scacciarne fuore
gli antichi albergatori,[28] e 'n quella vece
125 ricever nova gente;
ei far la ragion serva
e dar legge a la mente;[29]
così divien tiranno
d'ospite mansueto,
130 e persegue ed ancide[30]
chi li s'oppone e chi li fa divieto.
Or ch'io v'ho dato i segni
e degli atti e del viso
e de' costumi suoi,
135 s'egli è pur qui fra voi
datemi, prego, del mio figlio aviso.
Ma voi non rispondete?
Forse tenerlo ascoso a me volete?
Volete, ah folli, ah sciocchi,
140 tenere ascoso Amore?
Ma tosto uscirà fuore
da la lingua e dagli occhi
per mille indicî aperti:[31]
tal, io vi rendo certi,

---

26 *altrui*: a chi sta per innamorarsi.
27 *ai sembianti ed al volto*: nell'aspetto esteriore.
28 *gli antichi albergatori*: i sentimenti che occupavano prima il cuore.
29 *ei far... la mente*: Amore suole (*sol*, v. 121) soggiogare la ragione e governare la mente dell'innamorato.
30 *ancide*: uccide, sgomina.
31 *indicî aperti*: segni manifesti, sintomi chiari.

145   ch'averrà quello a voi ch'avvenir suole
       a colui che nel seno
       crede nasconder l'angue,
       che co' gridi e co 'l sangue al fin lo scuopre.

       Ma, poi che qui no 'l trovo,
150   prima ch'al ciel ritorni,
       andrò cercando in terra altri soggiorni.

V · DIALOGHI

AMATA

Io qui, signor, ne vegno,
non già perché a le leggi
soggetta io sia de l'amoroso regno,
ma perché tu, che puoi,
5   costringa questo menzogner fallace
a serbar sua promessa e quella fede,
che sovente ei mi diede,
per l'arco tuo giurando e per la face.[1]
E ben dinanzi a lei,
10   che di nostra natura in cima siede,[2]
fatto citar l'avrei;
ma costui pur si vanta
ch'è tuo servo e soggetto,
e 'l giudicio d'ogni altro è a lui sospetto.
15   Io te già non ricuso
se ben straniera, un tuo seguace accuso.
   Signor, costui mi fece,
non pregato da me, libero dono
de l'arbitrio de 'l core e de la mente;
20   e m'affermò sovente
ch' io poteva a mio senno
dispor d'ogni sua voglia,
e che d'ogni mio cenno
ei si farebbe inviolabil legge.
25   Se dunque donna[3] io sono
de l'alma e de 'l suo core,

---

1 *per l'arco... per la face*: il tradizionale corredo di Amore (cfr. *Aminta*, v. 27, n. 9 e il prologo *Il Tempo*, v. 21, n. 2).
2 *di nostra... siede*: forse Venere.
3 *donna*: signora, padrona.

deggio poter disporre
com' ei ne fea, prima ch'ei fesse il dono;
e sì come signore
30　può fare il suo talento
di legittimo servo,[4]
può cambiarlo con oro o con argento,
o può donarlo altrui,
così poss'io di lui.
35　L'anima sua, ch'ancella[5]
si fe' de 'l mio volere,
non dee mostrarsi a' miei desir rubella.[6]
Ecco ch'io le comando
che volga ad altro oggetto
40　i suoi pensieri amando;
ecco io già vo' che serva
ad altra donna, e sia
omai sua, non più mia.
Faccia, faccia a mio senno,
45　né si mostri ritrosa
a le mie giuste voglie;
e s'ella irriverente
contraddirmi pur osa,
a te me ne richiamo,[7]
50　signor giusto e possente:
opra tu i dardi e 'l foco,
il laccio e le catene,[8]
e s'altre hai ne 'l tuo regno
più gravi e fiere pene.
55　Sai che giusto egualmente esser conviene
a chi regge e governa,
con la gente soggetta e con l'esterna.[9]

---

4 *fare... servo*: disporre come crede del servo riconosciutogli per tale dalla legge.
5 *ancella*: schiava; cfr. Petrarca, CCVI, 4.
6 *rubella*: ribelle, contraria.
7 *me ne richiamo*: mi appello.
8 *opra... catene*: adopera, impiega, gli altri tuoi strumenti che fanno innamorare (cfr. n. 1).
9 *con la gente... l'esterna*: coi sudditi e con gli stranieri.

AMANTE

Il ver parla madonna;
ma rigorosa e dura
60 si mostra in sua ragione oltra misura.
Servo son io, né di servir già niego,
e negar no 'l potrei;
e, come servo, a 'l petto
con sì fervide note[10]
65 porto il suo nome impresso,
sì ch'altri il segno cancellar non puote;
ed ho talor giurando a lei promesso
ch'ognor de 'l suo volere
farei legge a me stesso.
70 Ma che vuole? o comanda?
Nulla è sì malagevole e sì greve,
ch'a me, per obbedirla,
non sembri piano e lieve:
non pioggia, o turbo, o venti,
75 non l'ocèan turbato,
non de l'Alpe nevosa
i dirupati sassi
mai da 'l servire arresteriano i passi.
    Vuol che co' 'l petto inerme
80 vada fra mille schiere?
Vuol ch'assalga le fere
de l'Africa arenosa?
O vuol che tenti il varco
di Stige e d'Acheronte?[11]
85 Ecco, per obbedir le voglie ho pronte.
Ma se vuol ch'io non l'ami,
se vuol ch'arda e sospiri
per altra, e volga altrove i miei desiri,
vuole impossibil cosa, e cosa ingiusta,
90 che non vorrei potendo,
e non potrei volendo.

---

10 *a 'l petto/... note*: nel cuore con lettere così ardenti.
11 *di Stige e d'Acheronte*: dell'Inferno (cfr. *Torrismondo*, v. 2776, n. 29).

Quando le feci il dono
de la mente e de 'l core,
ben volontario il feci;
95   ed, oltre a 'l mio volere,
ciò volle il cielo, e tu 'l volesti, Amore.
Ma, posto ch'io volessi
farla contenta e lieta,
drizzando i miei pensieri ad altra meta,
100   sosterrestilo[12] Amore?
Soffrirebbelo il cielo?
Or che dunque poss'io?
Posso sforzar le stelle?[13]
Posso vincer li dèi?
105   Dunque in pace comporti
costei d'essere amata,
poi che l'amore è tale
ch'è volontario insieme anco e fatale.
E s'ella a strazio, a morte,
110   crudel, pur mi condanna,
non ricuso martire,
pur che insieme si dica
che sol per troppo amar l' ho sì nemica.

AMORE

Ama tu, come fai;
115   e tu frena lo sdegno:
che l'amata rïami (e ben tu 'l sai)
antichissima legge è de 'l mio regno.

---

12 *sosterrestilo*: lo sopporteresti.
13 *sforzar le stelle?*: far violenza alle influenze astrali, al fato.

AMANTE

Tu, ch'i più chiusi affetti
miri, spirando entro agli accesi petti,[1]
sciogli i miei dubbi, Amore,
e porgi dolce refrigerio a 'l core.
5   Qualor madonna a le mie labbra giunge[2]
la sua bocca soave,
quasi il vedermi seco a lei sia grave,
chiudendo gli occhi, i suoi be' rai[3] m'asconde.

AMORE

Questo pensier ti punge?
10   Per questo si confonde,
da timor vano oppressa,
l'alma, e per questo la tua gioia cessa!

AMANTE

Il pensier che l'annoi
l'umiltà mia, di sua bellezza indegna,
15   questo timor m'insegna; e turba poi
la mia letizia interna,
e m'è cagion d'un' aspra pena eterna.

AMORE

Sai che soverchia gioia
fa che un'alma si muoia e torni in vita;
20   però se la gradita

---

1 *accesi petti*: cuori ardenti.
2 *giunge*: congiunge, unisce.
3 *rai*: sguardi.

tua donna, allor ch'i dolci baci accoglie,
i suoi tremuli rai t'invola[4] e toglie,
ciò vien però che dolcemente langue
la sua virtute e lascia il corpo esangue,
25 né dar spirto a' begli occhi, od a le membra
vigor, più le rimembra;
ma di gioconda morte,
fiacca languendo, gode in su le porte.[5]

AMANTE

Dunque con qual rimedio
30 potrò levarle un così fatto assedio,
a ciò che lieto miri
il lampeggiar di due cortesi giri?[6]

AMORE

Dàlle pietosamente
morte, ché di tal morte ella è bramosa,
35 che solo ha per suo fin vita gioiosa.[7]

---

4 *t'invola*: ti sottrae.
5 *di gioconda morte,/... le porte*: per l'eccesso di gioia, la donna langue e s'indebolisce,
raggiungendo uno stato di abbandono dei sensi che somiglia alla morte.
6 *giri*: sguardi.
7 *Dalle... vita gioiosa*: Amore invita l'Amante a possedere la donna.

DONNA

Se con l'età fiorita
s'è dileguato il fiore
de la vaga beltà, ch'alletta amore,
in voi, canuto[1] amante,
5   amar che debbo?

CAVALIERE

Fè[2] salda e costante:
che immortal fia, s' è ben mortal la vita.

DONNA

Com'esser può fedele
quegli, in cui dubbio avanza[3]
10   e timor l'incertissima speranza?

CAVALIERE

Non teme la mia fede,
e certo è 'l dubbio mio, che di mercede
degni fiano i miei preghi e le querele.[4]

DONNA

Che pregate? Ch'io v'ami?

CAVALIERE

15   Che m'amiate vi prego.

---

1 *canuto*: maturo.
2 *Fè*: fede.
3 *avanza*: superano («dubbio» e «timor»).
4 *querele*: lamenti.

DONNA

S'amor premio è d'amore, amar vi nego;
ché tra le nevi e 'l gelo,
di che la bianca età vi sparge il pelo,[5]
non vive amor che desioso brami.

CAVALIERE

20 Amor vive ne l'alma,
che tragge[6] da le stelle
il suo principio, ond'è immortal con elle.
E perché pur le brine
mi spargono degli anni il mento e 'l crine,
25 non gela la mia fiamma interna ed alma;[7]
anzi, sì come il foco
talor ne l'aria bruna
si raccoglie in sé stesso, e si raguna
tanto più fortemente,
30 quanto è più intenso il verno orrido algente,[8]
così il mio ardor più forte è in freddo loco.

DONNA

Ma se quel ch'è nascoso
si conosce da quel che fuor si mostra,
quai segni vegg'io la fiamma vostra?
35 Ghiaccio è ciò che n' appare.[9]

CAVALIERE

La fiamma mia per gli occhi miei traspare,
ed esce ne' sospir foco amoroso.

DONNA

Sono gli occhi fallaci,
e fallaci i sospiri;

---

5 *tra le nevi... pelo*: nella chioma e nella barba che la vecchiaia vi fa bianche ed ispide.
6 *tragge*: prende, ricava.
7 *fiamma... alma*: passione amorosa, che si nutre di un fuoco interno.
8 *algente*: gelido.
9 *Ghiaccio... appare*: ribadisce quanto detto ai vv. 16-19 (n. 5).

40 ed io, perché gli uni oda e gli altri miri,
non son certa de 'l vero,
che ne 'l profondo suo volge il pensiero,
né riconosco ancor le interne faci.

CAVALIERE

La mia fè si promette
45 ch'i sospiri e gli sguardi
troveranno in voi fede o tosto o tardi.

DONNA

Ma se l'amor si pasce
di quel che piace, o se ne more in fasce,
che trovar puote in voi che lo dilette?

CAVALIERE

50 De la vostra bellezza
avverrà che m'allumi
ripercosso il bel raggio ne' miei lumi;[10]
e rimirando voi ne la mia fronte,
sì come in specchio o 'n fonte,
55 avrete di voi stessa in me vaghezza.[11]

DONNA

Pur le fonti turbate
non rendon vera imago,[12]
e 'ndarno in lor si mira amante vago.[13]

CAVALIERE

Passerete più a dentro
60 in mezzo a l'alma, ov'è d'amor il centro:
ivi vedrete la mia fede espressa,

---

10 *m'allumi/... lumi*: m'illumini e mi riscaldi il vostro sguardo riflesso nei miei occhi.
11 *avrete... vaghezza*: vi rispecchierete sulla mia fronte e vi desidererete (allude al mito di Narciso).
12 *vera imago*: con esattezza l'immagine riflessa.
13 *vago*: desideroso.

bella sì che fia degna
ch'a voi piaccia cotanto,
quanto a me gli occhi vostri e 'l vostro canto.
65   Questa è mia propria; questa
amando voi, sarete amante onesta,
ch'anima bella in vil corpo[14] non sdegna.

DONNA

S'il mio canto v'è grato,
canterò lieta allora
70   felicissimo amor che m'innamora;
e tu, compagna mia,
fa de gli accenti tuoi meco armonia,
qual Progne canta a Filomena a lato:[15]
— Santo amor, solo è bello
75   quel che 'l tuo raggio rende
chiaro ed illustre e 'l tuo bel foco accende:
vero ardor, vera luce
non è dove non arde e non riluce
negli aspetti e ne l'alme e questo e quello.[16]

14 *vil corpo*: come l'amante «canuto» ammette essere il suo.
15 *qual Progne... a lato*: come la rondine canta vicino all'usignolo (cfr. Petrarca, CCCX, 3).
Progne e Filomela, sorelle, furono mutate in questi uccelli per essere entrambe legate,
torbidamente, a Tereo, re di Tracia (Ovidio, *Metamorfosi*, VI, 426-674).
16 *e questo e quello*: il «raggio» e il «foco» di Amore.

INDICE

Finito di stampare il 18 gennaio 1995
dalle Industrie per le Arti Grafiche Garzanti-Verga s.r.l.
Cernusco s/N (MI)